"互联网+"应用型院校"十四五"规划会计专业核心课程教材

根据新会计准则、新会计法、增值税法、全面营改增和增值税新税率等税收政策编写

财经法规与会计职业道德(第三版)

训练题库

会计专业精品教材编委会 编

立信会计出版社
LIXIN ACCOUNTING PUBLISHING HOUSE

图书在版编目(CIP)数据

《财经法规与会计职业道德(第三版)》训练题库 /
会计专业精品教材编委会编. —上海：立信会计出版社，
2023.1(2025.7 重印)
    ISBN 978-7-5429-7156-2

    Ⅰ．①财… Ⅱ．①会… Ⅲ．①财政法-中国-高等学
校-习题集②经济法-中国-高等学校-习题集③会计人
员-职业道德-高等学校-习题集 Ⅳ．①D922.2-44
②F233-44

    中国版本图书馆 CIP 数据核字(2022)第 250927 号

责任编辑   王斯龙

《财经法规与会计职业道德(第三版)》训练题库

CAIJING FAGUI YU KUAIJI ZHIYE DAODE DI-SAN BAN XUNLIAN TIKU

出版发行	立信会计出版社			
地　　址	上海市中山西路 2230 号		邮政编码	200235
电　　话	(021)64411389		传　　真	(021)64411325
网　　址	www.lixinaph.com		电子邮箱	lixinaph2019@126.com
网上书店	http://lixin.jd.com			http://lxkjcbs.tmall.com
经　　销	各地新华书店			

印　　刷	上海华业装璜印刷有限公司		
开　　本	787 毫米×1092 毫米	1/16	
印　　张	14		
字　　数	368 千字		
版　　次	2023 年 1 月第 1 版		
印　　次	2025 年 7 月第 3 次		
书　　号	ISBN 978-7-5429-7156-2/D		
定　　价	39.50 元		

如有印订差错,请与本社联系调换

会计专业精品教材编委会

主　任(主　　编)：梁文涛

副主任(副主编)：苏　杉　梁文豪

成　员(参　　编)：张清亮　薄异伟

"会计基础""财经法规与会计职业道德"是会计类专业的核心课程。"互联网十"应用型院校"十四五"规划会计类专业核心课程教材《会计基础》《财经法规与会计职业道德》及其配套训练题库自从出版以来,得到了广大师生的厚爱和认可。近期会计、财经政策变化很大,国家对会计人员的要求也有调整,因此我们组织相关专家按照最新政策对本套教材进行改版。

本套教材有以下特色。

一、严格依据新政策,用心编写新教材

本套教材严格按照新会计准则、新会计法、新会计人员管理办法、增值税法、全面营改增、新增值税税率(13％和9％)、新个人所得税法、新预算法实施条例等新会计、财经政策编写。在编写过程中,作者态度认真,本着对学生负责的态度,用心编写。教材体现了应用型院校所要求的专业课程知识体系和能力要求。并且,本套教材在重印时会随着会计、财经政策的修订而及时修订,并在相关配套资源中体现。本次重印根据的是截至2025年7月1日的新会计、财经政策。需要注意的是,本教材"增值税"的内容主要根据自2026年1月1日起施行的《中华人民共和国增值税法》编写,但在2025年12月31日之前增值税纳税人仍应适用《中华人民共和国增值税暂行条例》。

二、理实一体、学做合一

为培养应用型人才,本套教材在讲解知识的同时,配有大量例题和案例,并且加入点拨指导、特别提示、举例说明、答疑解惑、知识链接、知识拓展、归纳总结等模块,使得全书形成统一协调的知识体系,有利于学生全面、系统地掌握所学知识。本套教材案例及课后练习题丰富,再加上配套的训练题库,有助于学生真正做到理实一体、学做合一。

三、教学资源丰富

本套教材向任课教师提供 PPT 电子课件、教学大纲等资源,以方便教师教学。

《财经法规与会计职业道德(第三版)训练题库》由会计专业精品教材编委会编写。其中,梁文涛担任主编,苏杉、梁文豪担任副主编,张清亮、薄异伟参与编写。

在本套教材的编写和出版过程中,得到了立信会计出版社的大力支持与帮助,在此表示特别的感谢。我们参考、借鉴了大量相关教材和网站信息,在此向其作者表示由衷的感谢。由于作者水平所限,会计、财经等法律、法规、政策也在不断修订变化,本套教材如存在不当之处,读者在实际运用时应当以最新的法律、法规、政策为准。同时,竭诚欢迎广大读者通过本套教材提供的电子邮箱批评指正。

邮箱地址:caishuijiaocai@126.com;任课教师专用 QQ 群号:437997599(仅供任课教师加入,加入时请说明单位、姓名)。

会计专业精品教材编委会

contents

目 录

第一章

会计法律制度

【本章学习知识体系】

```
                                  ┌(1) 会计法律制度的概念(★)
              一、会计法律制度的概念与构成┤
                                  └(2) 会计法律制度的构成(★★)
                                  ┌(1) 会计工作的行政管理(★★)
              二、会计工作管理体制 ┤(2) 会计工作的自律管理(★★)
                                  └(3) 单位内部的会计工作管理(★★)
                                  ┌(1) 总体要求(★★)
                                  │(2) 会计凭证(★★★)
              三、会计核算        ┤(3) 会计账簿(★★★)
                                  │(4) 财务会计报告(★★★)
  会计法律制度                      └(5) 会计档案管理(★★★★)
                                  ┌(1) 单位内部会计监督(★★★)
              四、会计监督        ┤(2) 会计工作的政府监督(★★★)
                                  └(3) 会计工作的社会监督(★★★)
                                  ┌(1) 会计机构的设置(★★★)
              五、会计机构与会计人员┤(2) 会计工作岗位设置(★★★)
                                  │(3) 会计人员(★★★)
                                  └(4) 会计工作交接(★★★★)
                                  ┌(1) 法律责任概述(★★)
              六、法律责任        ┤(2) 不依法设置会计账簿等会计违法行为的法律责任(★★★)
                                  └(3) 其他会计违法行为的法律责任(★★★)
```

【分节习题必会】

第一节　会计法律制度的概念与构成

一、单项选择题

1. 下列各项中,属于会计法律的是(　　)。

A.《企业会计准则》　　　　　　B.《会计法》

C.《总会计师条例》　　　　　　D.《企业财务会计报告条例》

1

2. 下列各项中,法律效力仅次于《会计法》的是(　　)。

A.《企业会计制度》　　　　　　　　　B.《辽宁省会计管理条例》

C.《企业财务会计报告条例》　　　　　D.《会计基础工作规范》

3. (　　)是指由国务院制定并发布,或者国务院有关部门拟定并经国务院批准发布,调整经济生活中某些方面会计关系的法律规范。

A. 会计法律　　　　　　　　　　　　B. 会计部门规章

C. 地方性会计法规　　　　　　　　　D. 会计行政法规

二、多项选择题

1. 下列各项中,属于我国会计法律的有(　　)。

A.《会计法》　　　　B.《审计法》　　　　C.《注册会计师法》　　　　D.《证券法》

2. 下列各项中,属于我国会计部门规章的有(　　)。

A.《会计法》　　　　　　　　　　　　B.《总会计师条例》

C.《企业会计准则——基本准则》　　　D.《会计档案管理办法》

3. 下列关于我国会计法律制度的制定、发布机关的表述中,错误的有(　　)。

A.《会计法》是由全国人民代表大会制定的

B.《总会计师条例》是由国务院财政部门发布的

C.《注册会计师法》是由全国人民代表大会及其常务委员会制定的

D.《会计人员管理办法》是由国务院制定的

4. 下列各项中,属于经济关系的有(　　)。

A. 供销关系　　　　　　　　　　　　B. 债权债务关系

C. 税款征纳关系　　　　　　　　　　D. 管理与被管理关系

三、判断题

1. 会计法律制度指的就是全国人大及其常委会制定的《会计法》。　　　　　(　　)

2. 会计法律制度是指国家权力机关和行政机关制定的,用于调整会计关系的各种法律、法规、规章和规范性文件的总称。　　　　　　　　　　　　　　　　　　　　　(　　)

第二节　会计工作管理体制

一、单项选择题

1. 根据《会计基础工作规范》的规定,国家机关、国有企业、事业单位的单位负责人的直系亲属不得在本单位担任会计工作岗位的是(　　)。

A. 出纳　　　　　　　　　　　　　　B. 会计机构负责人

C. 稽核　　　　　　　　　　　　　　D. 会计档案保管

2. 下列各项中,不属于我国《会计法》所指的单位负责人的是(　　)。

A. 个人独资企业的投资人　　　　　　B. 公司制企业的副总经理

C. 法定代表人　　　　　　　　　　　D. 公司制企业的董事长

3. 主管总会计师协会的单位是( )。

A. 全国人民代表大会　　　　　　B. 地方人民政府

C. 国务院财政部门　　　　　　　D. 地方各级财政部门

4. ( )应当对本单位的会计工作和会计资料的真实性、完整性负责。

A. 法人　　　　　　　　　　　　B. 会计机构负责人

C. 单位负责人　　　　　　　　　D. 总会计师

二、多项选择题

1. 根据《会计基础工作规范》的规定,应当实行会计人员回避制度的有( )。

A. 国有企业　　　　　　　　　　B. 股份有限公司

C. 有限责任公司　　　　　　　　D. 国家机关

2. 单位负责人是指( )。

A. 法定代表人

B. 法律、行政法规规定的代表单位行使职权的主要负责人

C. 总经理

D. 单位的总会计师

3. 下列各项中,不属于会计机构负责人或会计主管人员的任职条件有( )。

A. 具有会计从业资格证书

B. 具有单位负责人行政职务

C. 会计师以上专业技术职称资格或者从事会计工作3年以上的经历

D. 注册会计师以上专业技术职称或者5年以上工作经历

4. 下列关于会计机构设置的说法中,正确的有( )。

A. 会计机构是指各单位内部设置的办理会计事务的职能部门

B. 各单位应当根据本单位经营管理的实际要求和会计业务的繁简情况决定是否设置会计机构

C. 具备单独设置会计机构条件的单位,主要是指财务收支数额不大、会计业务比较简单的企业、机关、团体、事业单位和个体工商户等

D. 不具备单独设置会计机构条件的,应当在有关机构中设置会计岗位,并指定会计主管人员

5. 会计市场的管理包括会计市场的( )。

A. 准入管理　　　B. 退出管理　　　C. 运行管理　　　D. 前期管理

三、判断题

1. 国有大、中型企业及国有资本占控股地位或者主导地位的大、中型企业,必须设置总会计师。凡设置总会计师的单位,在单位行政领导成员中,可以设与总会计师职权重叠的副职。　　　　　　( )

2. 赵某是甲国有单位的财务经理,他将其女儿安排在本部门担任存货会计,他的这一行为违背了会计人员回避制度。　　　　　　( )

3.《总会计师条例》规定,总会计师的任职条件之一是取得会计师专业技术资格后,主

管一个单位或者单位内部一个重要方面的财务会计工作的时间不少于 3 年。　　　　（　　）

第三节　会　计　核　算

一、单项选择题

1. 下列关于会计档案保管期限的说法中,正确的是(　　)。

A. 会计档案销毁清册需要保管 30 年

B. 固定资产卡片需要在固定资产报废清理后保管 15 年

C. 银行存款余额调节表需要保管 10 年

D. 库存现金日记账需要永久保存

2. 按照规定,财务会计报告上需要单位有关负责人签章,正确的做法是(　　)。

A. 签名　　　　　　B. 盖章　　　　　　C. 签名并盖章　　　　　　D. 签名或者盖章

3. 下列关于会计档案管理要求的说法中,不正确的是(　　)。

A. 县级以上地方人民政府财政部门和档案行政管理部门管理本行政区域内的会计档案工作,并对本行政区域内会计档案工作实行监督和指导

B. 当年形成的会计档案,在会计年度终了后,可由单位会计管理机构临时保管 1 年

C. 出纳人员不得兼管会计档案

D. 单位会计管理机构临时保管会计档案最长不超过 5 年

4. 会计机构及会计人员必须按照国家统一的会计制度的规定对原始凭证进行审核,对记载不准确、不完整的原始凭证,应(　　)。

A. 拒绝接受,并报告领导,要求查明原因

B. 予以销毁,并报告领导,要求查明原因

C. 拒绝接受,且不能让经办人员进行更正、补充

D. 予以退回,并要求按照国家统一会计制度的规定更正、补充

5. 当年形成的会计档案,在会计年度终了后,可由单位会计管理机构临时保管(　　),再移交单位档案管理机构保管。

A. 半年　　　　　　B. 两年　　　　　　C. 一年　　　　　　D. 五年

6. 下列关于会计账簿的说法中,不正确的是(　　)。

A. 会计账簿包括总账、明细账、日记账、固定资产卡片及其他辅助性账簿

B. 各种账簿按页次顺序连续登记,不得跳行、隔页

C. 会计人员应当以经过审核无误的会计凭证作为登记账簿的依据

D. 单位的对账工作每月至少进行一次

7. 下列各项中,不属于会计资料的是(　　)。

A. 会计凭证　　　　B. 经济合同　　　　C. 会计账簿　　　　D. 财务会计报告

二、多项选择题

1. 下列各项中,属于企业财务报表组成部分的有(　　)。

A. 资产负债表　　　B. 年度财务计划　　　C. 审计报告　　　D. 附注

2. 下列各项中,属于变造会计凭证行为的有( )。

A. 某公司为一客户虚开假发票一张,并按票面金额的 10% 收取好处费

B. 某业务员将购货发票上的金额 100 万元,用"消字灵"修改为 120 万元报账

C. 采购部门转来一张购货发票,原发票金额有误,出票单位已作更正并加盖出票单位公章

D. 企业某现金出纳将一张报销凭证上的金额 5 000 元涂改为 7 000 元

3. 下列企业会计档案中,保管期限为 10 年的有( )。

A. 月度、季度、半年度财务会计报告　　　B. 银行存款余额调节表

C. 银行对账单　　　　　　　　　　　　　D. 纳税申报表

4. 根据《会计法》的规定,某单位发生的下列事项中,应当办理会计手续,进行会计核算的有( )。

A. 向银行借入 3 个月的短期借款　　　　　B. 收到某单位投入的一项无形资产

C. 向工人发放工资　　　　　　　　　　　D. 签订了一笔 100 万元货款的销售合同

5. 下列各项中,属于保管期满不得销毁的会计档案的有( )。

A. 正在建设期间的建设单位的有关会计档案

B. 银行存款余额调节表

C. 未结清的债权债务原始凭证

D. 超过保管期限但尚未报废的固定资产购买凭证

6. 会计档案的内容包括( )。

A. 会计凭证　　　B. 会计账簿　　　C. 财务会计报告　　　D. 其他会计资料

7. 下列关于会计档案管理的保管期限的表述中,正确的有( )。

A. 会计档案的保管期限分为永久、定期两类

B. 会计档案的定期保管期限一般分为 10 年和 30 年

C. 银行存款日记账应当保管 10 年

D. 企业的季度财务会计报告保管期限为 10 年

8. 我国会计法律制度从( )等方面对会计核算进行了统一规定。

A. 会计信息质量要求　　　　　　　　　　B. 记账本位币

C. 会计档案管理　　　　　　　　　　　　D. 编制财务会计报告

三、判断题

1. 所有的经济活动都需要进行会计核算。　　　　　　　　　　　　　　　　( )

2. 每个企业都必须按一定的程序填制和审核会计凭证,根据审核无误的会计凭证进行账簿登记,如实反映企业的经济业务。　　　　　　　　　　　　　　　　( )

3. 单位保存的会计档案一律不得对外借出。　　　　　　　　　　　　　　( )

4. 会计档案是指单位在进行会计核算等过程中接收或形成的,记录和反映单位经济业务事项的,具有保存价值的文字、图表等各种形式的会计资料,包括通过计算机等电子设备形成、传输和存储的电子会计档案。　　　　　　　　　　　　　　　　( )

5. 各单位应当定期将会计账簿记录与实物、款项实有数相互核对,以保证账账相符。

( )

6. 任何单位若以虚假的经济业务事项或资料为依据进行会计核算,则属于严重违法行为,将会受到法律的严厉制裁。 （   ）

第四节　会　计　监　督

一、单项选择题

1. （   ）应当保证会计机构、会计人员依法履行职责,不得授意、指使、强令会计机构、会计人员违法办理会计事项。

 A. 会计机构负责人   B. 单位负责人

 C. 分管单位会计工作的副职领导 D. 监事长

2. 由注册会计师及其所在的会计师事务所依法对委托单位的经济活动进行审计、鉴证的监督制度,称为会计工作的（   ）。

 A. 群众监督   B. 政府监督

 C. 单位内部监督   D. 社会监督

3. 单位内部会计监督的主体是（   ）。

 A. 政府审计部门   B. 单位负责人

 C. 社会会计中介机构   D. 各单位的会计机构、会计人员

二、多项选择题

1. 下列各项中,属于注册会计师、会计师事务所可以承办的审计业务有（   ）。

 A. 审查企业会计报表,出具审计报告

 B. 验证企业资本,出具验资报告

 C. 办理企业合并、分立、清算事宜中的审计业务,出具有关的报告

 D. 法律、行政法规规定的其他审计业务

2. 下列各项中,属于企业内部控制要素的有（   ）。

 A. 风险评估 B. 内部环境 C. 控制活动   D. 信息与沟通

3. 下列各项中,属于财政部门实施会计监督检查的内容有（   ）。

 A. 从事会计工作的人员是否具备专业能力、遵守职业道德

 B. 会计核算是否符合《会计法》和国家统一的会计制度的规定

 C. 是否按照税法的规定按时足额纳税

 D. 会计凭证、会计账簿、财务会计报告和其他会计资料是否真实、完整

4. 下列关于会计工作的政府监督的说法中,正确的有（   ）。

 A. 会计工作的政府监督主要是指财政部门代表国家对单位和单位中相关人员的会计行为实施的监督检查,以及对发现的违法会计行为实施的行政处罚

 B. 会计工作的政府监督是一种内部监督

 C. 财政部门是会计工作政府监督的实施主体

 D. 除财政部门外,审计、税务、金融管理等部门应当依照有关法律、行政法规规定的职责,对有关单位的会计资料实施监督检查,并出具检查结论

5. 记账人员与经济业务事项和会计事项的其他相关人员的职责权限应当明确,并相互分离、相互制约。前述的"相关人员"包括(　　)。

  A. 审批人员   B. 会计人员   C. 经办人员   D. 财物保管人员

三、判断题

1. 会计监督可以分为单位内部监督、政府监督和社会监督。 (　　)

2. 对行政事业单位而言,单位财务部门负责人对本单位内部控制的建立健全和有效实施负责。 (　　)

3. 注册会计师审计可以替代或减轻单位负责人对会计资料的真实性、完整性承担的责任。 (　　)

4. 注册会计师审计是以独立的第三方对被审计单位进行的审计,委托人可以自由选择会计师事务所,会计师事务所也可以自愿决定是否接受委托。 (　　)

第五节　会计机构与会计人员

一、单项选择题

1. 会计人员在办理工作交接时,移交人员从事会计电算化工作的,要(　　)。

A. 将手工账余额与报表核对

B. 对有关电子数据在实际操作状态下进行交接

C. 将明细账与总账核对

D. 将手工账与电子计算机生成的会计资料核对

2. 会计机构负责人因工作调动或离职办理交接手续时,负责监交的人员是(　　)。

  A. 主管单位派出的人员   B. 单位负责人

  C. 人事部门负责人   D. 内部审计机构负责人

3. 下列各项中,属于初级会计专业职务的是(　　)。

  A. 助理会计师   B. 会计师

  C. 注册会计师   D. 高级会计师

4. 国家对副高级会计师资格实行(　　)。

  A. 考试与评审相结合制度   B. 评审制度

  C. 考试制度   D. 审评制度

5. 出纳人员可以兼管的工作是(　　)。

  A. 稽核   B. 低值易耗品明细账的登记

  C. 会计档案保管   D. 收入、费用、债权债务账目的登记

二、多项选择题

1. 会计工作岗位可以(　　)。

  A. 一人多岗   B. 一岗多人   C. 多岗多人   D. 一人一岗

2. 会计专业技术资格分为(　　)。

A. 初级资格　　　　　B. 中级资格　　　　　C. 注册会计师资格　　D. 高级资格

3. 下列关于会计工作交接要求的说法中,正确的有(　　　)。

A. 现金、有价证券要根据会计账簿有关记录进行点交

B. 移交清册一般应当填制一式三份,交接双方各执一份,存档一份

C. 接替人员应当继续使用移交的会计账簿,不得自行另立新账,以保持会计记录的连续性

D. 交接完毕后,交接双方和监交人要在移交清册上签名或者盖章

4. 会计人员办理移交手续前,必须及时做好的工作包括(　　　)。

A. 已经受理的经济业务尚未填制会计凭证的,应当填制完毕

B. 尚未编制的财务会计报告,应当编制完毕

C. 尚未登记的账目,应当登记完毕,并在最后一笔余额后加盖经办人员印章

D. 编制移交清册

5. 下列各项中,不属于会计工作岗位的有(　　　)。

A. 档案管理部门内会计档案保管

B. 会计机构内会计档案保管

C. 医院挂号收费员、药品库房记账员

D. 单位内部审计、社会审计

6. 根据《会计法》的规定,下列各项中,单位出纳人员不得兼管(兼任)的工作有(　　　)。

A. 稽核

B. 会计档案保管

C. 费用账目登记工作

D. 银行存款日记账登记工作

7. 代理记账机构的设立条件有(　　　)。

A. 为依法设立的企业

B. 专职从业人员不少于3名

C. 主管代理记账业务的负责人具有会计师以上专业技术职务资格或者从事会计工作不少于2年,且为专职从业人员

D. 有健全的代理记账业务内部规范

三、判断题

1. 会计师事务所及其分所可以依法从事代理记账业务。　　　　　　　　　　(　　　)

2.《会计法》所指的会计主管人员就是我们平常所说的负责某个会计岗位的会计主办人员。　　　　　　　　　　　　　　　　　　　　　　　　　　　　　　　(　　　)

3. 会计工作岗位不允许多岗多人。　　　　　　　　　　　　　　　　　　(　　　)

4. 实行会计电算化的单位,从事该项工作的移交人员应当在移交清册中列明会计软件及密码、会计软件数据磁盘(磁带等)及有关资料、实物等内容。　　　　　　　(　　　)

5. 会计人员移交点收时,银行存款账户余额要与银行对账单核对一致,如不一致,应调整账户记录。　　　　　　　　　　　　　　　　　　　　　　　　　　　(　　　)

6. 内部牵制制度要求单位的出纳人员不得兼管(兼任)稽核、会计档案保管和收入、费

用、债权债务账目的登记工作。   （   ）

第六节　法律责任

一、单项选择题

1. 根据《会计法》的规定,授意、指使、强令会计机构、会计人员及其他人员伪造、变造会计凭证、会计账簿,编制虚假财务会计报告或者隐匿、故意销毁依法应当保存的会计凭证、会计账簿、财务会计报告,尚不构成犯罪的,由县级以上人民政府财政部门对违法行为人处（   ）的罚款。

A. 3 000 元以上 50 000 元以下　　　　　B. 3 000 元以上 100 000 元以下

C. 5 000 元以上 100 000 元以下　　　　D. 5 000 元以上 50 000 元以下

2. 根据《会计法》的规定,对不依法设置会计账簿的行为,由县级以上人民政府财政部门责令其限期改正的同时,对其直接负责的主管人员和其他直接责任人员,可以处（   ）的罚款。

A. 1 000 元以上 10000 元以下　　　　　B. 5 000 元以上 50 000 元以下

C. 3 000 元以上 30 000 元以下　　　　D. 2 000 元以上 20 000 元以下

3. 某职工到上海出差,实际支付住宿费 1 300 元,却开出 2 500 元的发票到单位报销,后被查出,县级以上人民政府财政部门可以对该职工予以通报并处（   ）的罚款。

A. 5 000 元以上 10 000 元以下　　　　B. 3 000 元以上 50 000 元以下

C. 3 000 元以上 20 000 元以下　　　　D. 2 000 元以上 20 000 元以下

4. 行政处分的对象是（   ）。

A. 法人　　　　　B. 公民　　　　　C. 其他组织　　　　　D. 国家工作人员

二、多项选择题

1. 根据《会计法》的规定,单位负责人对会计人员实行打击报复的,除对单位负责人依法进行处罚外,对受到打击报复的会计人员还应（   ）。

A. 恢复原有职务　　　　　B. 经济补偿

C. 恢复原有级别　　　　　D. 恢复其名誉

2. 单位负责人对依法履行职责、抵制违反《会计法》的会计人员进行打击报复的行为包括（   ）。

A. 降级　　　　B. 撤职　　　　C. 调离工作岗位　　　D. 解聘或者开除

3. 下列各项中,属于《会计法》中规定的行政处罚的种类有（   ）。

A. 罚款　　　　B. 罚金　　　　C. 责令停产停业　　　D. 行政拘留

三、判断题

1. 会计人员受到打击报复,被调离工作岗位、解聘或者开除的,应当直接恢复其工作。

（   ）

2. 主刑只能独立适用,不能附加适用,附加刑只能附加适用。　　　　　　（   ）

3. 行政责任主要有行政处罚和行政处分两种方式。　　　　　　　　　　　（　　）

【本章习题必练】

一、单项选择题

1. 下列对编制财务会计报告的表述中,不正确的是(　　)。

A. 接受企业财务会计报告的组织或者个人,在企业财务会计报告未正式对外披露前,应当对其内容保密

B. 企业应当依照法律、行政法规和国家统一的会计制度关于财务会计报告的编制要求、提供对象和提供期限的规定,及时对外提供财务会计报告

C. 财务会计报告应当由单位负责人和主管会计工作的负责人、会计机构负责人(会计主管人员)签名或者盖章

D. 向不同的会计资料使用者提供的财务会计报告,其编制依据应当一致

2. 下列各项中,可以不单独设置会计机构的是(　　)。

A. 大中型企业　　　　　　　　　　B. 业务和人员都不多的行政事业单位

C. 社会团体　　　　　　　　　　　D. 实行企业化管理的事业单位

3. (　　)主管全国会计档案工作,共同制定全国统一的会计档案工作制度,对全国会计档案工作实行监督和指导。

A. 财政部和国家档案局

B. 县级以上地方人民政府财政部门和档案行政管理部门

C. 财政部和档案行政管理部门

D. 县级以上地方人民政府财政部门和国家档案局

4. 下列各项中,不属于财政部门对各单位实施会计监督检查内容的是(　　)。

A. 会计凭证、会计账簿、财务会计报告和其他会计资料是否真实、完整

B. 从事会计工作的人员是否具备专业能力、遵守职业道德

C. 是否依法设置会计账簿

D. 单位编制的财务计划和经营决策是否有利于企业的发展

5. 张某为甲公司的出纳,因工作调动办理工作交接时,通常情况下应由甲公司(　　)负责监交。

A. 单位负责人　　　　　　　　　　B. 财务部经理

C. 总会计师　　　　　　　　　　　D. 财务部一般会计人员

6. 根据《会计法》的规定,对受打击报复的会计人员的补救措施不包括(　　)。

A. 恢复其名誉　　　　　　　　　　B. 恢复原有级别

C. 恢复原有职务　　　　　　　　　D. 赔偿经济损失

7. 记账凭证上不需要有(　　)的签名或印章。

A. 填制凭证人员　　　　　　　　　B. 单位负责人

C. 记账人员　　　　　　　　　　　D. 稽核人员

8. 下列关于记账凭证的填制和取得的基本要求的说法中,不正确的是(　　)。

A. 记账凭证应当根据经过审核的原始凭证及相关资料进行填制

B. 可以将不同内容和类别的原始凭证汇总填制在一张记账凭证上

C. 除结账和更正错误的记账凭证可以不附原始凭证外,其他记账凭证必须附有原始凭证

D. 一张原始凭证所列支出需要几个单位共同负担的,应当将其他单位负担的部分,开给对方原始凭证分割单进行结算

9. 会计资料的( ),是对会计资料最基本的质量要求,是会计工作的生命线。

A. 可比性   B. 合法性

C. 及时性   D. 真实性和完整性

10. 销售人员招待客户花费 1 500 元,报销时加入了自己消费的发票,实际报销了 2 500 元招待费。这一行为属于( )。

A. 挖补会计凭证   B. 变造会计凭证

C. 伪造会计凭证   D. 涂改会计凭证

11. 下列各项中,属于行政处分形式的是( )。

A. 没收违法所得   B. 暂扣许可证件

C. 撤职   D. 行政拘留

12. ( )是指由全国人民代表大会及其常务委员会经过一定立法程序制定的有关会计工作的法律。

A. 地方性会计法规   B. 会计行政法规

C. 会计部门规章   D. 会计法律

13. 采取涂改、拼接、挖补或者其他手段改变会计账簿的真实内容的行为属于( )会计账簿的行为。

A. 变造   B. 伪造   C. 编制虚假   D. 窃取

14. 会计人员应当( )。

A. 取得注册会计师资格证书

B. 取得会计师资格证书

C. 取得经济师资格证书

D. 具备从事会计工作所需要的专业能力并遵守职业道德

15. 会计人员之间需交接手续,双方在移交点收时,下列做法中,不正确的是( )。

A. 现金要根据会计账簿有关记录进行点交

B. 有价证券必须与会计账簿记录保持一致

C. 移交人员从事会计电算化工作的,要将系统密码告知对方,能进行操作即可

D. 银行存款账户余额要与银行对账单核对

16. 国家工作人员授意、指使、强令会计机构或会计人员及其他人员伪造、变造会计凭证、会计账簿,编制虚假财务会计报告或者隐匿、故意销毁依法应当保存的会计凭证、会计账簿、财务会计报告,尚不构成犯罪的,应当由其所在单位或者有关单位依法给予( )、撤职、开除的行政处分。

A. 警告   B. 记过   C. 降级   D. 记大过

17. 下列各项中,不属于会计市场管理内容的是( )。

A. 会计市场的准入管理   B. 会计市场的处罚管理

C. 会计市场的退出管理 　　　　　　　　D. 会计市场的运行管理

18. 下列各项中,可作为会计核算原始凭证的是(　　　)。

A. 经济合同　　　　B. 对账单　　　　C. 购货发票　　　　D. 请货单

19. 一个单位是否需要单独设置会计机构,不需要考虑的因素是(　　　)。

A. 单位规模的大小 　　　　　　　　　B. 经济业务的繁简

C. 财务收支的繁简 　　　　　　　　　D. 单位领导的意愿

20. 下列各项中,不属于企业内部控制应当遵循的原则的是(　　　)。

A. 全面性原则　　　　B. 可比性原则　　　　C. 重要性原则　　　　D. 制衡性原则

21. 下列岗位中,属于会计工作岗位的是(　　　)。

A. 医院药品库房记账员岗位 　　　　　B. 单位内部审计

C. 商场收银员岗位 　　　　　　　　　D. 财产物资核算岗位

22. 甲单位会计李某在单位没有购进办公设备的情况下,编制一张虚假的购进办公设备的原始凭证,则李某的行为属于(　　　)。

A. 编制虚假财务会计报告 　　　　　　B. 伪造会计凭证

C. 变造会计凭证 　　　　　　　　　　D. 伪造会计账簿

23. 根据《会计法》的规定,会计人员应当以经过(　　　)的会计凭证作为登记账簿的依据。

A. 经办人签字　　　　B. 金额无误　　　　C. 审核无误　　　　D. 领导认可

24. (　　　)有权对会计师事务所出具审计报告的程序和内容进行监督。

A. 税务部门　　　　B. 财政部门　　　　C. 人民银行　　　　D. 证监会

25. 季度财务会计报告的保管期限为(　　　)。

A. 5 年　　　　B. 10 年　　　　C. 30 年　　　　D. 永久

26. 根据《会计法》的规定,对任用会计人员不符合《会计法》规定等会计违法行为,由县级以上人民政府财政部门责令其限期改正的同时,可以对单位并处(　　　)的罚款。

A. 3 000 元以上 50 000 元以下 　　　　B. 2 000 元以上 20 000 元以下

C. 2 000 元以上 50 000 元以下 　　　　D. 4 000 元以上 50 000 元以下

27. (　　　)是记录经济业务发生或者完成情况的书面证明,是登记账簿的依据。

A. 收款凭证　　　　B. 付款凭证　　　　C. 会计凭证　　　　D. 转账凭证

28. 担任单位会计机构负责人(会计主管人员)的,应当具备会计师以上专业技术职务资格或者从事会计工作(　　　)年以上经历。

A. 1　　　　B. 2　　　　C. 3　　　　D. 5

29. 企业及时、准确地收集、传递与内部控制相关的信息,确保信息在企业内部、企业与外部之间进行有效沟通的是(　　　)。

A. 内部监督　　　　B. 控制活动　　　　C. 风险评估　　　　D. 信息与沟通

30. 财政部门可以依法对违反《会计法》行为的单位和个人作出行政处罚。该财政部门是指(　　　)。

A. 县级以上人民政府财政部门 　　　　B. 乡级以上人民政府财政部门

C. 市级以上人民政府财政部门 　　　　D. 省级以上人民政府财政部门

31. 会计档案的保管期限分为永久、定期两类,《会计档案管理办法》中规定的定期保管期限包括（　　）年。

　　A. 3　　　　　　　　B. 15　　　　　　　　C. 30　　　　　　　　D. 25

32. 对行政事业单位而言，（　　）对本单位内部控制的建立健全和有效实施负责。

　　A. 董事会　　　　　B. 单位负责人　　　　C. 监事会　　　　　　D. 管理层

33. 由国务院制定并发布的会计法律制度属于（　　）。

　　A. 会计行政法规　　　　　　　　　　　　B. 会计法

　　C. 会计部门规章　　　　　　　　　　　　D. 地方性会计法规

34. 财务报表的组成部分不包括（　　）。

　　A. 资产负债表　　　B. 利润表　　　　　　C. 银行日记账　　　　D. 现金流量表

35. 下列选项中，关于会计工作岗位表述不正确的是（　　）。

　　A. 一人一岗　　　　B. 多岗多人　　　　　C. 一人多岗　　　　　D. 一岗多人

36. 企业银行存款余额调节表的保管期限是（　　）年。

　　A. 20　　　　　　　B. 10　　　　　　　　C. 3　　　　　　　　　D. 15

37. 会计机构、会计人员发现会计账簿记录与实物、款项及有关资料不相符的，按照国家统一的会计准则制度的规定，有权自行处理的，应当及时处理；无权自行处理的，应当（　　）。

　　A. 予以退回

　　B. 要求更正

　　C. 立即向单位负责人报告，请求查明原因，作出处理

　　D. 拒绝办理

二、多项选择题

1. 下列各项中，属于会计市场管理的有（　　）。

　　A. 代理记账机构的设立　　　　　　　　　B. 机构和人员是否遵守各项法律法规

　　C. 对境外会计洋资格的管理　　　　　　　D. 制定国家统一的会计准则制度

2. 下列各项中，属于会计市场准入管理的有（　　）。

　　A. 会计从业资格的管理　　　　　　　　　B. 会计师事务所设立的管理

　　C. 会计师事务所年度报备的管理　　　　　D. 代理记账机构设立的管理

3. 下列各项中，属于财务报表至少应该包括的组成部分有（　　）。

　　A. 资产负债表　　　　　　　　　　　　　B. 利润表

　　C. 附注　　　　　　　　　　　　　　　　D. 所有者权益变动表

4. 下列各项中，属于变造会计账簿行为的有（　　）。

　　A. 采用涂改手段改变会计账簿的真实内容

　　B. 采用挖补手段改变会计账簿的真实内容

　　C. 以虚假的经济业务事项编造不真实的会计账簿

　　D. 以虚假的原始凭证为依据编造不真实的会计账簿

5. 下列各项中，企业和其他组织需要永久保存的会计档案有（　　）。

　　A. 会计档案销毁清册　　　　　　　　　　B. 会计档案保管清册

　　C. 会计档案鉴定意见书　　　　　　　　　D. 会计凭证

6. 财政部门实施会计监督检查的内容主要包括（　　）。

A. 单位是否依法设置会计账簿

B. 单位会计核算是否符合《会计法》和国家统一的会计制度的规定

C. 单位是否依法设置会计机构

D. 会计凭证、会计账簿、财务会计报告和其他会计资料是否真实、完整

7. 注册会计师审计与内部审计的区别主要有(   )。

A. 审计独立性不同   B. 审计方式不同

C. 审计的职责和作用不同   D. 接受审计的自愿程度不同

8. 出纳不得兼管(兼任)的工作有(   )。

A. 稽核   B. 会计档案保管

C. 收入、费用、债权债务账目的登记   D. 固定资产明细账的登记

9. 下列各项中,属于会计凭证类会计档案的有(   )。

A. 原始凭证   B. 银行存款余额调节表

C. 记账凭证   D. 银行对账单

10. 下列行为中,属于由县级以上人民政府财政部门责令限期改正的同时,可以对单位并处 3 000 元以上 50 000 元以下罚款的会计违法行为的有(   )。

A. 不依法设置会计账簿的

B. 随意变更会计处理方法的

C. 编制虚假财务会计报告的

D. 未按照规定建立并实施单位内部会计监督制度的

11. 下列关于内部审计的说法中,正确的有(   )。

A. 内部审计的目标、职责和权限等内容应当在组织的内部审计章程中明确规定

B. 内部审计机构应当在实施审计 5 日前,向被审计单位或者被审计人员送达审计通知书,做好审计准备工作

C. 内部审计机构应当在实施必要的审计程序后,及时出具审计报告

D. 内部审计机构应当编制中长期审计规划、年度审计计划、本机构人力资源计划和财务预算

12. 我国的会计工作管理体制主要包括(   )。

A. 会计工作的行政管理   B. 会计工作的自律管理

C. 会计从业人员的自我管理   D. 单位内部的会计工作管理

13. 下列各项中,属于会计行政法规的有(   )。

A. 国务院发布的《总会计师条例》

B. 省级人大常委会发布的地方会计管理条例

C. 国务院发布的《企业财务会计报告条例》

D. 财政部发布的《财政部门实施会计监督办法》

14. 根据《会计法》的规定,下列情形中,对于"随意变更会计处理方法"的行为,应当承担的法律责任有(   )。

A. 由县级以上人民政府财政部门责令限期改正

B. 对单位处以 3 000 元以上 50 000 元以下的罚款

C. 构成犯罪的,依法追究刑事责任

D. 对其直接负责的主管人员和其他直接责任人员,可以处 5 000 元以上 20 000 元以下的罚款

15. 下列各项中,属于单位是否依法设置会计账簿的主要有( )。

A. 是否存在伪造、变造会计账簿的行为

B. 是否符合法律、行政法规和国家统一的会计准则制度的要求

C. 是否变造会计记录

D. 是否存在账外私设账簿的违法行为

16. 下列关于会计档案的表述中,不符合《会计档案管理办法》规定的有( )。

A. 会计档案保管期限分为 10 年、30 年

B. 银行存款余额调节表的保管期限为 30 年

C. 单位保存的会计档案一律不得对外借出

D. 会计档案的保管期限,从会计年度终了的最后一天算起

17.《会计基础工作规范》规定,事业单位的单位负责人的直系亲属不得担任本单位的( )。

A. 会计机构负责人　　　　　　　　　B. 出纳

C. 会计档案管理人员　　　　　　　　D. 会计主管人员

18. 下列关于会计人员回避制度的说法中,正确的是( )。

A. 回避制度是指为了保证执业或者执法的公正性,对可能影响其公正性的执业或者执法人员实行职务回避和业务回避的一种制度

B. 国家机关、国有企业、事业单位的单位负责人的直系亲属不得担任本单位的会计机构负责人、会计主管人员

C. 国家机关、国有企业、事业单位的会计机构负责人、会计主管人员的直系亲属不得在本单位会计机构中担任出纳工作

D. 需要回避的直系亲属包括夫妻关系、直系血亲关系以及姻亲关系

19. 企业内部控制措施一般包括( )。

A. 不相容职务分离控制　　　　　　　B. 授权审批控制

C. 预算控制　　　　　　　　　　　　D. 绩效考评控制

20. 会计工作政府监督包括( )。

A. 财政部门对各单位会计工作的监督

B. 审计部门对有关金融单位相关会计账簿的监督

C. 金融管理部门对证券公司有关资料实施的检查

D. 税务机关对纳税人记账凭证的检查

21. 隐匿或者故意销毁依法应当保存的会计凭证、会计账簿、财务会计报告,尚不构成犯罪的,应当承担的行政责任有( )。

A. 由县级以上人民政府财政部门予以通报

B. 可以对单位并处 5 000 元以上 100 000 元以下的罚款

C. 对其直接负责的主管人员和其他直接责任人员,可以处 5 000 元以上 50 000 元以下的罚款

D. 属于国家工作人员的,应由其所在单位或者有关单位依法给予撤职直至开除的行政

处分

22. 会计凭证( ),是会计核算的重要会计资料。

A. 是指记录经济业务事项的发生或者完成情况的书面证明

B. 如实反映企业的经济业务

C. 作为编制财务会计报告的依据

D. 是登记账簿的依据

23. 下列关于记账凭证填制基本要求的说法中,不正确的有( )。

A. 记账凭证应当根据经过审核的原始凭证及相关资料进行填制

B. 一张发票所列支出需要两个单位共同负担的,应当向其他应负担单位提供发票复印件

C. 如果在填制记账凭证时若发生错误,应当重新填制

D. 所有的记账凭证都必须附有原始凭证

24. 下列关于会计档案销毁的说法中,正确的有( )。

A. 单位档案管理机构负责组织会计档案销毁工作,并与会计管理机构共同派员监销

B. 电子会计档案的销毁还应当符合国家有关电子档案的规定,并由单位档案管理机构、会计管理机构和信息系统管理机构共同派员监销

C. 由单位负责人组织会计档案的销毁工作

D. 单位负责人无需亲自组织会计档案的销毁工作

25. 下列关于我国会计专业技术资格的说法中,不正确的有( )。

A. 我国会计专业技术资格分为初级资格、中级资格和高级资格三个级别,分别对应初级、中级、高级会计职称的任职资格

B. 初级资格实行全国统一考试制度

C. 中级资格实行全国统一考试制度

D. 高级会计师资格实行评审制度

26. 下列关于原始凭证处理的表述中,不正确的有( )。

A. 会计机构及会计人员必须按照国家统一的会计制度的规定对原始凭证进行审核

B. 对记载不准确、不完整的原始凭证,会计机构及会计人员有权不予接受并向单位负责人报告

C. 原始凭证记载的各项内容均不得涂改

D. 对不真实、不合法的原始凭证予以退回,并要求按照国家统一会计制度的规定更正、补充

27. 下列各项中,属于会计档案的有( )。

A. 原始凭证　　　　B. 现金日记账　　　　C. 年度工作计划　　　　D. 资产负债表

28. 下列各项中,属于出纳人员不得兼管(兼任)的工作有( )。

A. 稽核　　　　　　　　　　　　　　B. 登记银行存款日记账

C. 会计档案保管　　　　　　　　　　D. 登记收入总账

29. 下列各项中,属于企业内部控制目标的有( )。

A. 合理保证企业经营管理合法合规

B. 合理保证企业财务报告及相关信息真实完整

C. 合理保证企业资产安全

D. 有效防范舞弊和预防腐败

30. 根据会计法律制度的规定,代理记账机构可以接受委托,代表委托人办理的业务事项有(　　)。

A. 登记会计账簿　　　　　　　　　B. 出具审计报告

C. 编制财务会计报告　　　　　　　D. 向税务机关提供纳税资料

31. 下列关于移交人员和接替人员责任的说法中,正确的有(　　)。

A. 移交人员对所移交的会计凭证、会计账簿、会计报表和其他有关资料的合法性、真实性承担法律责任

B. 即便接替人员在交接时因疏忽没有发现所接会计资料在合法性、真实性方面的问题,如事后发现仍应由原移交人员承担法律责任,原移交人员不应以会计资料已移交而推脱责任

C. 接替人员对所接替的会计凭证、会计账簿、会计报表和其他有关资料的合法性、真实性承担法律责任

D. 接替人员应当认真接管移交工作,并继续办理移交的未了事项

32. 下列各项中,属于私设会计账簿行为的有(　　)。

A. 某单位在法定账册之外设置小金库

B. 某单位设置了专门用于记载资金的银行存款日记账和现金日记账

C. 某单位将外单位给予的回扣单独设置账簿进行反映

D. 某单位在总账之外又针对税务检查设置了另外一套总账

33. 下列各项中,属于会计行政法规的有(　　)。

A.《企业财务会计报告条例》　　　　B.《总会计师条例》

C.《企业会计准则——基本准则》　　D.《注册会计师法》

三、判断题

1. 会计人员对本单位的会计工作和会计资料的真实性、完整性负责。　　　　(　　)

2. 县级以上地方各级人民政府财政部门管理本行政区域的会计工作。　　　　(　　)

3. 对所有保管期满的会计档案,各单位都有权自行决定销毁。　　　　　　　(　　)

4. 会计档案的保管期限,从该项经济业务或者事项发生后的第一天算起。　　(　　)

5. 内部审计的结果对本部门、本单位、投资者、债权人及其他各利益相关者负责,对外出具的审计报告具有鉴证作用。　　　　　　　　　　　　　　　　　　　　(　　)

6. 为提高会计工作效率,经单位会计机构负责人批准,出纳人员可以兼管会计档案保管和债权债务账目的登记工作。　　　　　　　　　　　　　　　　　　　　　(　　)

7. 因工作需要,甲接替乙担任公司的出纳,在办理交接手续时,财务经理刚好出差在外,在此情况下,财务经理可指定财务部门的某会计人员监交。　　　　　　　　(　　)

8. 向不同的会计资料使用者提供的财务会计报告,其编制依据可以不一致。　(　　)

9. 注册会计师审计不能替代或减轻单位负责人对会计资料真实性、完整性承担的责任。　　　　　　　　　　　　　　　　　　　　　　　　　　　　　　　　　(　　)

10. 各单位发生的各项经济业务事项应当在依法设置的会计账簿上统一登记、核算,不得违反《会计法》和国家统一的会计制度的规定私设会计账簿登记、核算。　　　　(　　)

11. 会计监督可以分为财政监督、审计监督和税务监督。　　　　　　　　　　(　　)

12. 监销人在会计档案销毁前,应当按照会计档案销毁清册所列内容进行清点核对;在会计档案销毁后,应当在会计档案销毁清册上签名和盖章。 （　　）

13. 会计人员如果在填制记账凭证时发生错误,应当重新填制。 （　　）

14. 会计机构负责人应当保证财务会计报告真实、完整。 （　　）

15. 记账凭证的审核内容主要包括:编制依据是否真实;填写项目是否齐全;金额计算是否正确;书写是否清楚等。 （　　）

16. 财产保护控制要求企业建立财产日常管理制度和定期清查制度,采取财产记录、实物保管、定期盘点、账实核对等措施,确保财产安全。 （　　）

17. 记账人员可以暂时代管财物。 （　　）

18.《企业会计准则》由国务院制定并公布。 （　　）

19. 会计机构、会计人员必须依法开展会计核算和会计监督,对于违反《会计法》和国家统一的会计制度规定的会计事项,有权拒绝办理或者按照职权予以纠正。 （　　）

20.《会计法》对行政处分范围的规定,一般只限于与国家工作人员法律地位有关的荣誉、资格与职务等。 （　　）

21. 向不同的会计资料使用者提供的财务会计报告编制依据不一致的,情节严重的,不得再从事会计工作。 （　　）

22. 出纳人员不得兼管(兼任)稽核、会计档案保管和收入、支出、费用、债权债务账目的登记工作,如有些单位出纳人员业务不多,可以兼记单位的固定资产明细账。 （　　）

23. 各单位对外报送的财务会计报告,应当由单位负责人和主管会计工作的负责人、会计机构负责人(会计主管人员)、经办会计人员签名并盖章;设置总会计师的单位,还须由总会计师签名并盖章。 （　　）

24. 会计人员具有违反国家统一的会计制度的一般违法行为,情节严重的,3 年内不得从事会计工作。 （　　）

25. 各单位的预算、计划、制度等文件资料属于文书档案,也属于会计档案。 （　　）

26. 电子会计档案的销毁还应当符合国家有关电子档案的规定,并由单位档案管理机构、会计管理机构和信息系统管理机构共同派员监销。 （　　）

27. 内部审计机构和内部审计人员可以负责被审计单位的业务活动、内部控制和风险管理的决策与执行。 （　　）

28. 单位负责人对依法履行职责、抵制违反《会计法》规定行为的会计人员实行打击报复,情节轻微,危害性不大,尚不构成犯罪的,应当按照《会计法》的有关规定,由其所在单位或者有关单位依法给予相应的行政处分。 （　　）

29. 会计机构及会计人员对记载不准确、不完整的原始凭证予以退回,并要求按照国家统一会计制度的规定更正、补充。 （　　）

30. 会计专业技术人员参加继续教育实行学分制管理,每年参加继续教育取得的学分不少于 60 学分。 （　　）

31. 国家机关、国有企业、事业单位的单位负责人的直系亲属可以担任本单位的会计机构负责人、会计主管人员。 （　　）

32. 张某是甲单位的财务经理,他将女儿安排在本部门担任存货会计,这一行为违背了会计人员回避制度。 （　　）

33. 移交人员对所移交的会计凭证、会计账簿、会计报表和其他有关资料的合法性、真实性承担法律责任。　　　　　　　　　　　　　　　　　　　　（　　）

34. 隐匿、故意销毁依法应当保存的会计凭证、会计账簿、财务会计报告的行为,将承担法律责任。　　　　　　　　　　　　　　　　　　　　　　　（　　）

35. 任用没有会计从业资格证书的人员从事会计工作的行为,属于违法会计行为。（　　）

36. 记账人员与经济业务事项和会计事项的审批人员、经办人员、财物保管人员的职责权限应当明确,并相互分离、相互制约。　　　　　　　　　　　　（　　）

37. 单位会计管理机构临时保管会计档案最长不超过两年。　　　　　　（　　）

38. 其他单位如因特殊原因需要使用本单位的原始凭证时,经本单位会计机构负责人、会计主管人员批准,可以外借。　　　　　　　　　　　　　　　（　　）

四、案例分析题

（一）甲公司是一家外商投资企业,本年①发生了以下事项:

（1）2月21日,甲公司接到市财政局通知,市财政局要来甲公司检查会计信息质量情况。甲公司董事长兼总经理赵某认为,甲公司作为外商投资企业,不应受《会计法》的约束,财政部门无权来检查会计工作情况。

（2）4月5日,甲公司会计科一名档案管理人员因生病需要临时交接工作,赵某委托单位出纳员刘某临时兼管会计档案。

（3）5月15日,甲公司从外地购买一批原材料,收到购货发票后,与实际支付款项进行核对时发现购货发票上的金额有错误,经办人员直接在原始凭证上进行了更改,并加盖了自己的印章,作为报销凭证。

（4）6月2日,甲公司会计科科长退休,甲公司决定任命自参加工作以来一直从事行政工作的办公室副主任钱某为会计科科长。

（5）甲公司发现中期财务会计报告将出现170万元亏损,为取得银行流动资金贷款,董事长授意钱某将财务会计报告进行调整,增加净利润230万元。

要求:根据上述材料,回答下列问题。

1. 根据事项（1）,甲公司董事长兼总经理赵某认为外商投资企业不受《会计法》约束的观点是否正确（　　）。

A. 正确。

B. 不正确。根据规定,省级以上财政部门组织实施本行政区域内的会计信息质量检查工作,并依法对本行政区域单位或人员的违法行为（主要是指违反《会计法》的行为）实施行政处罚

C. 不正确。根据规定,市级以上财政部门组织实施本行政区域内的会计信息质量检查工作,并依法对本行政区域单位或人员的违法行为（主要是指违反《会计法》的行为）实施行政处罚

D. 不正确。根据规定,县级以上财政部门组织实施本行政区域内的会计信息质量检查工作,并依法对本行政区域单位或人员的违法行为（主要是指违反《会计法》的行为）

---

① 若没有特殊说明,本书中的"本年"均指2022年。

实施行政处罚

2. 根据事项(2),下列表述中,正确的有(　　)。

A. 档案管理人员生病临时交接工作,可以由甲公司董事长赵某指定有关人员接替

B. 档案管理人员生病临时交接工作,不能由甲公司董事长赵某指定有关人员接替

C. 单位出纳员刘某可以临时兼管会计档案

D. 单位出纳员刘某不能临时兼管会计档案

3. 根据事项(3),下列表述中,正确的有(　　)。

A. 经办人员在原始凭证上进行了更改,并加盖了自己的印章,这一行为符合规定

B. 经办人员在原始凭证上进行了更改,并加盖了自己的印章,这一行为不符合规定

C. 经办人员在原始凭证上进行了更改,不应加盖自己的印章,而是加盖出具单位的印章

D. 原始凭证金额有错误的,应当由出具单位重开,不得在原始凭证上更正

4. 根据事项(4),下列表述中,正确的有(　　)。

A. 从事行政工作的办公室副主任钱某不能担任会计科科长

B. 从事行政工作的办公室副主任钱某可以担任会计科科长

C. 从事会计工作必须取得会计从业资格证书

D. 担任单位会计机构负责人(会计主管人员)的,应当具备会计师以上专业技术职务资格或者从事会计工作3年以上经历

5. 根据事项(5),甲公司及其相关人员可能受到的处罚有(　　)。

A. 钱某5年内不得从事会计工作

B. 对甲公司董事长处以5 000元罚款,对甲公司处以50 000元罚款

C. 对甲公司违法行为予以通报

D. 对钱某处以3 000元罚款

(二) 甲公司是一家国有企业。本年1月,甲公司招聘了一名出纳周某。周某刚毕业于某财经院校会计系,他是本公司财务科长周某的儿子。本年6月,财务科长周某根据人员变化及工作需要,对财务科部分会计岗位进行了调整:将原出纳员王某改为从事成本费用核算工作;原总账岗位人员吴某协助稽核员张某,加强单位内部的稽核工作。上述岗位变动人员均按规定办理了移交手续,并由稽核员张某进行了监交。

要求:根据上述资料,回答下列问题。

1. 从事会计工作的人员,应当(　　)。

A. 取得高中以上学历证书

B. 取得专科以上学历证书

C. 取得会计从业资格证书

D. 具备从事会计工作所需的专业能力并遵守职业道德

2. 关于会计人员回避制度,下列表述中,不正确的是(　　)。

A. 任何单位聘任会计人员均应当实行回避制度

B. 国家机关、国有企业、事业单位的单位领导人的直系亲属不得担任本单位的会计机构负责人、会计主管人员

C. 国家机关、国有企业、事业单位的会计机构负责人、会计主管人员的直系亲属不得在

本单位会计机构中担任出纳工作

D. 需要回避的直系亲属包括夫妻关系、直系血亲关系、三代以内旁系血亲以及姻亲关系

3. 会计工作岗位,可以( )。

A. 一人一岗　　　　B. 一人多岗　　　　C. 一岗多人　　　　D. 多岗多人

4. 出纳人员不得兼管( )。

A. 稽核　　　　　　　　　　　　B. 收入、费用的登记

C. 债权债务账目的登记　　　　　D. 会计档案保管

5. 关于案例中的"岗位变动",下列表述中,正确的有( )。

A. 会计人员的工作岗位应当有计划地进行轮换

B. 会计人员的工作岗位不应当进行轮换

C. 一般会计人员办理交接手续,由会计机构负责人(会计主管人员)负责监交

D. 单位岗位变动,派稽核员张某负责监交,是符合规定的

(三)20×8年2月,某市财政局派出检查组对甲国有企业(简称"甲企业")20×7年度的会计工作进行相关检查,发现存在以下情况:

(1) 20×7年2月,甲企业财务处处长安排其侄子在财务处担任出纳员,并负责保管甲企业的会计档案。

(2) 发现一张借条上"金额"栏的数字有更改过的痕迹,借条出具单位在"金额"栏更改处加盖了其单位印章。经查阅相关合同、单据,确认其更改后的金额数字是正确的。

(3) 20×7年12月,由于受全球经济形势的影响,甲企业出口产品滞销,销售业绩滑坡,企业法定代表人要求财务处处长对该年度的财务数据进行处理,以确保甲企业实现"盈利"。甲企业财务处处长遵照办理(甲企业的该行为尚不构成犯罪)。

要求:根据上述资料,回答下列问题。

1. 根据《会计基础工作规范》的规定,甲企业财务处处长的侄子可以在本单位从事的工作有( )。

A. 债权债务核算　　　　　　　　B. 出纳

C. 稽核　　　　　　　　　　　　D. 财务会计报告编制

2. 由出纳人员兼管会计档案保管工作的行为违反了( )。

A. 会计外部监督制度的规定　　　B. 会计岗位责任制度的规定

C. 会计机构内部牵制制度的规定　D. 会计机构内部稽核制度的规定

3. 企业对(2)中借条的处理办法中,错误的有( )。

A. 退回原出具单位,并由原出具单位重新开具借条

B. 退回原出具单位,应由原出具单位划线更正并加盖公章

C. 接受单位直接更正,并要求原出具单位说明情况,同时加盖单位公章

D. 接受单位直接更正,并说明情况,同时加盖单位公章

4. 针对(3)中企业"处理"财务数据的行为,对其直接负责的主管人员和其他直接负责人员,可以处以( )的罚款。

A. 10 000元以上　　　　　　　　B. 2 000元以上50 000元以下

C. 3 000 元以上 50 000 元以下　　　　　　D. 50 000 元以下

5. 对(3)中企业财务处处长的行为,下列说法中,正确的是(　　)。

A. 违反了爱岗敬业的要求　　　　　　B. 违反了诚实守信的要求

C. 违反了坚持准则的要求　　　　　　D. 违反了提高技能的要求

(四) 20×7 年年初,甲、乙、丙、丁四人共同申请设立了 A 代理记账公司(简称"A 公司"),甲某担任 A 公司主管代理记账业务的负责人。财政部门 20×8 年 5 月在对 A 公司的检查中发现:

(1) 甲尚未取得会计师专业技术职务资格,且从事会计工作只有 2 年。

(2) 乙已于 20×7 年 10 月离开 A 公司;丙除在 A 公司执业外,还在 B 企业担任会计职务。

(3) 20×7 年,经某客户授意,甲利用客户提供的虚假发票和其他原始凭证,虚增收入,使该客户的财务报告扭亏为盈。

(4) 丁将执业过程中知悉的 C 公司的商业秘密告知其竞争对手,获取不当利益。

要求:根据上述资料,回答下列问题。

1. 根据《代理记账管理办法》,除会计师事务所以外的代理记账公司设立的审批部门是(　　)。

A. 县级以上人民政府财政部门　　　　B. 县级以上人民政府工商部门

C. 县级以上人民政府审计部门　　　　D. 县级以上人民政府税务部门

2. 根据《代理记账管理办法》的规定,下列说法中,正确的有(　　)。

A. 甲某尚未取得会计师专业技术职务资格,且从事会计工作只有 2 年,不能担任 A 公司主管代理记账业务的负责人

B. 乙离开之后,A 公司没有持续符合代理记账公司的资格条件

C. 乙离开之后,A 公司仍持续符合代理记账公司的资格条件

D. 甲担任 A 公司负责人符合规定

3. 根据《代理记账管理办法》的规定,代理记账公司可以接受委托人委托办理的业务有(　　)。

A. 向税务机关提供税务资料

B. 审查企业会计报表,出具审计报告

C. 根据委托人提供的原始凭证和其他资料,按照国家统一的会计制度的规定进行会计核算

D. 对外提供财务会计报告

4. 针对事项(3)和事项(4),下列说法中,正确的有(　　)。

A. 根据委托合同,甲应当按照委托人的要求进行会计处理

B. 对于委托人要求其作出不当的会计处理,甲应当予以拒绝

C. 丁将执业过程中知悉的商业秘密告知他人,违反了代理记账公司从业人员应当履行的义务

D. 委托代理记账公司办理会计业务并不改变单位负责人对会计资料真实性和完整性承担的责任

5. 针对事项(2)和事项(3),财政部门对 A 公司和甲进行的下列处理中,正确的有(　　)。

A. 直接撤回该公司的代理记账许可证

B. 甲的行为是客户授意的,甲不承担责任

C. 对甲的行为,依据《会计法》的相关规定处以罚款

D. 经限期整改仍达不到资格条件的,则原审批机关可以撤回该公司的代理记账许可证书

（五）财政部门对甲有限责任公司（简称"甲公司"）本年度财务工作进行检查,但甲公司领导以"财务部门负责人出差"为由拒绝接受检查。后经多方协调,财政部门对甲公司进行了检查,并发现如下问题：

（1）3月15日,甲公司从外地购买了一批货物,收到购货发票后,经办人员林某发现发票记载金额与实际支付金额不相符,便将购货发票退回出具单位,要求对方重新开具。

（2）4月20日,甲公司从事收入、支出、费用账目登记工作的徐某休产假,甲公司决定由出纳员王某临时顶替徐某的工作,并按规定办理了交接手续。

（3）6月8日,甲公司将出售废料的收入不纳入企业统一的会计核算,而另设账簿进行核算,以解决行政管理部门的福利。

（4）甲公司以虚假的经济业务事项编造了会计凭证和会计账簿,并据此编制了财务会计报告。

要求：根据上述资料,回答下列问题。

1. 关于甲公司领导拒绝接受财政部门检查的做法,下列观点中,正确的是（   ）。

A. 甲公司领导不得拒绝财政机关的检查

B. 财政部门无权对甲公司的财务状况进行检查

C. 财政部门应与审计、税务部门联合进行检查

D. 由于甲公司财务部门负责人不在场,因此甲公司可以拒绝接受检查

2. 关于甲公司林某的做法,下列各项中,不符合法律规定的有（   ）。

A. 由于是发票金额的错误,因此可以在发票上直接更正后入账

B. 林某的做法是可以的,也可以在发票上更正后再由开具单位在更正处签章

C. 林某的做法符合法律规定,且只有这一种处理方式

D. 该发票不能做任何涂改和更正,入账应以实际结算金额为准,不需要重新开具

3. 关于出纳王某接替徐某工作的情况,下列观点中,正确的是（   ）。

A. 由于已经按照规定办理了交接手续,因此该接替工作是合法的

B. 一般会计人员办理交接手续,由单位的会计机构负责人（会计主管人员）监交

C. 出纳不能兼管其收入的登记工作,但可以兼管费用的登记工作

D. 会计机构负责人（会计主管人员）办理交接手续,应该自行监交

4. 关于甲公司出售废料收入的财务处理方法,下列说法中,错误的是（   ）。

A. 甲公司的做法违反了会计法律制度的规定

B. 甲公司的行为属于私设会计账簿进行核算的行为

C. 对于该行为,应由省级以上人民政府财政部门责令其限期改正

D. 对甲公司的该项行为可以处3 000元以上50 000元以下的罚款

5. 对甲公司以虚假的经济事项编造会计凭证和会计账簿,并据此编制了财务会计报告的行为,应认定为（   ）。

A. 伪造会计账簿的行为　　　　　　　　B. 变造会计凭证和会计账簿的行为
C. 伪造会计凭证的行为　　　　　　　　D. 提供虚假的财务会计报告的行为

（六）甲有限责任公司(简称"甲公司")为国有企业,本年6月,该公司会计科长赵某将其外甥徐某调到甲公司担任出纳工作,徐某未考取初级会计师资格。7月,徐某调到一家外企公司财务部工作,调离前与接任的丁某自行办理了会计工作交接手续。丁某接替出纳工作后,另设置了库存现金日记账和银行存款日记账。9月,乙公司向甲公司购买了一批总价款为45万元人民币的货物,甲公司收到货款后,丁某为乙公司开具了发票,在填写发票时将45万元误填为4万元,乙公司发现后,交给丁某进行了更改并加盖了单位印章。

要求: 根据上述资料,回答下列问题。

1. 下列单位中,不用实行会计人员回避制度的是(　　　)。
A. 国家机关　　　　B. 国有企业　　　　C. 民营企业　　　　D. 事业单位
2. 关于徐某担任甲公司出纳工作,下列表述中,正确的是(　　　)。
A. 徐某未考取初级会计师资格,可以在该单位担任出纳
B. 徐某不属于需要回避的直系亲属范围
C. 单位会计机构负责人、会计主管人员的直系亲属不得在本单位会计机构中担任出纳工作
D. 单位领导人的直系亲属不得担任本单位的出纳工作
3. 一般会计人员办理交接手续,由单位(　　　)负责监交。
A. 会计机构负责人　　B. 会计主管人员　　　C. 单位负责人　　　D. 总会计师
4. 丁某接替出纳工作后,另设置了库存现金日记账和银行存款日记账,对此下列表述中,正确的有(　　　)。
A. 丁某不能另行设置库存现金日记账和银行存款日记账
B. 丁某可以另行设置库存现金日记账和银行存款日记账
C. 接替人员应当继续使用移交的会计账簿,不得自行另立新账
D. 接替人员可以选择是否继续使用移交的会计账簿,还是自行另立新账
5. 对于原始凭证有错误的,下列表述中,错误的有(　　　)。
A. 原始凭证上除金额以外的其他事项有错误的,应当由出具单位重开或者更正,更正处应当加盖出具单位印章
B. 原始凭证上除金额以外的其他事项有错误的,应当由接收单位重开或者更正,更正处应当加盖接收单位印章
C. 原始凭证金额有错误的,应当由出具单位重开,不得在原始凭证上更正
D. 原始凭证金额有错误的,也可以由出具单位在原始凭证上更正

（七）20×8年4月,某市财政部门派出检查组对甲国有企业的会计工作进行检查,了解到以下情况:

(1) 20×7年5月,会计张某临时离职,因张某当时正生病住院,无法亲自到场办理会计工作的交接手续,由其他会计代办。

(2) 会计王某未按照相关规定保管会计档案,造成重要会计资料发生毁损,对企业造成重大不利影响。

（3）该企业 20×7 年度亏损 35 万元，会计机构负责人李某授意会计人员采取伪造凭证等虚增收入，该年度利润调整为盈利 65 万元，并将调整后的财务会计报告经单位负责人及有关人员签名盖章后向相关单位报送。

（4）20×7 年 9 月，会计机构负责人李某将其弟弟赵某调入该企业任出纳，赵某为本科学历，此时未取得初级会计资格证书。

要求： 根据上述资料，回答下列问题。

1. 针对事项（1），下列表述正确的有（　　）。

A. 张某自行委托其他会计代办交接工作是符合规定的

B. 张某必须经单位领导人批准后方可委托他人进行会计工作交接手续

C. 办理交接手续后，张某不再对其经办会计工作期间内所发生的问题负责

D. 办理交接手续后，张某对在其经办会计工作期间内所发生的问题负责

2. 针对事项（2），下列说法中，正确的有（　　）。

A. 属于未按照规定保管会计资料的行为，违反了《会计法》的规定

B. 属于未按照规定保管会计资料的行为，但不违反《会计法》的规定

C. 可对王某处 2 000 元以上 20 000 以下罚款

D. 可对王某处 3 000 元以上 50 000 元以下罚款

3. 针对事项（3），下列说法中，正确的有（　　）。

A. 单位负责人对会计机构负责人李某授意会计人员采取的伪造会计凭证等手段调整企业财务会计报告的行为不应承担法律责任

B. 单位负责人对会计机构负责人李某授意会计人员采取伪造会计凭证等手段调整企业财务会计报告的行为应承担法律责任

C. 由于是会计机构负责人李某授意造假，所以会计人员不应对其会计造假行为承担法律责任

D. 虽然是会计机构负责人李某授意造假，但会计人员仍应对其会计造假行为承担法律责任

4. 针对事项（4），下列说法中，正确的有（　　）。

A. 李某不能让弟弟赵某担任出纳，因为违反了《会计基础工作规范》中回避制度的相关规定

B. 根据《会计基础工作规范》的规定，会计工作岗位的设置应遵循相互牵制的原则

C. 赵某在任出纳时，还未取得初级会计资格证书，属于违法行为

D. 赵某可以在担任出纳期间参加初级会计资格证书考试，如果考试不合格，仍可继续担任出纳

5. 根据《会计基础工作规范》中关于回避制度的相关规定，下列说法中，正确的有（　　）。

A. 国家机关、国有企业、事业单位聘任会计人员应当实行回避制度

B. 国家机关、国有企业、事业单位的单位负责人的直系亲属不得担任本单位的会计机构负责人、会计主管人员

C. 国家机关、国有企业、事业单位的会计机构负责人、会计主管人员的直系亲属不得在本单位会计机构中担任出纳工作

D. 直系亲属是指除姻亲以外的夫妻关系、直系血亲关系及三代以内旁系血亲

第二章

结算法律制度

【本章学习知识体系】

结算法律制度
- 一、现金结算
  - (1) 现金结算的概念与特点(★)
  - (2) 现金结算的渠道(★)
  - (3) 现金结算的范围(★★)
  - (4) 现金使用的限额(★★★)
  - (5) 现金收支的基本要求(★★★)
- 二、支付结算概述
  - (1) 支付结算的概念和特征(★)
  - (2) 支付结算的主要法律依据(★)
  - (3) 支付结算的基本原则(★★)
  - (4) 办理支付结算的要求(★★)
- 三、银行结算账户
  - (1) 银行结算账户的概念与分类(★★★)
  - (2) 银行结算账户管理的基本原则(★★)
  - (3) 银行结算账户的开立、变更与撤销(★★★)
  - (4) 违反银行账户管理法律制度的法律责任(★★)
- 四、票据结算方式
  - (1) 票据结算概述(★★)
  - (2) 支票(★★★★)
  - (3) 商业汇票(★★★★)
  - (4) 银行汇票(★★★)
  - (5) 银行本票(★★★)
- 五、银行卡
  - (1) 银行卡的概念与分类(★★)
  - (2) 银行卡账户与交易(★★★)
- 六、其他结算方式
  - (1) 汇兑(★★)
  - (2) 委托收款(★★)
  - (3) 托收承付(★★)
  - (4) 国内信用证(★★)
- 七、电子支付
  - (1) 网上银行(★★)
  - (2) 条码支付(★★)

【分节习题必会】

第一节 现 金 结 算

一、单项选择题

1. 单位根据规定从开户银行提取现金时,现金支票上如实写明提取现金用途后,其签

26

字盖章人员为(　　)。

  A. 本单位出纳　　　　　　　　　　B. 本单位财会部门负责人

  C. 本单位会计　　　　　　　　　　D. 本单位总会计师

  2. 可以受理开户单位增加或减少库存现金限额申请的法定机构是(　　)。

  A. 中国人民银行总行　　　　　　　B. 开户银行

  C. 银保监会　　　　　　　　　　　D. 中国人民银行各乡分支机构

  3. 下列各项支出中,属于现金开支范围内的是(　　)。

  A. 大宗物资采购　　　　　　　　　B. 职工工资

  C. 上缴税金　　　　　　　　　　　D. 购置固定资产

二、多项选择题

  1. 下列关于现金管理中现金使用限额的表述中,正确的有(　　)。

  A. 开户银行应当根据实际需要,核定开户单位 3 天至 5 天的日常零星开支所需的库存现金限额

  B. 开户单位需要增加或减少库存现金限额的,应当向开户银行提出申请,由开户银行核定

  C. 边远地区开户单位的库存现金限额,可以多于 5 天,但不得超过 10 天

  D. 超市找零备用现金也属于库存现金限额,因此也需要核定

  2. 下列各项中,不属于开户单位的库存现金限额之内的有(　　)。

  A. 没有在银行单独开立账户的附属单位保留的现金

  B. 商业找零备用现金

  C. 在银行单独开立账户单位的现金

  D. 服务行业找零备用现金

  3. 下列各项中,符合现金收支规定的有(　　)。

  A. 开户单位现金收入应当于当日送存开户银行,当日送存确有困难的,由开户银行确定送存时间

  B. 开户单位支付现金,可以从本单位库存现金限额中支付或者从开户银行提取,绝对不得从本单位的现金收入中直接支付

  C. 开户单位从开户银行提取现金时,应当写明用途,由本单位财会部门负责人签字盖章,并经开户银行审查批准后予以支付

  D. 因特殊情况需要坐支现金的单位,应当事先报经开户银行审查批准,由开户银行核定坐支范围和限额

  4. 下列关于现金管理的表述中,正确的有(　　)。

  A. 对于单位向个人收购农副产品和其他物资的价款以及出差人员必须随身携带的差旅费等,现金支付不受结算起点的限制

  B. 开户单位在购销活动中,不得拒收汇票、本票、支票和其他转账结算凭证

  C. 开户单位现金收入应当于当日及时送存开户银行,当日送存确有困难的,由开户银行确定送存时间

  D. 现金结算起点的调整,由中国人民银行确定,报国务院备案

5. 下列各项中,单位可用现金进行结算的有(　　)。

A. 支付职工工资、津贴 1 000 元

B. 支付个人劳务报酬 600 元

C. 向个人发放防暑降温补贴 200 元

D. 支付出差人员差旅费 3 000 元

6. 下列各项关于现金使用范围的表述中,正确的有(　　)。

A. 对于单位向个人收购农副产品和其他物资的价款以及出差人员必须随身携带的差旅费等,现金支付不受结算起点的限制

B. 开户单位不得拒收支票、银行汇票和银行本票

C. 开户单位在销售活动中,可以对现金结算给予比转账结算优惠的待遇

D. 各单位之间的经济往来,支付结算限额以上的货币结算,可使用现金

7. 下列各项中,属于现金结算特点的有(　　)。

A. 直接便利　　　　　　　　　　　B. 不安全

C. 费用较高　　　　　　　　　　　D. 不易宏观控制和管理

三、判断题

1. 一个单位在几家银行开户的,可以分别在几家银行开设现金结算账户支取现金。

(　　)

2. 办理支付结算必须按照《人民币银行结算账户管理办法》的规定开立和使用账户。

(　　)

第二节　支付结算概述

一、单项选择题

1. 下列各项中,不符合票据和结算凭证填写要求的是(　　)。

A. 票据的出票日期必须使用中文大写数字填写

B. 中文大写金额数字到"分"为止的,在"分"之后必须写"整"字

C. 阿拉伯小写金额数字前填写了人民币符号"￥"

D. 1 月 15 日出票的票据,票据的出票日期栏填写为"零壹月壹拾伍日"

2. 填写票据金额时,如￥20 050.37,其中文大写应为(　　)。

A. 贰万零伍拾元叁角柒分整　　　　　B. 人民币贰万零伍拾元零叁角柒分

C. 人民币贰万零伍拾元叁角柒分整　　D. 人民币贰万零零伍拾元零叁角柒分

3. 某公司签发一张商业汇票,根据支付结算法律制度的规定,该公司的下列签章行为中,正确的是(　　)。

A. 公司盖章　　　　　　　　　　　B. 公司盖章加公司法定代表人李某盖章

C. 公司法定代表人李某签名加盖章　　D. 公司法定代表人李某盖章

4. (　　)负责制定统一的支付结算制度、组织、管理、监督全国的支付结算工作,调解、处理银行之间的支付结算纠纷。

A. 区和直辖市分行　　　　　　　　　　B. 中国人民银行总行

C. 中国人民银行总行及各级分支机构　　D. 中国人民银行总行及各商业银行总行

5. 下列各项中,不符合票据和结算凭证填写要求的是(　　)。

A. 中文大写金额数字书写中使用繁体字

B. 票据的出票日期使用阿拉伯数字填写

C. 阿拉伯小写金额数字前面,填写人民币符号"￥"

D. 将 6 007.10 元写成人民币陆仟零柒元壹角

6. 票据的出票日期如果是 2 月 20 日,按规范填写要求,其中大写应为(　　)。

A. 二月二十日　　　　　　　　　　　　B. 零贰月零贰拾日

C. 零贰月贰拾日　　　　　　　　　　　D. 贰月贰拾日

7. 下列各项中,属于支付结算行为的是(　　)。

A. 用现金结算银行贷款利息　　　　　　B. 用现金结算货款

C. 用现金结算银行存款利息　　　　　　D. 用信用卡结算货款

二、多项选择题

1. 下列各项中,符合《支付结算办法》规定的有(　　)。

A. 用繁体字书写中文大写金额

B. 中文大写金额数字的"角"之后可以不写"整"字(或"正"字)

C. 用阿拉伯数字填写票据出票日期

D. 阿拉伯小写金额前面应当填写人民币符号"￥"

2. 下列各项中,属于单位、个人和银行在办理支付结算过程中应遵循的法律依据的有(　　)。

A.《票据法》　　　　　　　　　　　　B.《票据管理实施办法》

C.《支付结算办法》　　　　　　　　　D.《人民币银行结算账户管理办法》

3. 下列各项表述中,正确的有(　　)。

A. 票据中的中文大写金额数字可以使用繁体字

B. 票据中的中文大写金额数字前应标明"人民币"字样

C. 单位和银行在票据上记载的名称可以是全称也可以是简称

D. 票据的出票日期必须使用中文大写

4. 下列各项中,属于办理支付结算必须符合的基本要求的有(　　)。

A. 单位、个人和银行应当按照《人民币银行结算账户管理办法》的规定开立、使用账户

B. 必须使用按中国人民银行统一规定印制的票据和统一规定的结算凭证

C. 票据和结算凭证的填写应当全面、规范

D. 票据和结算凭证上的签章和其他记载事项应当真实

5. 根据支付结算法律制度的规定,下列各项中,属于支付结算方式的有(　　)。

A. 汇兑　　　　　　B. 银行卡　　　　　C. 票据　　　　　D. 委托收款

6. 下列关于办理支付结算的表述中,符合有关法律规定的有(　　)。

A. 未使用按中国人民银行统一规定的票据,票据无效

B. 票据和结算凭证上的签章和其他记载的事项应当真实

C. 中文大写金额和阿拉伯数码金额不一致的结算凭证,银行不予受理

D. 单位和银行签发票据时,名称应当记载全称;使用简称的,银行不予受理

7. 下列各项中,可作为支付结算和资金清算的主体有（　　　）。

A. 个人　　　　　　　　B. 单位　　　　　　　　C. 银行　　　　　　　　D. 个体工商户

三、判断题

1.《支付结算办法》规定,单位、个人和银行办理支付结算未使用按中国人民银行统一规定印制的票据,则票据无效。　　　　　　　　　　　　　　　　　　　　（　　　）

2. 银行在办理结算过程中,必要时可为结算当事人垫付部分款项。　　　　（　　　）

第三节　银行结算账户

一、单项选择题

1. 银行违反规定为存款人多头开立银行结算账户,应给予警告,并处以（　　　）的罚款。

A. 10 000 元以上 100 000 元以下　　　　B. 50 000 元以上 300 000 元以下

C. 30 000 元以上 200 000 元以下　　　　D. 20 000 元以上 100 000 元以下

2. 下列关于基本存款账户的表述中,正确的是（　　　）。

A. 存款人可以没有基本存款账户,但一定要有一般存款账户

B. 基本存款账户是存款人的主办账户

C. 存款人可以没有基本存款账户,但一定要有临时存款账户

D. 基本存款账户是存款人的非主办账户

3. 下列对基本存款账户与临时存款账户在管理上区别的表述中,正确的是（　　　）。

A. 基本存款账户能支取现金,而临时存款账户不能支取现金

B. 基本存款账户不能向银行借款,而临时存款账户可以向银行借款

C. 基本存款账户没有时间限制,而临时存款账户实行有效期管理

D. 基本存款账户没有数量限制,而临时存款数量有限制

4. 下列各项中,属于银行结算账户的监督管理部门的是（　　　）。

A. 中国银保监会　　　　　　　　　B. 中国人民银行

C. 中国银行　　　　　　　　　　　D. 国有资产管理委员会

5. 经营性存款人有伪造、变造、私自印制开户许可证的行为,应给予警告并处（　　　）的罚款;构成犯罪的,移交司法机关依法追究刑事责任。

A. 3 000 元以上 20 000 元以下　　　　B. 5 000 元以上 30 000 元以下

C. 10 000 元以上 50 000 元以下　　　　D. 10 000 元以上 30 000 元以下

6. 甲公司因经营需要向中国工商银行某分支支构借款 150 万元,拟在中国工商银行再开立一个基本存款账户,银行为其开立了一般存款账户,公司于开户当日将借款金额划转至该行基本存款账户中,则下列说法中,错误的是（　　　）。

A. 中国工商银行拒绝为其开立基本存款账户的做法的正确

B. 一般存款账户可以办理现金缴存,但不得办理现金支取

C. 开立一般存款账户需要中国人民银行核准

D. 甲公司于开户当日将借款金额划转至中国工商银行基本存款账户的做法正确

7. 存款人更改名称,但不改变开户银行及账号的,应于( )个工作日内向开户银行提出银行结算账户的变更申请,并出具有关部门的证明文件。

A. 2　　　　　　　　B. 3　　　　　　　　C. 5　　　　　　　　D. 7

8. 下列关于个人银行结算账户的说法中,错误的是( )。

A. 个人银行账户分为Ⅰ类银行账户和Ⅱ类银行账户

B. 单位从其银行结算账户支付给个人银行结算账户的款项,每笔超过5万元(不包含5万元)的,应向其开户银行提供相关的付款依据

C. 个人银行结算账户用于办理个人转账收付和现金支取

D. 根据个人银行账户实名制的要求,存款人申请开立个人银行结算账户时,应向银行出具本人有效身份证件

9. 下列各项中,属于存款人因对特定用途资金进行专项管理和使用而开立的账户的是( )。

A. 基本存款账户　　B. 一般存款账户　　C. 临时存款账户　　D. 专用存款账户

二、多项选择题

1. 下列各项中,属于一般存款账户使用范围的有( )。

A. 借款归还　　　　　　　　　　　B. 党、团、工会经费等的现金支取

C. 现金支取　　　　　　　　　　　D. 借款转存

2. 下列有关银行结算账户的说法中,正确的有( )。

A. 基本存款账户是存款人的主办账户

B. 一般存款账户可以办理现金缴存

C. 同一个证明文件,只能开立一个专用存款账户

D. 临时存款账户有效期限不能超过2年

3. 根据《人民币银行结算账户管理办法》的规定,下列各项中,其款项可以转入个人银行结算账户的有( )。

A. 纳税退还　　　　　　　　　　　B. 农、副、矿产品销售收入

C. 非法收入　　　　　　　　　　　D. 个人贷款转存

4. 下列关于银行结算账户的开立、变更和撤销的说法中,错误的有( )。

A. 存款人开立银行结算账户其预留银行签章可以为该单位的公章

B. 单位的法定代表人或主要负责人、住址以及其他开户资料发生变更时,应于3个工作日内书面通知开户银行并提供有关证明

C. 对于按照账户管理规定应撤销而未办理销户手续的单位银行结算账户,银行通知该单位银行结算账户的存款人自发出通知之日起30日内办理销户手续,逾期视同自愿销户,未划转款项列入久悬未取专户管理

D. 存款人撤销银行结算账户,应先撤销基本存款账户后再办理其他银行结算账户的撤销

5. 下列各项中,属于银行结算账户的开立程序的有( )。

A. 存款人申请开立银行结算账户时,应填制开立银行结算账户申请书

B. 银行应对存款人的开户申请书填写的事项和相关证明文件的真实性、完整性、合规性进行认真审查

C. 银行与存款人签订银行结算账户管理协议,明确双方的权利和义务

D. 向中国人民银行当地分支行核准或备案

6. 银行结算账户按开立主体不同可以分为(   )。

A. 一般存款账户   B. 个人银行结算账户

C. 基本存款账户   D. 单位银行结算账户

7. 下列关于存款人预留签章有关规定的表述中,正确的有(   )。

A. 银行应建立存款人预留签章卡片,并将签章式样和有关证明文件的原件或复印件留存归档

B. 存款人为单位的,其预留签章为该单位的公章或财务专用章加其法定代表人(单位负责人)或其授权的代理人的签名或者盖章

C. 存款人为个人的,其预留签章为该个人的签名或者盖章

D. 存款人为个人的,其预留签章为该个人的签名和盖章

8. 下列关于银行结算账户的表述中,错误的有(   )。

A. 任何单位和个人不得强令存款人到指定银行开立银行结算账户

B. 银行有权拒绝任何单位或个人查询

C. 银行不得为任何单位或者个人冻结、扣划款项,不得停止单位、个人存款的正常支付

D. 存款人均可以开立一个基本存款账户

9. 下列各项中,属于银行结算账户管理应当遵守的基本原则的有(   )。

A. 一个基本存款账户原则   B. 自主选择原则

C. 守法合规原则   D. 存款信息保密原则

10. 下列关于基本存款账户的说法中,错误的有(   )。

A. 存款人日常经营活动的资金收付及其现金的支取,应通过一般存款账户办理

B. 市第一中学在校内设立的非独立核算的小卖部可以申请开立基本存款账户

C. 基本存款账户的存款人可以通过本账户办理基本建设资金

D. 企业法人开立基本存款账户时,应出具企业法人税务登记证作为证明文件

11. 下列关于临时存款账户的表述中,正确的有(   )。

A. 临时存款账户用于办理临时机构以及存款人临时经营活动发生的资金收付

B. 临时存款账户应根据有关开户证明文件确定的期限或存款人的需要确定其有效期限,最长不得超过 1 年

C. 临时存款账户支取现金,应按照国家现金管理的规定办理

D. 注册验资的临时存款账户在验资期间只收不付

三、判断题

1. 单位银行结算账户按用途分为基础存款账户、一般存款账户、专用存款账户和临时存款账户。   (   )

2. 属于申请变更单位银行结算账户的,应加盖单位公章和法定代表人(单位负责人)或

其授权代理人的签名或者盖章;属于申请变更个人银行结算账户的,应加其个人签章。

（　　）

3. 根据《人民币银行结算账户管理办法》的规定,公司由于分公司较多、经济业务发生频繁、日常转账结算和现金收付业务量大,可以多开立基本存款账户。（　　）

第四节　票据结算方式

一、单项选择题

1. 银行汇票的有效期限自出票日起(　　)。

A. 1 个月　　　　　B. 2 年　　　　　C. 1 年　　　　　D. 3 年

2. 下列各项中,属于背书的相对记载事项的是(　　)。

A. 背书原因　　　　　　　　　　B. 背书人签章

C. 背书日期　　　　　　　　　　D. 被背书人的名称

3. 下列各项中,不属于《票据法》所规定的票据行为的是(　　)。

A. 承兑　　　　　B. 付款　　　　　C. 出票　　　　　D. 背书

4. 根据《支付结算办法》的规定,支票的提示付款期限为(　　)。

A. 自出票日起 15 日　　　　　　B. 自出票日起 10 日

C. 自出票日起 30 日　　　　　　D. 自出票日起 5 日

5. 商业汇票的付款期限,最长不得超过(　　)个月。

A. 3　　　　　B. 6　　　　　C. 9　　　　　D. 12

6. 出票人签发空头支票或者签发与其预留签章不符的支票,不以骗取财物为目的的,由中国人民银行处以票面金额(　　)但不低于(　　)元的罚款。

A. 2%,1 000　　B. 2%,2 000　　C. 5%,1 000　　D. 5%,2 000

7. B 公司与 C 公司交易时以汇票支付。C 公司见汇票出票人为 A 公司,遂要求 B 公司提供担保,B 公司请 D 公司为该汇票作保证,D 公司在汇票背书栏签注"若 A 公司出票真实,本公司愿意保证"。后经了解 A 公司实际并不存在。根据票据法律制度的规定,下列表述中,正确的是(　　)。

A. D 公司应承担一定赔偿责任

B. D 公司只承担一般保证责任,不承担票据保证责任

C. D 公司不承担任何责任

D. D 公司应当承担票据保证责任

8. 甲公司委托开户银行收款时,发现其持有的由乙公司签发金额为 10 万元的转账支票为空头支票。根据《支付结算办法》的规定,甲公司有权要求乙公司支付赔偿金的数额是(　　)元。

A. 5 000　　　　B. 3 000　　　　C. 1 000　　　　D. 2 000

9. 下列各项中,不属于银行汇票的必须记载事项的是(　　)。

A. 表明"银行汇票"的字样　　　　B. 付款人名称

C. 出票人签章　　　　　　　　　　D. 无条件支付的委托

10. 申请人缺少解讫通知要求退款的,出票银行应于银行汇票提示付款期限满(　　)

办理。

    A. 2个月内   B. 1个月前   C. 10日内   D. 1个月后

11. 甲公司持有一张商业汇票,到期委托开户银行向承兑人收取票款。甲公司行使的票据权利是(   )。

    A. 利益返还请求权   B. 付款请求权

    C. 票据追索权   D. 票据返还请求权

12. 根据票据法律制度的规定,下列关于票据提示付款期限的表述中,错误的是(   )。

    A. 银行汇票的提示付款期限为自出票日起1个月

    B. 银行本票的提示付款期限为自出票日起最长不得超过2个月

    C. 商业汇票的提示付款期限为自出票日起10日

    D. 支票的提示付款期限为自出票日起10日

13. 汇票的背书人在票据上记载了"不得转让"字样,但其后手仍进行了背书转让,下列关于票据责任承担的表述中,错误的是(   )。

    A. 不影响承兑人的票据责任

    B. 不影响出票人的票据责任

    C. 不影响原背书人对后手的被背书人承担票据责任

    D. 不影响原背书人之前手的票据责任

14. 下列关于票据的说法中,错误的是(   )。

    A. 无民事行为能力人或限制民事行为能力人在票据上签章的,其签章无效,但是不影响其他签章的效力

    B. 持票人因重大过失取得不符合《票据法》规定的票据,不得享有票据权利

    C. 票据金额以中文大写和阿拉伯数码同时记载,两者必须一致,不一致的,以中文大写为准

    D. 持票人因超过票据权利时效或因票据记载事项欠缺而丧失权利的,仍享有民事权利

二、多项选择题

1. 支票按支付票款的方式不同,分为(   )。

    A. 普通支票   B. 现金支票   C. 背书支票   D. 转账支票

2. 下列各项中,属于因签章不符合法律规定仅使得签章无效的有(   )。

    A. 承兑人在票据上的签章不符合《票据法》等规定

    B. 出票人在票据上的签章不符合《票据法》等规定

    C. 保证人在票据上的签章不符合《票据法》等规定

    D. 背书人在票据上的签章不符合《票据法》等规定

3. 根据票据法律制度的规定,下列各项中,属于可以行使票据追索权的当事人的有(   )。

    A. 票据记载的收款人   B. 代为清偿票据债务的保证人

    C. 最后被背书人   D. 代为清偿票据债务的背书人

4. 甲签发一张汇票给乙,汇票上记载收款人乙、保证人丙等事项。乙在法定时间内向甲提示承兑后将该汇票背书转让给丁。丁又将该汇票背书转让给张三。张三在法定期限内向付

款人请求付款,未获付款。根据《票据法》的规定,下列各项中,应承担该汇票义务的有( )。

A. 甲   B. 乙   C. 丙   D. 丁

5. 根据票据法律制度的规定,下列各项中,可由出票人授权补记的有( )。

A. 付款人名称   B. 支票上的金额   C. 出票人签章   D. 收款人名称

6. 下列各项中,属于商业汇票的出票效力的有( )。

A. 对收款人的效力   B. 对付款人的效力

C. 对背书人的效力   D. 对出票人的效力

7. 下列关于票据特征的表述中,正确的有( )。

A. 持票人可以就票据上所记载的金额向特定票据债务人行使其请求权

B. 票据的持票人行使票据权利时,不必证明其取得票据的原因,以及票据权利发生的原因

C. 与票据有关的一切权利和义务必须严格按照票据上记载的文义而定,不得以文义之外的任何理由、事项来主张票据权利

D. 票据必须具备法定格式才能有效

8. A 公司向 B 公司购买一批钢材,并将一张汇票背书转让给 B 公司作为付款,背书时注明"货到后此汇票方生效",对此理解中,正确的有( )。

A. 该背书所附的条件"货到后此汇票方生效"无效

B. 该背书所附的条件"货到后此汇票方生效"有效

C. 该背书仍然有效

D. 被背书人即 B 公司可依背书取得票据权利

9. 下列各项中,属于票据当事人的有( )。

A. 出票人   B. 付款人   C. 收款人   D. 保证人

10. 根据票据法律制度的规定,下列各项背书情形中,属于背书无效的有( )。

A. 将汇票金额的一半转让给甲某

B. 将汇票金额全部转让给甲某

C. 将汇票金额分别转让给甲某和乙某

D. 将汇票金额转让给甲某,但要求甲某不得对背书人行使追索权

11. 根据票据法律制度的规定,下列关于银行本票的表述中,正确的有( )。

A. 单位和个人在同一票据交换区域的各种款项结算,均可使用银行本票

B. 填明"现金"字样的银行本票可以支取现金

C. 银行本票的提示付款期限自出票日起最长不得超过 1 个月

D. 填明"现金"字样的银行本票丧失后可以挂失止付

12. 根据支付结算法律制度的规定,下列票据中,属于见票即付的有( )。

A. 转账支票   B. 银行承兑汇票

C. 银行汇票   D. 商业承兑汇票

13. 下列关于票据签章当事人的表述中,正确的有( )。

A. 票据签发时,由出票人签章   B. 票据承兑时,由承兑人签章

C. 票据转让时,由被背书人签章   D. 票据保证时,由保证人签章

14. 下列关于支票的表述中,错误的有( )。

A. 支票的基本当事人不包括付款人

B. 支票是有价证券

C. 支票可以透支

D. 划线支票可以用于支取现金,也可以用于转账

15. 根据票据法律制度的规定,汇票承兑生效后,承兑人应当承担到期付款的责任。下列关于该责任的表述中,正确的有(   )。

A. 承兑人必须对汇票上的付款请求权人承担责任

B. 承兑人在汇票到期日必须对持票人无条件地支付汇票上的金额

C. 承兑人的票据责任不因持票人未在法定期限提示付款而解除

D. 承兑人必须对汇票上的追索权人承担责任

16. 下列关于商业汇票付款的表述中,错误的有(   )。

A. 商业汇票持票人超过提示付款期限提示付款的,承兑人不予受理

B. 商业汇票持票人超过提示付款期限提示付款的,代理付款人不予受理

C. 商业汇票持票人超过提示付款期限提示付款的,出票人不承担票据责任

D. 商业汇票持票人超过提示付款期限提示付款的,背书人不承担票据责任

17. 根据《支付结算办法》的规定,下列各项中,属于银行应予以退票的情形的有(   )。

A. 出票人签发空头支票

B. 签章与预留银行签章不符的支票

C. 使用圆珠笔填写的支票

D. 使用支付密码地区的,签发支付密码错误的支票

18. 下列关于票据当事人的表述中,正确的有(   )。

A. 票据当事人是指票据法律关系中享有票据权利、承担票据义务的当事人,也称票据法律关系主体

B. 票据当事人可分为基本当事人和非基本当事人

C. 基本当事人包括出票人、付款人、收款人、承兑人、背书人、被背书人、保证人等

D. 票据基本当事人是指在票据作成和交付时就已存在的当事人,是构成票据法律关系的必要主体

三、判断题

1. 支票的金额、收款人名称,可由出票人授权补记,未补记前可以背书转让但不得提示付款。 (   )

2. 以背书转让的汇票,背书应当连续。 (   )

3. 支票限于见票即付,不得另行记载付款日期,另行记载付款日期的,该记载无效。 (   )

4. 银行汇票可以用于转账,但是不能用于支取现金。 (   )

5. 汇票的持票人未在法定期限内提示付款的,则承兑人的票据责任解除。 (   )

6. 背书不得附有条件,背书附有条件的,背书无效。 (   )

7. 汇票转让只能采用背书的方式,而不能仅凭单纯交付方式。 (   )

8. 商业汇票的持票人未按照规定期限提示付款的,承兑人或者付款人可以拒绝承担付

款责任。 　　　　　　　　　　　　　　　　　　　　　　　　　　（　　）

9. 甲公司收到乙公司一张支票,该支票记载了"不得转让"字样。该记载事项不影响甲公司将该支票背书转让。 　　　　　　　　　　　　　　　　　　　（　　）

四、案例分析题

本年 1 月,A 公司签订了一份购货金额为 90 万元的购货合同。合同约定:交货时支付款项。4 月,供货商按购货合同交货,A 公司验收入库。但 A 公司因产品销售不畅,资金紧张,没有按合同约定及时支付货款。之后,供货商多次打电话、发函催要货款,未果。9 月,供货商派专人及律师顾问到 A 公司再次催要货款。为了解决当时的"困境",A 公司签发了一张金额为 90 万元的转账支票,交给供货商。供货商到银行提示付款时,银行以 A 公司存款账户余额仅有 50 万元不足付款为由予以退票。

10 月,A 公司收到 B 公司签发的银行承兑汇票一张,票面金额为 90 万元,未背书转让就将该汇票交给了供货商抵付货款。之后供货商又将该汇票背书转让给了 B 公司,背书时未记载 B 公司的名称,B 公司拿到票据后将自己的公司名称记载于被背书人处。汇票到期后,B 公司填写了委托收款凭证并附上该银行承兑汇票,经其开户银行甲向承兑银行乙发出委托收款申请。承兑银行对该汇票进行审查后拒绝支付。

要求:根据上述资料,回答下列问题。

1. A 公司签发的这张转账支票属于(　　)。

A. 空白支票　　　　B. 空头支票　　　　C. 票据　　　　D. 有价证券

2. 对于 A 公司的该项行为,供应商(　　)。

A. 有权要求 A 公司赔偿 2 000 元　　　　B. 有权要求 A 公司赔偿 18 000 元

C. 无权要求 A 公司赔偿　　　　D. 不获付款可继续找 A 公司追索

3. 对于 A 公司的该项行为,银行可以(　　)。

A. 对 A 公司处以票面金额 5% 的罚款

B. 先付给供货商 40 万元,并要求 A 公司补付 50 万元

C. 先为 A 公司垫付,并要求乙公司尽快偿还,同时按日向 A 公司收取利息

D. 停止对 A 公司签发支票

4. 下列关于银行承兑汇票的说法中,正确的有(　　)。

A. 甲银行是汇票的承兑人,应承担付款义务

B. 票据到期后,只要 B 公司在约定期限内提示付款,承兑银行就应无条件向 B 公司支付汇票金额

C. 承兑附有条件,视为拒绝承兑

D. 银行拒绝付款的做法正确

5. 下列关于汇票背书的说法中,正确的是(　　)。

A. A 公司将汇票转让给供货方时应在被背书人处签章,以保证背书连续

B. B 公司自己记载名称于被背书人处的做法不具有法律效力

C. 银行是因为背书不连续而拒绝付款

D. 银行是因为 B 公司自己记载名称于被背书人处而拒绝付款

第五节 银 行 卡

一、单项选择题

1. 下列关于银行卡账户及交易管理要求的表述中,错误的是(   )。

A. 单位人民币卡在使用过程中,需要向其账户续存资金的,一律从其基本存款账户转账存入

B. 严禁将单位的款项存入个人卡账户

C. 可以将销货收入存入单位人民币卡账户

D. 单位人民币卡账户不得支取现金

2. 发卡行受理注销申请之日起(   )日后,被注销信用卡账户方能清户。

A. 30   B. 45   C. 60   D. 90

二、多项选择题

1. 根据《银行卡业务管理办法》的规定,下列关于银行卡结算使用的表述中,不符合规定的有(   )。

A. 单位卡账户的资金可以与其他存款账户自由转账

B. 个人人民币卡账户的资金以其持有的现金存入或以其工资性款项、属于个人的合法的劳务报酬、投资回报等收入收账存入

C. 可以将单位的款项存入个人卡账户

D. 不得将销货收入直接存入单位卡账户

2. 下列各项中,属于持卡人持贷记卡办理刷卡消费等非现金交易享受的优惠的有(   )。

A. 免息还款期待遇   B. 最低还款额待遇

C. 免年费待遇   D. 免收账户维护费待遇

3. 信用卡按照是否向发卡银行交存备用金分为(   )。

A. 准贷记卡   B. 贷记卡

C. 借记卡   D. 人民币卡

三、判断题

1. 个人人民币卡账户的资金以其持有的现金存入或以其工资性款项、属于个人的合法的劳务报酬、投资回报等收入转账存入。 （   ）

2. 发卡银行应当对借记卡持卡人在自动柜员机(ATM 机)取款设定交易上限,每卡每日累计提款不得超过 5 万元人民币。储值卡的面值或卡内币值不得超过 2 000 元人民币。单位人民币卡销户时,其账户资金可以转入其基本存款账户,也可以提取现金。 （   ）

3. 贷记卡持卡人选择最低还款额方式用卡的,不再享受免息还款期待遇。 （   ）

4. 信用卡预借现金业务包括现金提取、现金转账和现金充值。 （   ）

第六节 其他结算方式

一、单项选择题

1. 本年 3 月 1 日,甲公司销售给乙公司一批化肥,双方协商采取托收承付验货付款方式办理货款结算。3 月 4 日,运输公司向乙公司发出提货单。乙公司在承付期内未向其开户银行表示拒绝付款。已知 3 月 7 日、3 月 8 日、3 月 14 日和 3 月 15 日为法定休假日。则乙公司开户银行向甲公司划拨货款的日期为( )。

A. 3 月 6 日
B. 3 月 9 日
C. 3 月 16 日
D. 3 月 13 日

2. 下列关于托收承付结算方式使用要求的表述中,错误的是( )。

A. 验货付款的承付期为 10 天,从运输部门向付款人发出提货通知的次日算起
B. 收付双方使用托收承付结算方式必须签有合法的购销合同
C. 付款人逾期付款,付款人的开户银行将对付款人予以处罚
D. 付款人在承付期不可以向银行提出全部拒付和部分拒付,但必须填写"拒付理由书"并签章,注明拒付理由

3. 汇入银行对经过( )无法交付的汇款,应主动办理退汇。

A. 15 天
B. 2 个月
C. 1 个月
D. 3 个月

4. 根据支付结算法律制度的规定,下列关于国内信用证的表述中,正确的是( )。

A. 可用于支取现金
B. 开证申请人可以是个人
C. 国内信用证是以人民币计价、不可撤销的跟单信用证
D. 信用证付款期限最长不超过两年

5. 如果当事人采用托收承付办理结算,采用验货付款的,承付期是( )天。

A. 3
B. 5
C. 10
D. 7

二、多项选择题

1. 根据支付结算管理的有关规定,下列各项中,属于当事人签发委托收款凭证时必须记载的事项的有( )。

A. 委托日期
B. 收款日期
C. 收款人名称和收款人签章
D. 委托收款凭据名称及附寄单证张数

2. 根据支付结算法律制度的规定,下列关于委托收款的表述中,正确的有( )。

A. 委托收款是收款人委托银行向付款人收取款项的结算方式
B. 委托收款在同城、异地均可使用
C. 以单位为付款人的,银行通知付款人后,付款人应当于接到通知的当日书面通知银行付款
D. 以银行以外的单位为付款人的,委托收款凭证必须记载付款人开户银行名称

三、判断题

1. 托收承付结算每笔的金额起点为 10 000 元,新华书店系统每笔的金额起点为 1 000 元。　　　　　　　　　　　　　　　　　　　　　　　　　　　　　(　　)

2. 汇入银行对于向收款人发出取款通知、经过 1 个月无法交付的汇款,应主动办理退汇。　　　　　　　　　　　　　　　　　　　　　　　　　　　　　　(　　)

3. 汇款回单是银行将款项确已收入收款人账户的凭据。　　　　　　　　(　　)

第七节　电 子 支 付

一、单项选择题

1. 下列各项表述中,错误的是(　　)。

A. 电子支付是指单位、个人通过计算机、手机等电子终端发出支付指令,依托网络系统以电子信息传递形式进行的货币支付与资金转移

B. 电子支付服务的主要提供方有银行、支付机构和证券机构

C. 银行的电子支付方式主要有网上银行、手机银行和条码支付等

D. 支付机构的电子支付方式主要有网络支付、条码支付等

2. (　　)是当前网上银行的主要形式。

A. 单纯网上银行　　　　　　　　　　B. 分支型网上银行

C. 企业网上银行　　　　　　　　　　D. 个人网上银行

3. 根据条码支付的限额要求,银行、支付机构可以与客户通过协议自主约定单日累计限额时,要求风险防范能力等级达到(　　)。

A. D 级　　　　　　B. C 级　　　　　　C. B 级　　　　　　D. A 级

4. 下列情形中,属于条码支付的是(　　)。

A. 张某在某 App 平台购物线上付款后,到线下便利店自提商品

B. 李某在某超市购物,通过 POS 机刷信用卡支付货款

C. 王某办理某乒乓球俱乐部会员,俱乐部用手持终端机扫描王某出示的手机付款码收款

D. 赵某通过淘宝网站购物,通过支付宝担保方式支付货款

二、多项选择题

1. 网上银行按主要服务对象的不同,分为(　　)。

A. 单纯网上银行　　　　　　　　　　B. 分支型网上银行

A. 企业网上银行　　　　　　　　　　D. 个人网上银行

2. 网上银行按经营组织的不同,分为(　　)。

A. 单纯网上银行　　　　　　　　　　B. 分支型网上银行

C. 企业网上银行　　　　　　　　　　D. 个人网上银行

3. 个人网上银行具体业务功能包括(　　)。

A. 账户信息查询　　　　　　　　　　B. 人民币转账业务

C. B2B 网上支付　　　　　　　　　　D. 银证转账业务

4. 下列各项中,属于支付机构的电子支付方式的有(　　)。

A. 网络支付　　　　　　　　　　　　B. 条码支付

C. 手机银行　　　　　　　　　　　　D. 网上银行

三、判断题

1. 分支型网上银行是指现有的传统银行利用互联网开展传统的银行业务,即传统银行利用互联网作为新的服务手段为客户提供在线服务,实际上是传统银行服务在互联网上的延伸。　　　　　　　　　　　　　　　　　　　　　　　　　　　　　　(　　)

2. 在个人网上银行的账户信息查询业务中,系统提供客户对本人网上银行各种权限功能、客户信息的管理以及账户的挂失。　　　　　　　　　　　　　　　　　　(　　)

3. 银行、支付机构提供收款扫码服务的,应使用动态条码,设置条码有效期、使用次数等方式,防止条码被重复使用导致重复扣款,确保条码真实有效。　　　　　　(　　)

4. 以同一个身份证件在同一家银行、支付机构办理的全部小微商户基于信用卡的条码支付收款金额日累计不超过 1 000 元、月累计不超过 1 万元。　　　　　　(　　)

【本章习题必练】

一、单项选择题

1. 汇款人对汇出银行已经汇出的款项可以申请(　　)。

A. 转汇　　　　　B. 退汇　　　　　C. 撤汇　　　　　D. 汇兑

2. 李某对外签发了一张支票,此支票上的签章应为该个人(　　)。

A. 本名的签名并盖章　　　　　　　　B. 本名的签名或者盖章

C. 本名的签名　　　　　　　　　　　D. 本名的盖章

3. 下列各项中,不具备开立基本存款账户资格的存款人的是(　　)。

A. 居民委员会　　　　　　　　　　　B. 单位设立的非独立核算的附属机构

C. 社区委员会　　　　　　　　　　　D. 民办非法人企业

4. 下列关于授权补记说法中,正确的是(　　)。

A. 授权补记事项未补记前可以提示付款

B. 可以授权补记的事项只有支票上的金额和付款人名称

C. 只有支票可以授权补记

D. 授权补记事项未补记前可以背书转让

5. 下列关于承兑的表述中,正确的是(　　)。

A. 汇票、本票和支票都有承兑

B. 商业承兑汇票只能由付款人签发并承兑

C. 承兑是指汇票付款人承诺在汇票到期日支付汇票金额并签章的行为

D. 商业承兑汇票只能由收款人签发交由付款人承兑

6. 单位和个人在(　　)需要支付的各种款项,均可以使用银行本票。

A. 同城　　　　　　　　　　　　　　B. 同一票据交换区域

C. 异地   D. 跨地区

7. 某公司在建设银行甲市分支机构开立了基本存款账户,现因经营需要向中国农业银行乙分支机构申请贷款 120 万元,经审查同意办理贷款,其应在乙分支机构开立( )。

A. 一般存款账户   B. 基本存款账户

C. 临时存款账户   D. 个人银行结算账户

8. 下列关于票据和结算凭证填写的表述中,正确的是( )。

A. 中文大写金额数字必须用正楷书写

B. 中文大写金额数字到"分"为止的,在分之后不需写"整"字

C. 中文大写金额数字到"角"为止的,在角之后必须写"整"字

D. 票据的出票日期可以使用中文大写,也可以使用阿拉伯数字

9. 下列关于商业汇票的保证如果附有条件所产生效力的表述中,错误的是( )。

A. 所附条件无效   B. 表示根据相应条件保证才可能有效

C. 保证本身仍然具有效力   D. 保证人应向持票人承担保证责任

10. 对于经营性存款人,在使用银行结算账户的过程中,违反规定支取现金的,给予( )处罚措施。

A. 警告并处以 3 000 元以上 10 000 元以下的罚款

B. 警告并处以 5 000 元以上 30 000 元以下的罚款

C. 警告并处以 5 000 元以上 10 000 元以下的罚款

D. 警告并处以 3 万元以上 50 000 元以下的罚款

11. 下列关于承兑的表述中,错误的是( )。

A. 承兑是指汇票付款人承诺在汇票到期日支付汇票金额并签章的行为

B. 承兑是商业汇票特有的制度

C. 承兑人不得以其与出票人之间的资金关系来对抗持票人

D. 承兑是银行汇票特有的制度

12. 下列关于在中国境内填写票据和结算凭证的表述中,错误的是( )。

A. 票据和结算凭证的中文大写金额数字应用正楷或行书填写,如果金额数字书写用繁体字,也应受理

B. 阿拉伯数字小写金额数字前面,均应填写人民币符号"¥"

C. 票据的出票日期必须使用中文大写

D. 单位和银行的名称必须记载全称

13. 在填写票据的出票日期时,1 月 30 日应填写成( )。

A. 壹月零叁拾日   B. 零壹月零叁拾日   C. 壹月叁拾日   D. 零壹月叁拾日

14. 现金结算起点的调整,由( )确定。

A. 开户银行   B. 商业银行   C. 中国银行   D. 中国人民银行

15. 在填写票据时,¥24 609.08 大写金额的正确写法是( )。

A. 人民币贰万肆千陆百零玖元捌分   B. 人民币贰万肆仟陆佰零玖元零捌分整

C. 人民币贰万肆仟陆佰零玖元零捌分正   D. 人民币贰万肆仟陆佰零玖元零捌分

16. 下列各项中,属于银行汇票必须记载事项的是( )。

A. 出票地   B. 出票日期   C. 付款地   D. 票据用途

17. 下列各项中,不符合国家现金使用范围规定的是( )。

A. 支付职工工资 6 000 元
B. 购买办公用品 1 050 元
C. 向个人收购农副产品 3 000 元
D. 支付职工报销差旅费 5 000 元

18. 下列各项中,属于临时机构申请开立临时存款账户的条件的是( )。

A. 办理基本建设资金
B. 办理汇兑
C. 办理更新改造资金
D. 设立临时机构的批文

19. 存款人违反规定开立银行结算账户的,对于非经营性的存款人,给予警告并处以( )的罚款。

A. 3 000 元
B. 1 000 元
C. 1 000 元以上 10 000 元以下
D. 10 000 元以上 30 000 元以下

20. 委托收款人以银行以外的单位或在银行开立存款账户的个人为收款人的,委托收款凭证必须记载( )。

A. 付款人开户银行名称
B. 收款人开户银行名称
C. 被委托银行名称
D. 兑付银行名称

21. 存款人需要在异地开立个人银行结算账户,应出具在( )开立账户所需的证明文件。

A. 住所地
B. 经营地
C. 注册地
D. 存款地

22. 票据金额以中文大写和阿拉伯数字同时记载,两者不一致的,( )。

A. 以票据上较小的金额为准
B. 以数字记载为准
C. 以中文大写为准
D. 票据无效

23. 根据票据法律制度的规定,下列各项中,适用于支票付款方式的是( )。

A. 出票后定期付款
B. 见票后定期付款
C. 见票即付
D. 定日付款

24. 下列各项中,属于狭义票据的是( )。

A. 股票
B. 债券
C. 支票
D. 提单

25. 下列关于商业汇票“保证人”的表述中,正确的是( )。

A. 保证人可以由汇票债务人以外的任何人担当
B. 保证人在汇票上未记载保证日期的,保证无效
C. 保证人为两人以上的,保证人之间不承担连带责任
D. 保证人在保证时附有保证条件的,不影响对汇票的保证责任

26. 下列关于汇票持票人行使追索权的说法中,正确的是( )。

A. 逾期提示付款的,将丧失对一般前手、出票人、承兑人(如果有)的追索权
B. 持票人行使追索权,必须按照汇票债务人的先后顺序追索
C. 持票人行使追索权,只能按票面金额追索
D. 汇票未按照规定期限提示承兑的,持票人丧失对其前手的追索权

27. 下列各项中,属于商业汇票的付款人的是( )。

A. 出票人
B. 保证人
C. 承兑人
D. 背书人

28. 商业汇票付款人承兑时附有条件的,视为( )。

A. 延期承兑
B. 有条件承兑
C. 拒绝承兑
D. 待定承兑

29. 支票上的金额可以由( )授权补记,未补记前的支票,不得使用。

A. 持票人　　　　　　B. 出票人　　　　　　C. 背书人　　　　　　D. 被背书人

30. 持票人对银行支票出票人的权利,自出票日起( )不行使而消灭。

A. 2年　　　　　　　B. 3个月　　　　　　C. 6个月　　　　　　D. 1年

31. 根据《人民币银行结算账户管理办法》的规定,为了加强对住房基金和社会保障基金的管理,存款人应依法申请在银行开立的账户是( )。

A. 基本存款账户　　B. 一般存款账户　　C. 临时存款账户　　D. 专用存款账户

32. 下列关于单位卡申领或使用的说法中,正确的是( )。

A. 将销货收入的款项存入单位卡

B. 可申领若干张单位卡

C. 需要向单位卡账户续存资金的,从其一般存款账户转账存入

D. 用于交存现金

33. 下列各项中,不属于签发纸质商业汇票必须记载的事项的是( )。

A. 无条件支付的委托　　　　　　　　B. 签发票据的原因或用途

C. 出票日期　　　　　　　　　　　　D. 出票人签章

34. 下列各项中,属于一般存款账户不能办理的业务的是( )。

A. 借款转存　　　　B. 借款归还　　　　C. 现金支取　　　　D. 现金缴存

35. 下列各项中,不属于银行卡的功能的是( )。

A. 消费信用　　　　B. 转账结算　　　　C. 存取现金　　　　D. 缴纳税款

36. 根据《人民币银行结算账户管理办法》的规定,下列各项中,属于存款人在异地取得借款和有其他结算需要的,可以在异地开立的账户的是( )。

A. 临时存款账户　　B. 基本存款账户　　C. 专用存款账户　　D. 一般存款账户

37. 单位、个人和银行办理支付结算,必须使用( )。

A. 各开户银行印制的票据和结算凭证

B. 按财政部统一规定印制的票据和结算凭证

C. 按国家税务部门统一规定印制的票据和结算凭证

D. 按中国人民银行统一规定印制的票据和结算凭证

38. 下列各项中,不符合票据和结算凭证填写要求的是( )。

A. 中文大写金额数字到"角"为止,在"角"之后没有写"整"字

B. 阿拉伯小写金额数字前填写了人民币符号"¥"

C. 票据的出票日期使用阿拉伯数字填写

D. 1月15日出票的票据,票据的出票日期栏填写为"零壹月壹拾伍日"

39. 根据《支付结算办法》的规定,签发票据时,可以更改的项目是( )。

A. 出票日期　　　　B. 用途　　　　　　C. 票据金额　　　　D. 收款人名称

40. 银行在收到存款人撤销银行结算账户的申请后,对于符合销户条件的,应在( )个工作日内办理撤销手续。

A. 2　　　　　　　　B. 1　　　　　　　　C. 7　　　　　　　　D. 30

41. 下列各项中,可以用于办理存款人借款转存、借款归还和其他结算的资金收付的是( )。

A. 个人储蓄存款账户   B. 专用存款账户

C. 临时存款账户   D. 一般存款账户

42. 下列各项中,属于不可以支取现金的账户的是(　　)。

A. 一般存款账户   B. 个人银行结算账户

C. 临时存款账户   D. 基本存款账户

43. 本年4月15日,A公司向B公司签发一张金额为30 000元的支票,B公司4月16日向付款人提示付款时,A公司在其开户银行处实有的银行存款余额为5 000元。对A公司签发空头支票的行为,银行应处的罚款数额为(　　)元。

A. 1 500   B. 1 000   C. 250   D. 300

44. 下列关于票据的保证的表述中,正确的是(　　)。

A. 背书人可以同时作为保证人

B. 票据保证是一种书面行为,必须作成于汇票或粘单上,如果另行签订保证合同的,也属于票据保证

C. 被保证的汇票,保证人应当与被保证人对持票人承担连带责任

D. 保证不得附有条件;附有条件的,保证无效

45. 甲公司签发一张汇票给乙公司,付款人为丙银行。乙公司请求承兑时,丙银行在汇票上签注"承兑"。甲公司款到后支付。下列关于丙银行付款责任的表述中,正确的是(　　)。

A. 丙银行已经承兑,应承担付款责任

B. 甲公司款到丙银行账上后,丙银行才承担付款责任

C. 按甲公司给丙银行付款的多少确定丙银行应承担的付款责任

D. 应视为拒绝承兑,丙银行不承担付款责任

46. 下列关于网上银行的表述中,正确的是(　　)。

A. 企业网上银行主要适用于企业单位,事业单位不适用

B. B2C指的是企业与企业之间进行的电子商务活动

C. 纯网上银行是只有一个站点的银行

D. 企业网上银行子系统的功能包括银证转账业务

二、多项选择题

1. 下列各项中,反映现金结算特点的有(　　)。

A. 通过现金进行结算无需通过第三方进行交易

B. 现金的保管、清点、运送、费用较高

C. 现金容易因遗失、火灾、虫蛀等发生损失

D. 现金结算不通过银行结算、网上支付等方式进行,很难控制和管理

2. 我国常见的条码支付主要有(　　)。

A. 银行的条码支付

B. 支付机构的条码支付

C. 由中国银联携手各商业银行、支付机构共同开发建设、共同维护运营的便民支付服务

D. 融合了多个银行和支付机构的支付端口、提供聚合类型二维码的聚合支付

3. 下列关于支付结算的基本原则的表述中,错误的有(　　　)。

A. 谁的钱进谁的账,由谁支配,特殊情况下银行可以代扣款项

B. 结算当事人必须依法承担义务和行使权利,严格恪守信用,履行付款义务,特别是应当按照约定的付款金额和日期进行支付

C. 客户要求银行可垫付

D. 从安全角度考虑,支付结算尽可能选用转账的办法

4. 下列关于银行汇票的表述中,正确的有(　　　)。

A. 填明"现金"字样的银行汇票可以提取现金

B. 填明"现金"字样的银行汇票可以挂失止付

C. 填明"现金"字样的银行汇票可以背书转让

D. 填明"现金"字样的银行汇票不得背书转让

5. 下列各项中,属于专用存款账户的使用范围的有(　　　)。

A. 党、团、工会经费　　　　　　　　B. 基本建设资金

C. 粮、棉、油收购资金　　　　　　　D. 住房基金

6. 下列关于票据责任的表述中,正确的有(　　　)。

A. 汇票的承兑人因承兑而应承担付款义务

B. 本票的出票人因出票而承担自己付款的义务

C. 支票的付款人在与出票人有资金关系时承担付款义务

D. 汇票、本票、支票的背书人,汇票、支票的出票人、保证人,在票据不获承兑或不获付款时承担付款清偿义务

7. 下列关于保证效力的说法中,正确的有(　　　)。

A. 被保证的汇票,保证人应当与被保证人对持票人承担连带责任

B. 保证人为两人以上的,保证人之间承担连带责任

C. 保证人清偿汇票债务后,可以行使持票人对被保证人及其前手的追索权

D. 在共同保证的情况下,持票人可以不分先后向保证人中的一人或者数人或者全体就全部票据金额及有关费用行使票据权利,共同保证人不得拒绝

8. 下列关于汇兑退汇的说法中,正确的有(　　　)。

A. 对在汇入银行开立存款账户的收款人,由汇款人与收款人自行联系退汇

B. 对未在汇入银行开立存款账户的收款人,汇款人应出具正式函件或本人身份证件以及原信、电汇回单,由汇出银行通知汇入银行,经汇入银行核实汇款确未支付,并将款项退回汇出银行,方可办理退汇

C. 汇款人对汇出银行尚未汇出的款项可以申请退汇

D. 汇入银行对于收款人拒绝接受的汇款,应即办理退汇

9. 下列关于国内信用证的说法中,错误的有(　　　)。

A. 国内信用证适用于银行为国内企事业单位之间货物和服务贸易提供的信用证服务

B. 国内信用证结算方式既可以用于转账结算,也可以用于支取现金

C. 信用证可以使用外文开立

D. 可转让信用证只能转让一次

10. 下列各项中,属于备案类账户的有(　　　)。

A. 预算单位专用存款账户
B. 个人银行结算账户
C. 企业开立的临时存款账户
D. 一般存款账户

11. 下列关于支票填写的表述中,正确的有( )。

A. 大写金额栏内不得印有固定的"仟、佰、拾、万、仟、佰、拾、元、角、分"字样

B. 金额数字书写中使用繁体字,银行不予受理

C. ¥16 409.02,应写成"人民币壹万陆仟肆佰零玖元零贰分"

D. 票据的出票日期必须使用中文大写

12. 下列关于撤销银行结算账户的表述中,正确的有( )。

A. 存款人被撤并、解散、宣告破产或关闭的,应于5个工作日内向开户银行提出撤销银行结算账户的申请

B. 存款人申请撤销银行结算账户时,应填写"撤销银行结算账户申请书"

C. 银行在收到存款人撤销银行结算账户的申请后,对于符合销户条件的,应在3个工作日内办理撤销手续

D. 存款人尚未清偿其开户银行债务的,不得申请撤销该银行结算账户

13. 下列各项中,属于开立临时存款账户应向银行提交的证明文件的有( )。

A. 临时机构,应出具其驻在地主管部门同意设立临时机构的批文

B. 异地建筑施工及安装单位,应出具其营业执照正本或其隶属单位的营业执照正本,施工及安装地建设主管部门核发的许可证或建筑施工及安装合同

C. 异地从事临时经营活动的单位,应出具其营业执照正本以及临时经营地市场监督管理部门的批文

D. 注册验资资金,应出具市场监督管理部门核发的企业名称预先核准通知书或有关部门的批文

14. 下列各项中,属于汇款人签发汇兑凭证时,必须记载的事项的有( )。

A. 无条件支付的委托
B. 确定的金额
C. 汇入地点、汇入行名称
D. 汇款人签章

15. 下列各项中,属于专用存款账户适用范围的有( )。

A. 更新改造资金
B. 工资奖金支取
C. 证券交易结算资金
D. 借款归还

16. 托收承付结算方式下,下列关于承付货款的说法中,正确的有( )。

A. 付款方若在验单或验货时发现货物的品种、规格、数量、质量或价格等与合同规定不符,可以在承付期内提出全部或部分拒付的意见

B. 验单付款的承付期为10天

C. 付款人逾期付款,付款人的开户银行将对付款人予以处罚

D. 验货付款的承付期为3天

17. 下列各项中,属于个人人民币卡转账存入来源的有( )。

A. 个人持有的现金存入
B. 工资性款项转账存入
C. 个人的劳务报酬收入转账存入
D. 单位的款项存入

18. 下列关于兑付支票要求的说法中,正确的有( )。

A. 持票人可以委托开户银行收款或直接向付款人提示付款

B. 持票人持用于转账的支票向付款人提示付款时,应在支票背面背书人签章栏签章,并将支票和填制的进账单交送出票人开户银行

C. 持票人委托开户银行收款时,应做委托收款背书,在支票背面被背书人签章栏签章,记载"委托收款"字样和背书日期

D. 收款人持用于支取现金的支票向付款人提示付款时,应在支票背面"收款人签章"处签章

19. 下列关于票据背书的说法中,符合《票据法》规定的有( )。

A. 用于支取现金的支票不可以背书转让

B. 背书未记载日期的,视为票据到期日前背书

C. 背书转让可以附条件,所附条件也具有票据上的效力

D. 银行汇票的背书转让以不超过出票金额的实际结算金额为准

20. 根据《票据法》的规定,支票上未记载出票地的,可将出票人的( )视为出票地。

A. 营业场所　　　　B. 住所　　　　C. 财产所在地　　　　D. 经常居住地

21. 下列关于个人银行结算账户的表述中,错误的有( )。

A. 银行不得为任何单位或者个人查询在银行开立存款账户的存款

B. 银行不得代任何单位或者个人冻结、扣款

C. 未开立存款账户的个人,不能通过银行办理支付结算

D. 银行不得停止单位、个人结算账户的正常支付

22. 根据《票据法》的规定,下列各项中,属于票据行为的有( )。

A. 出票人签发票据并将其交付给收款人的行为

B. 票据丧失后向银行挂失止付的行为

C. 汇票付款人承诺在汇票到期日支付汇票金额并签章的行为

D. 票据债务人以外的人,为担保特定债务人履行票据债务而在票据上记载有关事项并签章的行为

23. 下列关于委托收款的注意事项的说法中,正确的有( )。

A. 付款人审查有关债务证明后,对收款人委托收取的款项需要拒绝付款的,有权提出拒绝付款

B. 付款人逾期付款的,开户行可以对其加收利息

C. 收款人收取公用事业费,必须具有收付双方事先签订的经济合同

D. 付款人向开户银行授权,并经开户银行同意,报经中国人民银行当地分行批准,可以使用同城特约委托收款

24. 根据《人民币银行结算账户管理办法》的规定,某建筑施工企业在异地同时签订了四项施工合同,同时承建四个项目,则该建筑施工企业在异地可以申请开立( )。

A. 一个临时存款账户　　　　　　　　B. 两个临时存款账户

C. 三个临时存款账户　　　　　　　　D. 四个临时存款账户

25. 下列关于票据的表述中,符合规定的有( )。

A. 票据中的中文大写金额数字应用正楷或行书填写

B. 票据中的中文大写金额数字前应标明"人民币"字样

C. 票据中的中文大写金额数字到"元"为止的,在"元"之后,应写"整"字

D. 票据的出票日期可以使用中文大写,也可以使用阿拉伯数字填写

26. 下列关于银行账户的表述中,正确的有(   )。

A. 一个单位只能在一家银行开立一个基本存款账户

B. 现金缴存可以通过一般存款账户办理

C. 一个单位可以在多家银行开立多个基本存款账户

D. 现金支取不能通过一般存款账户办理

27. 根据《人民币银行结算账户管理办法》的规定,银行在银行结算账户的使用中,超过期限或未向中国人民银行报送账户开立、变更、撤销等资料,应给予的处罚有(   )。

A. 给予警告并处以 5 000 元以上 30 000 元以下的罚款

B. 情节严重的,中国人民银行有权停止对其开立基本存款账户的核准

C. 对该银行直接负责的高级管理人员、其他直接负责的主管人员、直接责任人员按规定给予纪律处分

D. 构成犯罪的,移交司法机关依法追究刑事责任

28. 下列关于支付结算的表述中,符合规定的有(   )。

A. 银行账户分为基本存款账户、一般存款账户、临时存款账户和专用存款账户

B. 存款人只能选择一家银行的一个营业机构开立一个基本存款账户

C. 存款人可以通过一般存款账户办理工资、奖金等现金的支取

D. 存款人可以通过基本存款账户办理工资、奖金等现金的支取

29. 下列关于承兑效力的表述中,正确的有(   )。

A. 承兑人于汇票到期日必须向持票人无条件地支付汇票上的金额

B. 承兑人必须对汇票上的一切权利人承担责任

C. 承兑人不得以其与出票人之间的资金关系来对抗持票人,拒绝支付汇票金额

D. 承兑人的票据责任不因持票人未在法定期限提示付款而解除

30. 甲签发一张汇票给乙,汇票上记载收款人乙、保证人丙等事项。乙在法定时间内向甲提示承兑后将该汇票背书转让给丁。丁又将该汇票背书转让戊。戊在法定期限内向付款人请求付款,未获付款。根据票据法律制度的规定,下列各项中,应承担该汇票债务责任的有(   )。

A. 甲   B. 乙   C. 丙   D. 丁

31. 下列关于背书的表述中,符合《支付结算办法》规定的有(   )。

A. 背书附有条件的,所附条件无效

B. 背书日期是背书的相对记载事项

C. 背书可以附有条件且所附条件具有票据效力

D. 将汇票金额分别转让给两人以上的背书有效

32. 下列各项中,属于签发汇兑凭证必须记载的事项的有(   )。

A. 无条件支付的委托   B. 委托日期

C. 付款人名称   D. 汇款人签章

33. 下列关于信用证的表述中,正确的有(   )。

A. 开证行可以要求申请人交存一定数额的保证金

B. 信用证只可用于转账结算

C. 信用证的申请人,指申请开立信用证的当事人,一般为货物销售方或服务提供方

D. 开立信用证可以采用信开和电开方式

34. 下列关于企业使用现金进行结算的行为中,正确的有(   )。

A. 用现金向农户支付收购种子款 5 000 元

B. 用现金支付给出差人员差旅费 6 000 元

C. 用现金支付购买办公用品价款 820 元

D. 用现金支付职工工资 2 350 元

35. 下列各项中,属于无效票据的有(   )。

A. 更改签发日期的票据

B. 更改收款人名称的票据

C. 更改金额的票据

D. 出票日期使用中文大写

36. 下列各项中,属于银行结算账户管理应当遵守的基本原则的有(   )。

A. 一个基本账户原则   B. 自主选择原则

C. 守法合规原则   D. 存款信息保密原则

37. 下列关于支票结算方式的表述中,符合《支付结算方法》规定的有(   )。

A. 出票人签发支票的金额不得超过付款时在付款人处实有的存款金额

B. 支票一律记名,即在支票中指定某一特定人为收款人

C. 现金支票丧失,可以由失票人通知付款人挂失止付

D. 支票的提示付款期限为自出票日起 2 个月

三、判断题

1. 付款人通过邮局将现金支付给收款人是现金结算的渠道之一。   (   )

2. 单位当日送存现金确有困难的,可以自行决定于第二日送存。   (   )

3. 《支付结算办法》规定,单位、个人和银行办理支付结算未使用按照中国人民银行统一规定印制的票据,则票据无效。   (   )

4. 一般存款账户可以和基本存款账户在同一家开户银行开立。   (   )

5. 存款人需要在异地开立个人银行结算账户,应出具在经营地开立账户所需的证明文件。   (   )

6. 如果付款人自收到提示承兑的汇票之日起 3 日内不作承兑与否表示的,应视为同意承兑。   (   )

7. 单位从其银行结算账户支付给个人银行结算账户的款项,每笔超过 5 万元(不包含 5 万元)的,应向其开户银行提供相关付款依据。   (   )

8. 某企业迁址但不需要变更开户银行的,该企业依然要去办理银行结算账户的撤销手续。   (   )

9. 我国《票据法》中规定的票据包括各种有价证券和凭证,如股票、国库券、企业债券、发票、提单等。   (   )

10. 任意记载事项是指若不记载,法律另作相应规定予以推定,并不影响票据的效力。   (   )

11. 根据《支付结算办法》的规定,一般情形下,付款人依法支付支票金额的,对出票人

不再承担委托付款的责任,对持票人不再承担付款责任。 （ ）

12. 商业承兑汇票可以由付款人签发并承兑,也可以由收款人签发,交由付款人承兑。

（ ）

13. 一般而言,甲乙双方买卖合同的无效并不影响由该买卖合同形成的票据关系,该票据关系仍然是有效的。 （ ）

14. 保证应由汇票债务人以外的他人承担。 （ ）

15. 单位人民币卡可办理商品交易和劳务供应款项的结算,可以透支,也可以支取现金。

（ ）

16. 银行结算账户是指银行为存款人开立的办理资金收付结算的定期、活期存款账户。

（ ）

17. 对信用卡透支利率实行上限和下限管理,透支利率上限为日利率 0.5‰,透支利率下限为日利率 0.5‰ 的 0.5 倍。 （ ）

18. 凡在中国境内金融机构开立基本存款账户的单位,可凭中国人民银行核发的开户许可证或基本存款账户编号申领单位卡。 （ ）

19. 托收承付结算每笔的金额起点为 1 000 元,新华书店系统每笔的金额起点为 10 000 元。 （ ）

20. 为保障收款人的利益,当付款人所开立账户的资金不足以支付收款人所出示的票据或结算凭证时,银行应为其垫付不足资金,并将有关情况及时通知付款人,待付款人开立账户资金补足后,予以扣除。 （ ）

21. "1 月 15 日"出票的票据,票据的出票日期"零壹月壹拾伍日"符合票据和结算凭证填写的要求。 （ ）

22. 根据《支付结算办法》的规定,支票的出票日期是支票的相对记载事项。 （ ）

23. 出票行为是单方行为,付款人并不因此而有付款义务。只是基于出票人的付款委托使其具有承兑人的地位,在其对汇票进行承兑后,即成为汇票上的主债务人。 （ ）

24. 商业汇票的提示付款期限为自出票日起 1 个月。 （ ）

25. 个体工商户开立基本存款账户,只需出具其个人居民身份证。 （ ）

26. 银行汇票的出票银行为银行汇票的付款人,银行汇票的付款地为代理付款人或出票人所在地。 （ ）

27. 票据的出票日期必须使用中文大写。 （ ）

28. 票据和结算凭证金额可以使用中文大写或阿拉伯数字记载。 （ ）

29. 银行汇票的实际结算金额低于出票金额的,其多余金额由出票银行自行处理。 （ ）

30. 开立银行结算账户时,银行应与存款人签订银行结算账户管理协议,明确双方的权利与义务。 （ ）

31. 用于支取现金的支票可以由不是票面收款人的持票人向付款人提示付款。 （ ）

32. 一般存款账户是指存款人因借款或其他结算需要,在基本存款账户开户银行内的其他营业机构开立的银行结算账户。 （ ）

33. 存款人的工资、奖金等现金的支付,只能通过基本存款账户办理。 （ ）

34. 个体工商户和自然人都可以开立基本存款账户。 （ ）

35. 持票人甲将一张银行汇票上记载的金额由 10 万元改为 40 万元,甲的行为属于变造

票据行为。 （　　）

36. 对于按照账户管理规定应撤销而未办理销户手续的单位银行结算账户,银行通知该单位银行结算账户的存款人自发出通知之日起 30 日内办理销户手续,逾期视同自愿销户,未划转款项列入久悬未取专户管理。 （　　）

37. 对于汇票的承兑而言,承兑字样、承兑人签章和承兑日期都是必须记载事项。 （　　）

38. 支票上未记载收款人名称的,经出票人授权可以补记。 （　　）

39. 根据《票据法》的规定,付款人承兑汇票,不得附有条件,承兑附有条件的,所附条件不具备票据上的效力。 （　　）

40. 背书人是指被记名受让票据或接受票据转让的人。 （　　）

41. 一般存款账户可以办理现金支取,但不得办理现金缴存。 （　　）

42. 出票人、付款人和收款人是票据的基本当事人,是在票据作成和交付时就已存在的当事人,是构成票据法律关系的必要主体。 （　　）

43. 划线支票只能支取现金,不得用于转账。 （　　）

44. 支票是指由出票人签发的、委托办理支票存款业务的银行在见票时有条件支付确定金额给收款人或持票人的票据。 （　　）

45. 所有以自然人姓名开立的银行结算账户都应纳入个人银行结算账户管理。 （　　）

46. 银行汇票可以用于转账,即使填写了"现金"字样的银行汇票,也不能用于支取现金。 （　　）

47. 除中国人民银行另有规定外,银行不得为任何单位或个人冻结、扣款,不得停止单位、个人存款的正常支付。 （　　）

48. 根据《支付结算办法》的规定,商业汇票未按规定期限提示承兑的,持票人丧失对其前手的追索权。 （　　）

49. 某单位出纳填写¥6 007.14金额的票据时,写成了"人民币陆仟零柒元壹角肆分",该出纳人员的写法是错误的。 （　　）

50. 支票的持票人超过提示付款期限提示付款的,持票人开户银行不予受理,持票人作出相应说明后,付款人仍应付款。 （　　）

51. 对单位、个人在银行开立的银行结算账户的存款,银行不得为任何单位或个人查询。 （　　）

52. 票据债务人以外的人,为担保特定债务人履行票据债务而在票据上记载有关事项并签章的行为,称为保证。 （　　）

53. 保证人清偿票据债务后,可以行使持票人对被保证人及其前手的追索权。 （　　）

54. 单位需向个人支付款项时,均可使用现金支付。 （　　）

55. 单位、银行在票据上的签章和单位在结算凭证上的签章,为该单位、银行的公章加其法定代表人或者其授权的代理人的签名或者盖章。 （　　）

四、案例分析题

(一) 2022 年 1 月 19 日,山东甲一商贸有限责任公司(以下简称甲公司)从乙公司购进一批货物同时向乙公司开具一张支票,用于货款结算。

甲公司开具支票时,将付款人名称填写为"山东由一商贸有限责任公司",出票日期填写为"贰零贰贰年壹月拾玖日",收款人未填写。后经财务部张某核对,发现付款人名称填写有误,张某遂将"由"字改为"甲"字后直接交予乙公司。

要求:根据上述资料,回答下列问题。

1. 下列支票的记载事项中,可以授权补记的有(　　)。

A. 出票人签章　　　B. 收款人名称　　　C. 付款人名称　　　D. 支票上的金额

2. 案例中出票日期填写为"贰零贰贰年壹月拾玖日",下列表述中,正确的有(　　)。

A. 票据的出票日期必须使用中文大写

B. 该出票日期的填写符合规定

C. 该出票日期的填写不符合规定,应当是"贰零贰贰年零壹月壹拾玖日"

D. 票据出票日期也可以使用小写填写

3. 下列各项中,属于票据上不得更改的内容,更改的票据无效的有(　　)。

A. 金额　　　　　B. 出票日期　　　　C. 付款人名称　　　D. 收款人名称

4. 在填写票据的出票日期时,(　　)应在其前加"零";日为拾壹至拾玖的,应在其前面加"壹"。

A. 日为壹至玖　　　　　　　　　　B. 日为壹拾、贰拾和叁拾

C. 月为壹、贰　　　　　　　　　　D. 月为壹拾

5. 张某将"由"字改为"甲"字后直接交予乙公司,下列表述中,正确的是(　　)。

A. 这一行为不符合规定,应当重新开具票据

B. 这一行为不符合规定,付款人名称可以更改,更改时应当由原记载人在更改处签章证明

C. 这一行为不符合规定,付款人名称不得更改

D. 这一行为符合规定

(二) 甲公司向乙公司签发一张出票日期为 2022 年 1 月 15 日、金额为 20 万元、出票后 1 个月付款的银行承兑汇票,A 银行为承兑人。2 月 1 日,乙公司将该汇票背书转让给丙公司。2 月 5 日,丙公司在汇票的背面记载"不得转让"字样后,将该汇票背书转让给丁公司。2 月 10 日,丁公司在汇票粘单上记载"只有成公司交货后,该汇票才发生背书转让效力"字样后,将该汇票背书转让给成公司。2 月 15 日,持票人成公司向 A 银行提示付款,A 银行以出票人甲公司未能足额交存票款为由拒绝付款。

要求:根据上述资料,回答下列问题。

1. 甲公司在签发银行承兑汇票时,下列情形中,会导致该汇票无效的有(　　)。

A. 更改了收款人名称

B. 汇票金额的中文大写和阿拉伯数码记载不一致

C. 出票人的签章不符合规定

D. 未记载付款人名称

2. 甲公司向乙公司签发银行承兑汇票时,下列关于票据关系当事人的表述中,正确的有(　　)。

A. 甲公司是出票人　　　　　　　B. 乙公司是收款人

C. 成公司是承兑申请人　　　　　　D. 承兑银行是付款人

3. 丙公司在汇票上记载了"不得转让"字样,但其后手丁公司仍进行了背书转让。下列关于票据责任承担的表述中,错误的是(　　　　)。

A. 不影响承兑人 A 银行的票据责任

B. 不影响出票人甲公司的票据责任

C. 不影响丙公司之前手乙公司的票据责任

D. 不影响丙公司对后手的被背书人承担票据责任

4. 丁公司将该汇票背书转让给成公司时,记载了"只有成公司交货后,该汇票才发生背书转让效力"字样,下列表述中,正确的有(　　　　)。

A. 该背书为附条件的背书,所附条件不具有票据上的效力

B. 成公司未履行交货义务时,不得主张票据权利

C. 所附条件不产生汇票上的效力,成公司无论交货与否,均享有票据权利

D. 无论成公司是否履行交货义务,汇票背书转让后,成公司均取得票据权利

5. 下列关于持票人成公司提示付款期限的表述中,正确的有(　　　　)。

A. 持票人成公司应当自汇票到期之日起 30 日内提示付款

B. 持票人成公司应当自汇票到期之日起 10 日内提示付款

C. 如果持票人成公司未按照规定期限提示付款的,承兑人 A 银行的票据责任解除

D. 即使持票人成公司未按照规定期限提示付款,在作出说明后,承兑人 A 银行仍应当继续对持票人成公司承担付款责任

(三)赵某和吴某刚大学毕业参加会计工作不久,对相关财经法规不熟悉。赵某所在公司的开户银行是中国银行上海市虹桥支行,本年 10 月 10 日,赵某向吴某签发了一张 32 000元的转账支票,赵某在签发支票时使用蓝色水笔填写,并且没有签章;吴某将 32 000 元的转账支票送存银行,银行不予转账,并退还了该支票;赵某开出支票时,账户余额只有 30 000元。吴某将 2 400 元的现金支票背书转让给钱某,钱某是一位从业多年、经验丰富的会计人员,拒绝接受吴某转让的现金支票,认为其不合法。

要求:根据上述资料,回答下列问题。

1. 在赵某对吴某开具支票的行为中,支票的基本当事人中出票人、付款人和收款人分别是(　　　　)。

A. 中国银行上海市虹桥支行、吴某、赵某

B. 中国银行上海市虹桥支行、赵某、吴某

C. 吴某、中国银行上海市虹桥支行、赵某

D. 赵某、中国银行上海市虹桥支行、吴某

2. 赵某在对吴某签发转账支票时,存在的错误之处在于(　　　　)。

A. 现金支票超出了最高限额　　　　　　B. 用蓝色水笔填写

C. 没有签章　　　　　　　　　　　　　D. 余额不足

3. 中国人民银行应该对出票人处以的罚款金额为(　　　　)元。

A. 320　　　　　　B. 800　　　　　　C. 1 000　　　　　　D. 1 600

4. 下列各项中,属于可以支取现金的支票的有(　　　　)。

A. 现金支票　　　　　B. 普通支票　　　　　C. 划线支票　　　　　D. 转账支票

5. 吴某将现金支票背书转让给钱某,遭到拒绝,钱某的做法(　　　)。

A. 合理,因为没有达到使用支票背书转让的限额

B. 合理,因为该支票不能背书转让

C. 不合理,因为该支票可以背书转让

D. 不合理,因为该支票已经达到了背书转让的限额

(四)甲公司出纳人员在签发支票的时候,将收款人和金额两项内容授权业务人员补记,出票日期为20×8年7月1日。业务人员向乙公司采购产品,填入收款人名称和采购金额40 000元,并将票据交付给乙公司。乙公司于同年7月5日将支票背书转让给丙公司,并将付款日期另行记载为20×8年7月20日。

要求:根据上述资料,回答下列问题。

1. 业务人员将支票交付给乙公司,下列各项中,符合填写金额规定的有(　　　)。

A. 可以用繁体字书写中文大写金额数字

B. 中文大写金额数字在"角"之后可以不写"整"(或"正")字

C. 阿拉伯小写金额数字前面应填写人民币符号"￥"

D. 中文大写金额数字在"分"之后写整

2. 下列对于授权补记的收款人和金额的表述中,正确的有(　　　)。

A. 应当同时授权补记

B. 属于必须记载事项

C. 属于相对记载事项

D. 未补记前就背书转让的,应由被背书人将票据补记完整才可以提示付款

3. 下列各项中,属于有效行为的有(　　　)。

A. 甲公司向乙公司购买产品　　　　　B. 甲公司向乙公司签发支票

C. 乙公司将支票背书转让给丙公司　　　D. 乙公司另行记载支票的付款日期

4. 根据《票据法》的规定,持票人丙公司的提示付款时间中,符合规定的是(　　　)。

A. 20×8年7月15日　　　　　　　　B. 20×8年7月9日

C. 20×8年7月20日　　　　　　　　D. 20×9年4月12日

5. 下列关于支票的说法中,错误的有(　　　)。

A. 支票可以划分为现金支票、转账支票、普通支票

B. 现金支票只能用于支取现金,不能用于转账,但可以背书转让

C. 支票上未记载付款地的,出票人的营业场所为付款地

D. 支票的出票人所签发的支票金额不得超过其付款时在付款人处实有的存款金额

(五)A公司本年3月发生如下业务:

(1)3月7日,与B公司签订一份水泥购销合同。该合同规定:由C公司在10日内向A公司提供水泥100吨,共计货款50万元。双方约定用银行汇票进行支付。

(2)3月15日,B公司将100吨水泥交付给A公司,A公司遂向其开户银行甲申请签发银行汇票。

(3) 3月20日,甲银行签发了出票人、付款人为甲银行,收款人为 B 公司,票面金额 50万元的银行汇票。A 公司将该汇票和解讫通知交付 B 公司。此后,B 公司又将该汇票转让给 C 公司。9月4日,C 公司持该汇票向代理付款银行提示付款。

(4) 3月22日,将工会经费存入其在某商业银行的专用账户。

要求:根据上述资料,回答下列问题。

1. 银行结算账户按用途一般分为(   )。

A. 一类   B. 两类   C. 三类   D. 四类

2. 专用存款账户是存款人按照(   )对有特定用途的资金进行专项管理和使用而开立的银行结算账户。

A. 单位   B. 法律

C. 行政法规   D. 规章

3. 商业汇票的付款期限,最长不得超过(   )个月。

A. 1   B. 3   C. 6   D. 12

4. B 公司将汇票转让给 C 公司的行为属于(   )。

A. 出票   B. 背书   C. 转让   D. 保证

5. 专用存款账户用于办理各项专用资金的收付。下列各项中,属于专用存款账户适用范围的有(   )。

A. 工资、奖金的支取   B. 证券交易结算资金

C. 粮、棉、油收购资金   D. 住房基金

第三章

税收法律制度[①]

【本章学习知识体系】

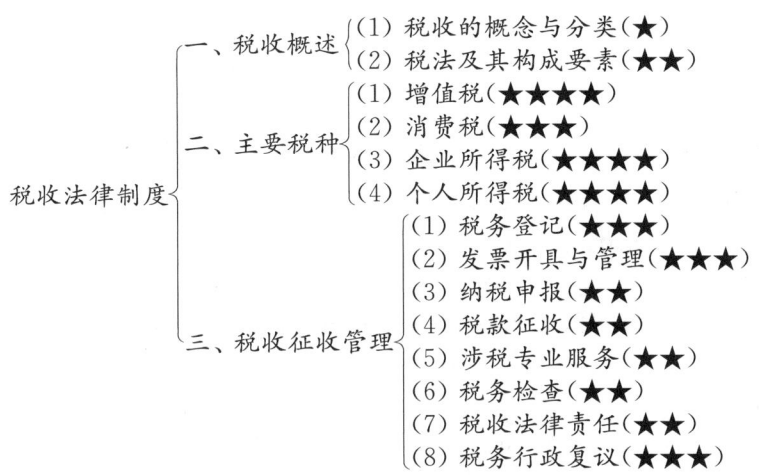

税收法律制度
- 一、税收概述
  - (1) 税收的概念与分类(★)
  - (2) 税法及其构成要素(★★)
- 二、主要税种
  - (1) 增值税(★★★★)
  - (2) 消费税(★★★)
  - (3) 企业所得税(★★★★)
  - (4) 个人所得税(★★★★)
- 三、税收征收管理
  - (1) 税务登记(★★★)
  - (2) 发票开具与管理(★★★)
  - (3) 纳税申报(★★)
  - (4) 税款征收(★★)
  - (5) 涉税专业服务(★★)
  - (6) 税务检查(★★)
  - (7) 税收法律责任(★★)
  - (8) 税务行政复议(★★★)

【分节习题必会】

第一节 税 收 概 述

一、单项选择题

1. 下列各项中,不属于税收实体法内容的是(　　)。

A.《企业所得税法》　　　　　　　B.《个人所得税法》

C.《环境保护税法》　　　　　　　D.《税收征收管理法》

2. 有权制定税收法律的是(　　)。

A. 国务院　　　　　　　　　　　B. 全国人民代表大会及其常务委员会

C. 财政部　　　　　　　　　　　D. 国家税务总局

3. (　　)是区别一种税和另一种税的重要标志。

---

① 本教材"增值税"的内容主要根据自 2026 年 1 月 1 日起施行的《中华人民共和国增值税法》编写,但在 2025 年 12 月 31 日之前增值税纳税人仍应适用《中华人民共和国增值税暂行条例》。

A. 计税依据　　　　B. 税目　　　　　C. 税率　　　　　D. 征税对象

4. 通过直接降低计税依据的方式来实现的减税免税,属于(　　　)。

A. 税额式减免　　　B. 税种式减免　　C. 税率式减免　　D. 税基式减免

5. 税率体现征税的(　　　)。

A. 难度　　　　　　B. 深度　　　　　C. 广度　　　　　D. 强度

6. 在税收特征中,属于关键特征的是(　　　)。

A. 有偿性　　　　　B. 无偿性　　　　C. 强制性　　　　D. 固定性

二、多项选择题

1. 在下列税种中,属于行为税类的有(　　　)。

A. 印花税　　　　　B. 契税　　　　　C. 船舶吨税　　　D. 增值税

2. 下列关于税法构成要素的说法中,正确的有(　　　)。

A. 计税依据可分为从价计征、从量计征、复合计征三种类型

B. 纳税环节按照纳税次数可以分为一次课征制和多次课征制

C. 税目反映征税的具体范围,是对征税对象质的界定,体现征税的广度

D. 减免税可以分为税基式减免、税率式减免和税额式减免三种形式

3. 税基式减免主要包括(　　　)。

A. 项目扣除　　　　B. 零税率　　　　C. 起征点　　　　D. 免征额

4. 按税收管理权限和税收收入的归属分类,可将税种划分为(　　　)。

A. 中央税　　　　　　　　　　　　　B. 地方税

C. 所得税　　　　　　　　　　　　　D. 中央和地方共享税

5. 下列关于税收的说法中,不正确的有(　　　)。

A. 税收具有强制性、无偿性和灵活性三个特征

B. 税收是国家组织财政收入的主要形式和工具

C. 税收的征税对象、税目、税率、纳税人、纳税计算方法和纳税期限可以根据需要随时
灵活调整

D. 税收是国际经济交往中维护国家利益的可靠保证

6. 税法按照税收管辖权不同,可以分为(　　　)。

A. 国内税法　　　　　　　　　　　　B. 国际税法

C. 外国税法　　　　　　　　　　　　D. 外商投资企业税法

7. 根据征税对象的性质分类,可将全部税收划分为流转税、所得税、财产税、行为税、资
源税和环境保护税、特定目的税六种类型。下列说法中,不正确的有(　　　)。

A. 消费税属于流转税　　　　　　　　B. 房产税属于财产税

C. 关税属于特定目的税　　　　　　　D. 耕地占用税属于资源税

8. 下列各项中,属于税收实体法的有(　　　)。

A.《税收征收管理法》　　　　　　　　B.《增值税法》

C.《税收征收管理法实施细则》　　　　D.《企业所得税法》

9. 下列各项中,属于税收特征的有(　　　)。

A. 固定性　　　　　B. 强制性　　　　C. 无偿性　　　　D. 及时性

三、判断题

1. 超额累进税率是按征税对象的计税金额划分若干级距,每一级距分别规定相应的差别税率,税率依次提高,计税金额每超过一个规定的级距,对超过的部分就按高一级的税率计征税款的一种累进税率。我国的土地增值税就是采用这种税率。( )

2. 税收的强制性是税收"三性"的核心,保障了国家税款的及时、足额入库。 ( )

3. 税收行政法规,是由国务院制定的有关税收方面的行政法规和规范性文件。《增值税暂行条例》属于税收行政法规。 ( )

4. 增值税的征税人是税务机关,关税的征税人是海关。 ( )

第二节 主要税种

一、单项选择题

1. 根据企业所得税法律制度的规定,企业的下列收入中,属于不征税收入范围的是( )。

A. 租金收入　　　　B. 财政拨款　　　　C. 产品销售收入　　　D. 国债利息收入

2. 单位或个体工商户的下列业务,应视同应税交易缴纳增值税的是( )。

A. 企业将购进的原材料用于免征增值税项目

B. 个体商店无偿转让鲜奶

C. 商场将购进的商品用于个人消费

D. 饭店将购进的啤酒用于集体福利

3. 小规模纳税人,是指年应征增值税销售额未超过( )万元的纳税人。

A. 300　　　　　　B. 500　　　　　　C. 600　　　　　　D. 800

4. 适用简易计税方法计算缴纳增值税的征收率为( )。

A. 1%　　　　　　B. 2%　　　　　　C. 3%　　　　　　D. 5%

5. 甲企业是一家小型工业企业,为增值税小规模纳税人。本年1月销售产品取得销售收入161 600元(含增值税);购进原材料一批,支付货款11 300元(含增值税,适用税率为13%)。已知甲企业销售的产品适用的增值税征收率为1%,甲企业本年1月应缴纳的增值税税额为( )元。

A. 316　　　　　　B. 1 616　　　　　C. 300　　　　　　D. 1 600

6. 下列应税交易中,增值税税率为13%的是( )。

A. 交通运输服务　　　　　　　　B. 有形动产租赁服务

C. 金融服务　　　　　　　　　　D. 建筑服务

7. 增值税计税期间分别为( )。

A. 10日、15日、1个月或者1个季度

B. 5日、10日、15日、1个月或者1个季度

C. 1日、3日、5日、10日、15日或者1个月

D. 1日、3日、5日、10日、15日、1个月或者1个季度

8. 下列关于增值税的说法中,不正确的是( )。

A. 境外单位和个人在境内发生应税交易,以购买方为扣缴义务人;按照国务院的规定委托境内代理人申报缴纳税款的除外

B. 有形动产租赁的服务增值税税率为13%

C. 食用盐的增值税税率为13%

D. 境内单位和个人跨境销售国务院规定范围内的服务、无形资产,税率为零

9. 纳税人将自产高档化妆品用于( ),不视同销售,不缴纳消费税。

A. 推销员推销时的试用品   B. 发放职工福利

C. 用做样品   D. 连续生产高档化妆品

10. 甲卷烟厂为增值税一般纳税人,本年1月将成本为60 000元的烟叶运往乙烟丝厂加工成烟丝,取得乙烟丝厂开具的增值税专用发票,注明支付加工费10 000元,增值税税额1 300元。已知烟丝适用的消费税税率为30%。则该项业务中乙烟丝厂应代收代缴的消费税税额为( )元。

A. 21 000   B. 18 000   C. 30 548.58   D. 30 000

11. 甲公司为增值税一般纳税人,本年1月采购原材料支付运费价税合计1 500元,取得运输公司(一般纳税人)开具的增值税专用发票。甲公司与支付运费相关的可抵扣进项税额为( )元。

A. 135   B. 123.85   C. 150   D. 136.36

12. 甲白酒生产企业为增值税一般纳税人,本年1月销售粮食白酒100吨,取得不含增值税的销售额300万元。白酒适用的消费税比例税率为20%、定额税率为每500克0.5元。甲白酒生产企业本年1月应缴纳的消费税税额为( )万元。

A. 60   B. 10   C. 51   D. 70

13. 计算应纳税所得额时,企业发生的公益性捐赠支出,不超过( )12%以内的部分,准予扣除;超过的部分,准予结转以后三年内在计算应纳税所得额时扣除。

A. 年度营业收入总额   B. 年度收入总额

C. 年度净利润额   D. 年度利润总额

14. 自2019年1月1日起,居民个人的综合所得,以每一纳税年度的收入额减除费用( )元以及专项扣除、专项附加扣除和依法确定的其他扣除后的余额,为个人所得税应纳税所得额。

A. 40 000   B. 50 000   C. 60 000   D. 70 000

15. 甲国有企业2019年度发生亏损,该亏损额可以用以后纳税年度的所得逐年弥补,但延续弥补的期限最长不得超过( )年。

A. 2022   B. 2023   C. 2024   D. 2025

16. 一般纳税人既销售有形动产租赁服务,又销售建筑服务,未分别核算的,应按( )的税率缴纳增值税。

A. 6%   B. 3%   C. 9%   D. 13%

17. 企业应当自年度终了之日起( )个月内向税务机关报送年度企业所得税纳税申报表,并汇算清缴,结清应缴应退税款。

A. 4   B. 5   C. 3   D. 2

18. 下列各项中,属于消费型增值税特点的是( )。

A. 购进的固定资产在当期计提折旧的部分所含的增值税税额（进项税额）允许从销项税额中抵扣

B. 购进的固定资产所含的增值税税额（进项税额）允许一次性从销项税额中全部抵扣

C. 购进的固定资产所含的增值税税额（进项税额）不允许从销项税额中抵扣

D. 上述说法都不正确

19. 甲汽车配件商店为增值税小规模纳税人，本年 1 月购进零配件 7 500 元，支付电费 250 元，当月销售汽车配件取得零售收入 9 000 元（含增值税），收取包装费 1 000 元（含增值税）。已知甲汽车配件商店适用的增值税征收率为 1％，该商店本年 1 月应缴纳的增值税税额为（　　）元。

　　A. 97.09　　　　　B. 300　　　　　C. 99.01　　　　　C. 100

20. 根据企业所得税法律制度的规定，下列企业中，属于非居民企业的是（　　）。

A. 设在北京市的某国有独资企业

B. 依照百慕大法律设立且管理机构在上海的某公司

C. 依照美国法律成立，未在中国境内设立机构、场所，但有来源于中国境内所得的某公司

D. 总部设在上海的外资企业

21. 非居民个人的工资、薪金所得，以每月收入额减除费用（　　）元后的余额为个人所得税应纳税所得额。

　　A. 4 000　　　　　B. 5 000　　　　　C. 6 000　　　　　D. 7 000

22. 甲企业本年度销售收入为 136 000 元，发生业务招待费 2 500 元，甲企业当年可以在企业所得税税前扣除的业务招待费最高为（　　）元。

　　A. 1 500　　　　　B. 680　　　　　C. 1 904　　　　　D. 2 500

23. 甲企业本年税前会计利润为 300 万元，其中已扣除 60 万元通过公益性社会团体向某灾区的捐款，已知该企业适用的企业所得税税率为 25％，则该企业本年应缴纳的企业所得税税额为（　　）万元。

　　A. 60　　　　　B. 75　　　　　C. 90　　　　　D. 81

24. 按对外购固定资产价值处理方式不同，可以将增值税划分为不同类型。我国从 2009 年 1 月 1 日起实行的增值税属于（　　）。

　　A. 批发型增值税　　B. 收入型增值税　　C. 消费型增值税　　D. 支出型增值税

25. 非居民企业在中国境内未设立机构、场所的，或者虽设立机构、场所但取得的所得与其所设机构、场所没有实际联系的，来源于中国境内的所得，以（　　）为纳税地点。

　　A. 纳税人义务所在地　　　　　　　　B. 扣缴义务人所在地

　　C. 纳税人义务注册地　　　　　　　　D. 常设机构所在地

26. 甲商业企业为增值税一般纳税人，本年 1 月销售货物给乙企业，同时向乙企业提供售后技术服务并取得相应的收入。对于该行为，下列说法中，正确的是（　　）。

A. 纳税人发生一项应税交易涉及两个以上税率、征收率的，应当分别核算适用不同税率、征收率的销售额；未分别核算的，从高适用税率

B. 纳税人发生一项应税交易涉及两个以上税率、征收率的，按照应税交易的主要业务适用税率、征收率

C. 纳税人发生两项以上应税交易涉及不同税率、征收率的，按照应税交易的主要业务

适用税率、征收率

D. 纳税人发生两项以上应税交易涉及不同税率、征收率的,应当分别核算适用不同税率、征收率的销售额;未分别核算的,从高适用税率

27. 王某准备移民海外,将其家庭唯一的一套住房以 60 万元的价格出售,该住房系 6 年前以 20 万元的价格购买,交易过程中支付相关税费及中介费等各项费用共计 4 万元(有相关合法发票),则王某应缴纳的个人所得税为(　　　　)万元。

A. 0 　　　　　　　　B. 4.3 　　　　　　　　C. 6.5 　　　　　　　　D. 10.5

28. 增值税一般纳税人当期进项税额大于当期销项税额的部分的税务处理是(　　　　)。

A. 纳税人可以按照国务院的规定选择结转下期继续抵扣或者申请退还

B. 纳税人只能按照国务院的规定选择结转下期继续抵扣

C. 纳税人只能按照国务院的规定申请退还

D. 纳税人不得结转下期继续抵扣

29. 实行从价定率计算纳税的应税消费品,其计税依据是(　　　　)。

A. 含消费税但不含增值税的销售额　　　　　B. 含消费税和增值税的销售额

C. 含增值税但不含消费税的销售额　　　　　D. 不含消费税和增值税的销售额

30. 下列所得中,按超额累进税率计算缴纳个人所得税的是(　　　　)。

A. 财产租赁所得　　　　B. 经营所得　　　　C. 财产转让所得　　　　D. 偶然所得

二、多项选择题

1. 单位和个体工商户(　　　　),视同应税交易,应当依照《中华人民共和国增值税法》(以下简称《增值税法》)规定缴纳增值税。

A. 将购进的货物用于集体福利

B. 无偿转让货物

C. 将购进的货物用于个人消费

D. 将自产或者委托加工的货物用于集体福利

2. 下列各项中,适用超额累进税率计征个人所得税的有(　　　　)。

A. 经营所得　　　　　　　　　　　　　　　B. 居民个人综合所得汇算清缴

C. 利息所得　　　　　　　　　　　　　　　D. 非居民个人工资、薪金所得

3. 下列关于企业所得税税率适用的说法中,正确的有(　　　　)。

A. 居民企业应当就其来源于中国境内、境外的所得缴纳企业所得税,适用的企业所得税税率为 25%

B. 非居民企业在中国境内未设立机构、场所的,或者虽设立机构、场所但取得的所得与其所设机构、场所没有实际联系的所得,适用的企业所得税税率为 25%

C. 对国家需要重点扶持的高新技术企业,减按 20% 的税率征收企业所得税

D. 非居民企业在中国境内设立机构、场所的,应当就其所设机构、场所取得的来源于中国境内的所得,以及发生在中国境外但与其所设机构、场所有实际联系的所得,缴纳企业所得税,适用的企业所得税税率为 25%

4. 一般纳税人的下列进项税额中,准予从销项税额中抵扣的有(　　　　)。

A. 自然灾害损失项目对应的进项税额

B. 购进并直接用于消费的餐饮服务、居民日常服务和娱乐服务对应的进项税额

C. 适用简易计税方法计税项目对应的进项税额

D. 进口生产用原材料取得海关进口增值税专用缴款书上注明的增值税额

5. 下列关于消费税纳税义务发生时间的表述中,正确的有(　　)。

A. 纳税人自产自用应税消费品的,为移送使用的当天

B. 纳税人采取预收货款结算方式销售应税消费品的,为收到预收款的当天

C. 纳税人委托加工应税消费品的,为纳税人提货的当天

D. 纳税人进口应税消费品的,为报关进口的当天

6. 根据个人所得税法律制度的规定,下列各项中,属于综合所得的有(　　)。

A. 经营所得　　　　　　　　　　　　B. 劳务报酬所得

C. 稿酬所得　　　　　　　　　　　　D. 特许权使用费所得

7. 计算居民个人的综合所得的应纳税所得额中的专项附加扣除,包括(　　)。

A. 子女教育支出　　　B. 住房租金支出　　　C. 继续教育支出　　　D. 赡养老人支出

8. 下列关于企业所得税纳税人的说法中,正确的有(　　)。

A. 个人独资企业的投资者不属于企业所得税纳税人

B. 依照外国(地区)法律成立但实际管理机构在中国境内的企业,属于居民企业

C. 依照外国(地区)法律成立且实际管理机构不在中国境内,但在中国境内设立机构、场所的企业,属于非居民企业

D. 在中国境内未设立机构、场所,但有来源于中国境内所得的企业,属于非居民企业

9. 自 2019 年 1 月 1 日起,居民个人的综合所得,以每一纳税年度的收入额减除费用 60 000 元以及专项扣除、专项附加扣除和依法确定的其他扣除后的余额,为应纳税所得额。专项扣除包括(　　)。

A. 居民个人按照国家规定的范围和标准缴纳的基本养老保险

B. 居民个人按照国家规定的范围和标准缴纳的基本医疗保险

C. 居民个人按照国家规定的范围和标准缴纳的失业保险

D. 居民个人所在单位为其按照国家规定的范围和标准缴纳的住房公积金

10. 下列关于增值税的概念与分类的说法中,错误的有(　　)。

A. 增值税的征税范围包括在中华人民共和国境内(简称境内)销售货物、服务、无形资产、不动产(简称应税交易),以及进口货物

B. 销售货物、服务、无形资产、不动产,是指有偿转让货物、不动产的所有权,有偿提供服务,有偿转让无形资产的所有权或者使用权

C. 2009 年 1 月 1 日起,我国增值税实行生产型增值税

D. 对于生产型增值税,购进的固定资产所含的增值税额(进项税额)允许从销项税额中抵扣

11. 下列关于增值税纳税义务发生时间、扣缴义务发生时间的表述中,正确的有(　　)。

A. 发生应税交易,纳税义务发生时间为收讫销售款项或者取得销售款项索取凭据的当日;先开具发票的,为开具发票的当日

B. 发生视同应税交易,纳税义务发生时间为完成视同应税交易的当日

C. 进口货物,纳税义务发生时间为货物报关进口的当日

D. 增值税扣缴义务发生时间为纳税人增值税纳税义务发生的当日

12. 下列各项中,属于增值税征收范围的有(　　　)。

A. 进口货物　　　　B. 修理汽车　　　　C. 出售自建房屋　　　　D. 服装加工

13. 下列各项中,不属于消费税征税范围的有(　　　)。

A. 复合地板　　　　B. 白酒　　　　C. 木制筷子　　　　D. 音像制品

14. 下列各项中,属于企业所得税纳税人的有(　　　)。

A. 国有企业　　　　B. 集体企业　　　　C. 股份有限公司　　　　D. 个体工商户

15. 根据企业所得税法律制度的规定,下列各项中,应计入应纳税所得额的有(　　　)。

A. 出租固定资产收入　　　　　　　B. 转让无形资产收入

C. 到期国债利息收入　　　　　　　D. 转让股票的净收益

16. 下列各项中,不属于应税交易,不征收增值税的有(　　　)。

A. 员工为受雇单位或者雇主提供取得工资、薪金的服务

B. 收取行政事业性收费、政府性基金

C. 依照法律规定被征收、征用而取得补偿

D. 取得存款利息收入

17. 根据企业所得税法律制度的规定,下列支出项目中,在计算应纳税所得额时,不得扣除的有(　　　)。

A. 银行按规定加收的罚息　　　　　B. 税收滞纳金

C. 被没收财物的损失　　　　　　　D. 企业所得税税款

18. 纳税人用外购或委托加工收回下列应税消费品连续生产应税消费品的,已缴纳的消费税税款准予从应纳的消费税税额中扣除。下列各项中,属于扣除范围的有(　　　)。

A. 以外购或委托加工收回的已税烟丝为原料生产的卷烟

B. 以外购或委托加工收回的已税鞭炮、焰火为原料生产的鞭炮、焰火

C. 以外购或委托加工收回的已税木制一次性筷子为原料生产的木制一次性筷子

D. 以外购或委托加工收回的已税汽油为原料生产的汽油

19. 下列各项中,属于不得在企业所得税税前扣除项目的有(　　　)。

A. 向投资者支付的股息　　　　　　B. 未经核定的准备金支出

C. 税收滞纳金　　　　　　　　　　D. 企业所得税税款

20. 根据个人所得税法律制度的规定,下列说法中,正确的有(　　　)。

A. 居民个人取得综合所得,需要办理汇算清缴的,应当在取得所得的次年3月1日至6月30日内办理汇算清缴

B. 纳税人取得经营所得,在取得所得的次年3月31日前办理汇算清缴

C. 纳税人取得应税所得没有扣缴义务人的,应当在取得所得的次月15日内向税务机关报送纳税申报表,并缴纳税款

D. 纳税人取得应税所得,扣缴义务人未扣缴税款的,纳税人应当在取得所得的次年3月31日前,缴纳税款;税务机关通知限期缴纳的,纳税人应当按照期限缴纳税款

21. 甲公司为一家居民企业,本年发生的下列支出中,在计算应纳税所得额时不得扣除的有(　　　)。

A. 缴纳罚金10万元　　　　　　　B. 直接赞助某学校8万元

C. 缴纳银行罚息6万元　　　　　　D. 缴纳税收滞纳金4万元

22. 下列关于增值税税率的说法中,不正确的有(　　)。

A. 一般纳税人销售化肥适用 13% 的税率

B. 一般纳税人销售居民用煤炭制品适用 9% 的税率

C. 一般纳税人进口农机适用 13% 的税率

D. 一般纳税人销售图书、报纸、杂志适用 13% 的税率

23. 下列各项中,纳税人应同时缴纳增值税和消费税的有(　　)。

A. 批发环节销售的卷烟　　　　　　　B. 生产销售小汽车

C. 零售环节销售的金银首饰　　　　　D. 进口的高档化妆品

24. 下列关于增值税纳税地点说法中,正确的有(　　)。

A. 有固定生产经营场所的纳税人,应当向其机构所在地或者居住地主管税务机关申报纳税。总机构和分支机构不在同一县(市)的,应当分别向各自所在地的主管税务机关申报纳税;经省级以上财政、税务主管部门批准,可以由总机构汇总向总机构所在地的主管税务机关申报纳税

B. 无固定生产经营场所的纳税人,应当向其应税交易发生地主管税务机关申报纳税;未申报纳税的,由其机构所在地或者居住地主管税务机关补征税款

C. 自然人销售或者租赁不动产,转让自然资源使用权,提供建筑服务,应当向不动产所在地、自然资源所在地、建筑服务发生地主管税务机关申报纳税

D. 进口货物的纳税人,应当按照海关规定的地点申报纳税

25. 下列说法中,正确的有(　　)。

A. 一般纳税人销售或者进口农机零部件的增值税税率为 13%

B. 境内的购买方为境外单位和个人扣缴增值税的,按照适用税率扣缴增值税

C. 小规模纳税人会计核算健全,能够提供准确税务资料的,可以向主管税务机关办理登记,按照一般计税方法计算缴纳增值税

D. 纳税人出口货物,免征增值税

26. 根据《增值税法》的规定,在境内发生应税交易,包括的情形有(　　)。

A. 销售货物的,货物的起运地或者所在地在境内

B. 销售或者租赁不动产、转让自然资源使用权的,不动产、自然资源所在地在境内

C. 销售金融商品的,金融商品在境内发行,或者销售方为境内单位和个人

D. 除上述第 B、C 项规定外,销售服务、无形资产的,服务、无形资产在境内消费,或者销售方为境内单位和个人

27. 根据《增值税法》的规定,下列关于增值税计税期间的说法中,正确的有(　　)。

A. 不经常发生应税交易的纳税人,可以按次纳税

B. 纳税人以 1 个月或者 1 个季度为 1 个计税期间的,自期满之日起 15 日内申报纳税

C. 纳税人以 10 日或者 15 日为 1 个计税期间的,自次月 1 日起 15 日内申报纳税

D. 纳税人以 10 日或者 15 日为 1 个计税期间的,应当自期满之日起 10 日内预缴税款

三、判断题

1. 企业所得税按年计征,分月或者分季预缴,年终汇算清缴,多退少补。　　　　(　　)

2. 免征增值税项目对应的进项税额不得从销项税额中抵扣。　　　　(　　)

3. 单位和个人进口应税消费品,于报关进口时由海关代征消费税。 （ ）

4. 委托个人加工的应税消费品,由受托方向其机构所在地或者居住地主管税务机关申报缴纳消费税。 （ ）

5. 委托方将委托加工收回的应税消费品出售的,不再缴纳消费税。 （ ）

6. 在中国境内无住所又不居住,或者无住所而一个纳税年度内在中国境内居住累计不满183天的个人,不属于个人所得税的纳税义务人。 （ ）

7. 总机构和分支机构不在同一县(市)的,应当分别向各自所在地的主管税务机关申报纳税;经县(市)级以上财政、税务主管部门批准,可以由总机构汇总向总机构所在地的主管税务机关申报纳税。 （ ）

8. 增值税由税务机关征收,进口货物的增值税由海关代征。 （ ）

9. 非正常损失项目对应的进项税额准予从销项税额中抵扣。 （ ）

10. A企业是按美国法律成立、总部设在纽约的公司,在我国没有设立办事机构,因此,A企业在我国取得的所得不需要在我国缴纳企业所得税。 （ ）

11. 财产租赁所得、财产转让所得以每次收入不超过4 000元的,减除费用800元;4 000元以上的,减除20%费用后的余额,为应纳税所得额。 （ ）

12. 单位和个人无偿转让无形资产、不动产或者金融商品,免征增值税。 （ ）

13. 应税消费品在计征消费税时,其销售额不包括增值税税额;在计征增值税时,则应包括消费税税额。 （ ）

14. 自2020年7月1日起,对一个纳税年度内首次取得工资、薪金所得的居民个人,扣缴义务人在预扣预缴个人所得税时,可按照5 000元/月乘以纳税人当年截至本月月份数计算累计减除费用。 （ ）

15. 小规模纳税人会计核算健全,能够提供准确税务资料的,可以向主管税务机关办理登记,按照一般计税方法计算缴纳增值税。 （ ）

16. 扣缴义务人,应当向其机构所在地或者居住地主管税务机关申报缴纳扣缴的税款;机构所在地或者居住地在境外的,应当向应税交易发生地主管税务机关申报缴纳扣缴的税款。 （ ）

17. 某农机厂既生产销售农机(农机的增值税税率为9%),又对外提供加工修理修配服务(加工修理修配服务的增值税税率为13%),对于上述行为,税务机关应当一律按照13%的税率向其征收增值税。 （ ）

四、案例分析题

甲企业为增值税一般纳税人,本年1月销售冰箱100台,每台售价11 300元(含增值税),每台同时收取包装费1 130元。甲企业销售冰箱适用的增值税税率为13%。

乙超市为增值税一般纳税人,本年1月,开具增值税专用发票销售商品,取得不含增值税销售额400 000元;开具增值税普通发票销售商品,取得含增值税销售额2 260 000。乙超市销售商品适用的增值税税率为13%。

丙商店为增值税小规模纳税人,本年1月,开具增值税普通发票销售商品,取得含增值税销售额101 000元。丙商店销售商品适用的增值税征收率为1%。

要求:根据上述资料,回答下列问题。

1. 甲企业本年1月的应纳增值税为(   )元。

A. 146 900　　　　　B. 161 590　　　　　C. 130 000　　　　　D. 143 000

2. 下列关于增值税销售额确定的说法中,正确的有(   )。

A. 销售额,是指纳税人发生应税交易取得的与之相关的价款,包括货币和非货币形式的经济利益对应的全部价款,不包括按照一般计税方法计算的销项税额和按照简易计税方法计算的应纳税额

B. 销售额以人民币计算。纳税人以人民币以外的货币结算销售额的,应当折合成人民币计算

C. 发生视同应税交易以及销售额为非货币形式的,纳税人应当按照市场价格确定销售额

D. 销售额明显偏低或者偏高且无正当理由的,税务机关可以依照《中华人民共和国税收征收管理法》和有关行政法规的规定核定销售额

3. 下列关于增值税税率的说法中,正确的有(   )。

A. 加工修理修配服务适用的增值税税率为13%

B. 基础电信服务适用的增值税税率为6%

C. 增值电信服务适用的增值税税率为9%

D. 邮政服务适用的增值税税率为9%

4. 乙超市本年1月的应纳增值税为(   )元。

A. 306 017.70　　　B. 312 000　　　　　C. 52 000　　　　　D. 345 800

5. 丙商店本年1月的应纳增值税为(   )元。

A. 1 000　　　　　　B. 1 010　　　　　　C. 3 000　　　　　D. 980.58

第三节　税收征收管理

一、单项选择题

1. 下列关于税收强制执行措施的表述中,正确的是(   )。

A. 税收强制执行措施不适用于扣缴义务人

B. 作为家庭唯一代步工具的轿车,不在税收强制执行的范围之内

C. 税务机关对单价50 000元以下的生活用品,不得采取强制执行措施

D. 税务机关采取强制执行措施时,可对纳税人未缴纳的滞纳金同时强制执行

2. 甲公司是一家在我国境内上市的公司,税务机关应当对其采取的税款征收方式为(   )。

A. 查账征收　　　B. 查定征收　　　C. 查验征收　　　D. 定期定额征收

3. 对于会计核算不够健全、生产经营规模较小、产品零星、税源分散,但是能够控制原材料或进销货的纳税人,适用的税款征收方式是(   )。

A. 查账征收　　　B. 定期定额征收　　C. 查验征收　　　D. 查定征收

4. 纳税人申请行政复议的,复议机关应当自受理申请之日起一定时间内作出行政复议决定。该时间为(   )日。

A. 60　　　　　　B. 45　　　　　　C. 15　　　　　　D. 30

5. 邮寄申报纳税的申报日期是(   )。

A. 填表日期   B. 收邮的邮戳日期

C. 寄出的邮戳日期   D. 税务机关的收到日期

6. 税务机关采取税收保全措施的期限一般不得超过(　　);重大案件需要延长的,应当报国家税务总局批准。

A. 1个月   B. 3个月   C. 1年   D. 6个月

7. 支付给个人股息的单位在支付股息时,应(　　)个人所得税。

A. 代收代缴   B. 自报核缴   C. 委托代征   D. 代扣代缴

8. 根据税收征收管理法律制度的规定,下列各项中,不属于税款征收方式的有(　　)。

A. 查账征收   B. 查验征收   C. 查定征收   D. 税收保全措施

9. 按照规定不需要在市场监督管理机关或者其他机关办理注册登记的,应当自有关机关批准或者宣告终止之日起(　　)日内,持有关证件向原税务登记机关申报办理注销税务登记。

A. 10   B. 15   C. 30   D. 60

二、多项选择题

1. 下列关于发票管理办法的规定中,正确的有(　　)。

A. 电子发票与纸质发票具有同等法律效力,任何单位和个人不得拒收

B. 销售商品、提供服务以及从事其他经营活动的单位和个人,对外发生经营业务收取款项,收款方应当向付款方开具发票;特殊情况下,由付款方向收款方开具发票

C. 所有单位和从事生产、经营活动的个人在购买商品、接受服务以及从事其他经营活动支付款项,应当向收款方取得发票

D. 开具发票应当按照规定的时限、顺序、栏目,全部联次一次性如实开具,开具纸质发票应当加盖发票专用章

2. 下列关于发票开具要求的表述中,正确的有(　　)。

A. 不得转借、转让、介绍他人转让发票、发票监制章和发票防伪专用品

B. 不得拆本使用发票

C. 取得发票的主体在取得发票时,不得要求开票主体变更品名和金额,但可以变更涉及金额计算的单价和数量。

D. 不得以其他凭证代替发票使用

3. 涉税专业服务的业务范围包括(　　)。

A. 税务合规计划   B. 一般税务咨询   C. 专业税务顾问   D. 会计代理记账

4. 根据税收征收管理法律制度的规定,下列各项中,属于税收保全措施的有(　　)。

A. 书面通知纳税人开户银行从其存款中直接扣缴税款

B. 书面通知纳税人开户银行或者其他金融机构冻结纳税人的金额相当于应纳税款的存款

C. 拍卖纳税人的价值相当于应纳税款的商品、货物或者其他财产

D. 扣押、查封纳税人的价值相当于应纳税款的商品、货物或者其他财产

5. 下列关于税务登记说法中,正确的有(　　)。

A. 按照"多证合一、一照一码"等商事制度改革要求,企业、农民专业合作社、个体工商户及其他组织(已实行"多证合一、一照一码"登记模式的纳税人)领取加载统一社会信用代码的营业执照之后,无需单独到税务机关办理税务登记事项,只需要到税务

部门(税务机关)进行信息确认(又称办理税务机关报到)

B. 纳税人停业期限不得超过1年,超过1年的必须恢复经营

C. 税务机关不再按照180天设置报验管理的固定有效期,改按跨区域经营合同执行期限作为有效期限;合同延期的,纳税人可向经营地或机构所在地的税务机关办理报验管理有效期限延期手续

D. 已实行"多证合一、一照一码"登记模式的纳税人办理注销登记,须先向税务主管机关申报清税,填写"清税申报表"

6. 根据税收征收管理法律制度的规定,税务机关的下列具体行政行为中,属于行政处罚的有( )。

A. 没收违法所得   B. 确认纳税期限

C. 确认适用税率   D. 停止出口退税权

7. 下列关于发票联次的说法中,正确的有( )。

A. 纸质发票的基本联次包括存根联、发票联、记账联

B. 存根联由收款方或开票方留存备查

C. 发票联由付款方或受票方作为付款原始凭证

D. 记账联由收款方或开票方作为记账原始凭证

8. 下列各项中,属于需办理注销税务登记的情形有( )。

A. 被吊销营业执照的   B. 企业名称发生改变的

C. 企业破产终止纳税义务的   D. 经营地点变动,改变税务机关的

9. 下列各项中,属于纳税申报方式的有( )。

A. 直接申报   B. 简易申报、简并征期

C. 邮寄申报   D. 数据电文申报

10. 下列各项中,属于我国税款征收方式的有( )。

A. 查验征收   B. 扣缴税款征收   C. 定期定额征收   D. 委托代征

11. 下列各项中,属于税收违法的刑事处罚的有( )。

A. 拘役   B. 判处徒刑   C. 罚金   D. 没收财产

12. 下列各项中,属于涉税专业服务机构的有( )。

A. 税务师事务所   B. 提供涉税专业服务的会计师事务所

C. 提供涉税专业服务的律师事务所   D. 提供涉税专业服务的财税类咨询公司

13. 下列各项中,属于虚开发票行为的有( )。

A. 为他人、为自己开具与实际经营业务情况不符的发票

B. 让他人为自己开具与实际经营业务情况不符的发票

C. 介绍他人开具与实际经营业务情况不符的发票

D. 知道或者应当知道是私自印制、伪造、变造、非法取得或者废止的发票而受让、开具、存放、携带、邮寄、运输

14. 下列关于税款征收方式的说法中,正确的有( )。

A. 代扣代缴是与纳税人有经营业务往来的单位和个人在向纳税人支付款项的同时扣取税款并代为缴纳

B. 代收代缴是与纳税人有经营业务往来的单位和个人在向纳税人收取款项的同时收

取税款并代为缴纳

C. 扩大查账征收纳税人的范围,向来是税务管理努力的方向

D. 对集贸市场纳税人税款的征收、车船税的征收等,一般适用定期定额征收的方式

15. 下列各项中,属于税务登记种类的有( )。

A. 设立税务登记　　　B. 变更税务登记　　　C. 停业、复业登记　　　D. 注销税务登记

三、判断题

1. 税务机关对单价 5 000 元以下的其他生活用品,不采取强制执行措施。　　　　( )

2. 税收强制执行措施仅适用于从事生产、经营的纳税人。　　　　( )

3. 纳税人对国家税务总局的具体行政行为不服的,向国务院申请行政复议。　　( )

4. 采用数据电文申报的,收件人未指定特定系统的,该数据电文进入特定系统的时间,视为申报、报送到达的时间。　　　　( )

5. 不符合规定的发票,不得作为财务报销凭证,任何单位和个人有权拒收。　　( )

6. 邮寄申报以收到的日期为实际申报日期。　　　　( )

7. 纳税人享受减税、免税待遇的,在减税、免税期间内可以不办理纳税申报。　( )

8. 纳税人被市场监督管理机关吊销营业执照的,应当自营业执照被吊销之日起 30 日内,向原税务机关登记机关申报办理注销登记。　　　　( )

9. 税务行政复议决定书一经作出,即产生法律效力。　　　　( )

【本章习题必练】

一、单项选择题

1. 下列各项中,属于我国税收中财产税的是( )。

A. 关税　　　　　B. 资源税　　　　　C. 车船税　　　　　D. 车辆购置税

2. 下列关于税法的说法中,正确的是( )。

A. 税法是国家制定的用于规定征税人征税权利和纳税人纳税义务的法律规范的总称

B. 税法是国家制定的用于规定征税人征税权利的法律规范的总称

C. 税法是国家制定的用于规定纳税人纳税义务的法律规范的总称

D. 税法是国家制定的用于调整国家与纳税人之间在征纳税方面的权利与义务关系的法律规范的总称

3. 根据企业所得税法律制度的规定,下列各项中,属于免税收入的是( )。

A. 企业接受社会捐赠收入　　　　　B. 转让企业债券取得的收入

C. 国债利息收入　　　　　　　　　D. 已作坏账损失处理后又收回的应收账款

4. 下列各项中,适用 13% 的增值税税率的是( )。

A. 图书　　　　　　　　　　　　　B. 汽车

C. 天然气　　　　　　　　　　　　D. 农机(不包括农机零部件)

5. 根据增值税法律制度的规定,下列各项中,不属于视同应税交易的是( )。

A. 个体工商户将委托加工的货物用于个人消费

B. 个人无偿转让金融商品

C. 个体工商户无偿转让货物

D. 个体工商户将购进的货物用于集体福利

6. 甲啤酒厂本年1月生产了30 000吨生啤,当月销售了20 000吨,取得含税销售收入226万元。则甲啤酒厂应缴纳消费税的计税依据是（   ）。

A. 30 000吨　　　　B. 20 000吨　　　　C. 226万元　　　　D. 200万元

7. 纳税人采取预收货款结算方式销售应税消费品的,其消费税纳税义务发生时间为（   ）。

A. 签订销售合同的当天　　　　　　B. 收到预收货款的当天

C. 开具预收款发票的当天　　　　　D. 发出应税消费品的当天

8. （   ）方式一般针对会计核算比较健全、能够正确计算应纳税款且认真履行纳税义务的纳税人。

A. 定期定额征收　　B. 查验征收　　　C. 查定征收　　　D. 查账征收

9. （   ）不是我国企业所得税的纳税人。

A. 集体企业　　　　　　　　　　　B. 合伙企业的自然人合伙人

C. 中外合资企业　　　　　　　　　D. 国有企业

10. 根据税收征收管理法律制度的规定,纳税人对税务机关作出的下列具体行政行为不服时,可以选择申请行政复议或者直接提起行政诉讼的是（   ）。

A. 确认适用税率　　　　　　　　　B. 加收税收滞纳金

C. 确认计税依据　　　　　　　　　D. 收缴发票

11. 我国个人所得税的征收方式是（   ）。

A. 由税务机关上门征收　　　　　　B. 自行申报和代扣代缴

C. 定期定额征收　　　　　　　　　D. 代收代缴

12. 下列关于发票管理的说法中,正确的是（   ）。

A. 需要领用发票的单位和个人,应当持设立登记证件或者税务登记证件,以及经办人身份证明,向主管税务机关办理发票领用手续

B. 需要临时使用发票的单位和个人,可以凭购销商品、提供或者接受服务以及从事其他经营活动的书面证明、经办人身份证明,直接向经营地税务机关申请代开发票

C. 临时到本省、自治区、直辖市以外从事经营活动的单位或者个人,应当凭所在地税务机关的证明,向经营地税务机关领用经营地的发票

D. 市以上税务机关可根据纸质发票管理情况以及纳税人经营业务需要,增减除发票联以外的其他联次,并确定其用途

13. 下列各项中,属于按照征收管理的分工体系分类的是（   ）。

A. 流转税类　　　B. 工商税类　　　C. 财产税类　　　D. 资源税类

14. 下列各项中,不属于税务行政处罚种类的是（   ）。

A. 停止出口退税权　B. 罚款　　　　C. 监禁　　　　D. 没收违法所得

15. 下列各项中,（   ）不属于税收的特征。

A. 强制性　　　　B. 无偿性　　　C. 有偿性　　　　D. 固定性

16. 甲钢铁厂为增值税一般纳税人,本年1月销售钢材一批,不含增值税的价格为40 000元,适用的增值税税率为13%。则其增值税销项税额为（   ）元。

A. 40 000   B. 5 200   C. 4 000   D. 6 000

17. 根据增值税法律制度的规定,纳税人发生视同应税交易,纳税义务发生时间为(　　)。发生视同应税交易,纳税义务发生时间为完成视同应税交易的当日。

 A. 货物发出的当天

 B. 收讫销售款项或者取得销售款项索取凭据的当日

 C. 合同签订的当天

 D. 完成视同应税交易的当日

18. 小规模纳税人,是指年应征增值税销售额(　　)的纳税人。

 A. 未超过 300 万元   B. 小于 300 万元   C. 未超过 500 万元   D. 小于 500 万元

19. 我国《个人所得税法》中的居民个人是指在中国境内有住所,或者无住所而一个纳税年度内在中国境内居住累计满(　　)天的个人。

 A. 30   B. 183   C. 90   D. 365

20. 整个税收征收管理的起点是(　　)。

 A. 停业登记   B. 变更登记   C. 税务登记   D. 开户登记

21. 下列各项中,属于一般涉税专业服务的是(　　)。

 A. 专业税务顾问   B. 税务合规计划   C. 纳税情况审查   D. 纳税申报代办

22. 甲公司为增值税一般纳税人,本年 1 月进口一批应税消费品(属于实行从价定率办法计算纳税的应税消费品),关税计税价格为 36 000 元,进口该批应税消费品适用的消费税税率为 10%、关税税率为 30%,增值税税率为 13%。则甲公司进口该批应税消费品的应纳增值税税额为(　　)元。

 A. 5 530.91   B. 6 760   C. 4 680   D. 6 084

23. 查定征收适用于(　　)的纳税人。

 A. 会计核算比较健全、能够正确计算应纳税款且认真履行纳税义务

 B. 会计核算不够健全、生产经营不固定、零星分散、流动性大

 C. 会计核算不够健全、生产经营规模较小、产品零星、税源分散,但是能够控制原材料或进销货

 D. 零星、分散、流动性大

24. 下列各项中,不属于应税交易,不征收增值税的是(　　)。

 A. 农业生产者销售购进的农产品

 B. 员工为受雇单位或者雇主提供取得工资、薪金的服务

 C. 咨询公司提供咨询服务

 D. 自来水公司销售自来水

25. 根据企业所得税法律制度的规定,在中国境内未设立机构、场所,但有来源于中国境内所得的企业归(　　)。

 A. 合伙企业   B. 非居民企业   C. 外资企业   D. 居民企业

26. 根据增值税法律制度的规定,纳税人以 1 个月或者 1 个季度为 1 个计税期间的,自期满之日起(　　)日内申报纳税。

 A. 5   B. 10   C. 15   D. 30

27. 根据消费税法律制度规定,纳税人将自产自用应税消费品用于连续生产应税消费

品时,( )。

A. 按产品成本计算缴纳消费税
B. 按同类产品销售价格计算缴纳消费税
C. 不缴纳消费税
D. 按组成计税价格计算缴纳消费税

28. 根据增值税法律制度的规定,纳税人以10日或者15日为1个计税期间的,应当自期满之日起( )日内预缴税款。

A. 3   B. 5   C. 10   D. 15

29. 纳税人的下列进项税额准予从其销项税额中抵扣的是( )。

A. 适用简易计税方法计税项目对应的进项税额
B. 减征增值税项目对应的进项税额
C. 购进并直接用于消费的餐饮服务对应的进项税额
D. 购进并用于个人消费的服务对应的进项税额

30. 下列各项中,适用的增值税税率为9%的是( )。

A. 生活服务
B. 加工修理修配服务
C. 天然气
D. 有形动产租赁服务

31. 某私营企业主林某欠税160多万元,经税务机关多次催缴,林某拒不缴纳,现税务机关决定对其采取强制执行措施,( )不在强制执行范围之内。

A. 银行存款   B. 家用的电视机   C. 仓库里的商品   D. 小轿车

32. 根据企业所得税法律制度规定,下列各项中,不属于业务招待费税前扣除限额的计算基数的收入范围都是( )。

A. 主营业务收入   B. 营业外收入   C. 其他业务收入   D. 视同销售收入

33. 纳税人停业期满未按期复业又不申请延长停业的,税务机关应当视为( )。

A. 注销
B. 变更
C. 自动延长停业登记
D. 已恢复营业,实施正常的税收征收管理

34. 税务机关对( )实施行政登记管理。

A. 会计师事务所   B. 税务师事务所   C. 律师事务所   D. 财税类咨询公司

35. 对于会计核算不够健全、生产经营不固定、零星分散、流动性大的纳税人,税务机关可以采取的税款征收方式是( )。

A. 查验征收   B. 查定征收   C. 查账征收   D. 定期定额征收

36. 下列各项中,不属于税法构成要素的是( )。

A. 税目
B. 纳税义务发生时间
C. 计税依据
D. 税率

37. 委托加工从价计征消费税的应税消费品,没有同类消费品销售价格的,按组成计税价格计算纳税,其组成计税价格等于( )。

A. (材料成本+加工费)÷(1+消费税比例税率)
B. (材料成本+加工费)÷(1+增值税比例税率)
C. (材料成本+加工费)÷(1-消费税比例税率)
D. (材料成本+加工费)÷(1-增值税比例税率)

38. 下列各项中,准予从销项税额中抵扣的是( )。

A. 购进并直接用于消费的餐饮服务对应的进项税额

B. 非正常损失项目对应的进项税额

C. 购进并用于个人消费的无形资产对应的进项税额

D. 购进的咨询服务

39. 申请人对计划单列市税务局的具体行政行为不服的,向( )申请行政复议。

A. 其上一级税务局　　　　　　　　　　B. 国家税务总局

C. 省级税务局　　　　　　　　　　　　D. 计划单列市税务局

40. 下列各项中,属于中央税的是( )。

A. 增值税　　　　B. 关税　　　　C. 土地增值税　　　　D. 契税

二、多项选择题

1. 下列各项中,适用6%增值税税率的有( )。

A. 交通运输服务　　　　　　　　　　　B. 有形动产租赁服务

C. 金融服务　　　　　　　　　　　　　D. 增值电信服务

2. 某企业所得税纳税人发生的下列支出中,在计算应纳税所得额时不得扣除的有( )。

A. 缴纳罚金20万元　　　　　　　　　　B. 直接捐赠某学校16万元

C. 支付给法院的诉讼费2万元　　　　　D. 缴纳税收滞纳金8万元

3. 下列进项税额中,不得从销项税额中抵扣的有( )。

A. 购进并用于职工宿舍的空调对应的进项税额

B. 免征增值税药品对应的进项税额

C. 适用简易计税方法计税项目对应的进项税额

D. 购进并用于职工食堂的食用油对应的进项税额

4. 下列关于消费税征收范围的表述中,正确的有( )。

A. 纳税人自产自用的应税消费品,用于连续生产应税消费品的,不缴纳消费税

B. 纳税人将自产自用的应税消费品用于馈赠、赞助的,缴纳消费税

C. 卷烟在生产和批发两个环节均征收消费税

D. 委托加工的应税消费品,受托方在交货时已代收代缴的消费税,委托方收回后直接
销售(以不高于受托方的计税价格出售)的,再缴纳一道消费税

5. 甲公司本年1月进口一批应税消费品,海关应征进口关税30万元(关税税率为
20%),消费税税率为10%,则海关应征( )。

A. 增值税26万元　　B. 消费税60万元　　C. 增值税30万元　　D. 消费税20万元

6. 下列关于消费税税率的说法中,正确的有( )。

A. 消费税采用从价定率、从量定额、从价定率和从量定额复合征收三种方式

B. 根据《消费税暂行条例》规定,我国消费税税目共有13个

C. 消费税采用列举法,按照应税消费品分别设置税目,对不同的税目规定了不同的税率

D. 黄酒、啤酒按单位重量确定单位税额,成品油按单位体积确定单位税额

7. 下列各项中,属于增值税征收范围的有( )。

A. 销售货物　　　　B. 销售不动产　　　　C. 进口货物　　　　D. 销售服务

8. 根据个人所得税法律制度的规定,下列各项所得中,适用累进税率形式的有( )。

A. 工资、薪金所得　　B. 经营所得　　C. 偶然所得　　D. 财产转让所得

9. 下列关于住房贷款利息个人所得税专项附加扣除的说法中,正确的有(　　)。

A. 纳税人本人或者配偶单独或者共同使用商业银行或者住房公积金个人住房贷款为本人或其配偶购买中国境内住房,发生的首套住房贷款利息支出,在实际发生贷款利息的年度,按照每月 1 000 元的标准定额扣除,扣除期限最长不超过 240 个月

B. 纳税人可以多次享受首套住房贷款的利息扣除

C. 首套住房贷款是指购买住房享受首套住房贷款利率的住房贷款

D. 经夫妻双方约定,可以选择由其中一方扣除,也可以由夫妻双方分别按扣除标准的 50% 扣除,具体扣除方式在一个纳税年度内不能变更

10. 下列关于追征税款的表述中,符合《税收征收管理法》的有(　　)。

A. 因纳税人、扣缴义务人计算错误等失误,未缴或者少缴款的,税务机关在 3 年内可以追征税款,并加收滞纳金

B. 因纳税人、扣缴义务人计算错误等失误,未缴或者少缴款的,且数额在 10 万元以上的,追征期可以延长到 5 年

C. 因税务机关的责任,致使纳税人、扣缴义务人未缴或者少缴款的,税务机关在 3 年内可以要求纳税人、扣缴义务人补缴税款,但是不得加收滞纳金

D. 因纳税人、扣缴义务人和其他当事人偷税、抗税、骗税等原因而造成未缴或者少缴税款,或骗取退税款的,税务机关可以无限期追征

11. 根据税收征收管理法律制度的规定,纳税人发生的下列情形中,应办理税务注销登记的有(　　)。

A. 纳税人破产　　　　　　　　　　B. 纳税人变更法定代表人

C. 纳税人暂停经营活动　　　　　　D. 纳税人被吊销营业执照

12. 下列各项中,属于行为税的有(　　)。

A. 增值税　　　　B. 印花税　　　　C. 房产税　　　　D. 契税

13. 下列各项中,采用比例税率计算应纳税额的有(　　)。

A. 增值税　　　　B. 车辆购置税　　　　C. 车船税　　　　D. 城市维护建设税

14. 根据消费税法律制度的规定,下列各项中,属于消费税税目的有(　　)。

A. 卷烟　　　　B. 彩电　　　　C. 大客车　　　　D. 实木地板

15. 下列行为中,视同应税交易,应当依照《增值税法》规定缴纳增值税的有(　　)。

A. 甲企业无偿转让货物给乙企业　　B. 个体工商户将自产货物用于集体福利

C. 张某为灾区无偿提供运输服务　　D. 丁公司将商铺无偿转让给王某

16. 下列关于一般纳税人适用的增值税税率的表述中,正确的有(　　)。

A. 提供有形资产租赁服务税率为 6%

B. 提供交通运输服务税率为 9%

C. 销售农机零部件按照 9% 的低税率缴纳增值税

D. 纳税人出口货物,税率为零;国务院另有规定的除外

17. 下列各项中,适用 9% 增值税税率的有(　　)。

A. 报纸　　　　　　　　　　　　　B. 食用植物油

C. 不动产租赁服务　　　　　　　　D. 加工修理修配服务

18. 企业实际发生的与取得收入有关的、合理的支出,包括(　　)和其他支出,准予在

计算应纳税所得额时扣除。

    A．成本   B．税金   C．费用   D．损失

19. 下列关于增值税专用发票基本联次用途的表述中,正确的有(　　　)。

    A．记账联,作为销售方核算销售收入和增值税销项税额的记账凭证

    B．抵扣联,作为购买方报送主管税务机关认证和留存备查的凭证

    C．发票联,作为购买方核算采购成本和增值税进项税额的记账凭证

    D．发票联,作为购买方报送主管税务机关认证和留存备查的凭证

20. 下列关于税务登记的说法中,正确的有(　　　)。

    A．纳税人应当于恢复生产经营之前,向税务机关申报办理复业登记

    B．纳税人在办理注销税务登记前,应当向税务机关结清应纳税款、滞纳金等

    C．税务机关按照 180 天设置报验管理的固定有效期

    D．纳税人跨区域经营前不再开具相关证明,改为填报《跨区域涉税事项报告表》

21. 下列各项中,属于增值税征税范围的有(　　　)。

    A．邮政服务   B．交通运输服务   C．建筑服务   D．存款利息收入

22. 纳税人对税务机关(　　　)的具体行为不服的,应当先向行政复议机关申请行政复议;对行政复议决定不服的,可以再向人民法院提起行政诉讼。

    A．确认征税范围   B．加收滞纳金   C．税收保全措施   D．出具完税凭证

23. 下列选项中,属于税收程序法的有(　　　)。

    A．《税收征收管理法》   B．《税收征收管理法实施细则》

    C．《企业所得税法》   D．《企业所得税法实施条例》

24. 根据购进固定资产的进项税额是否扣除及如何扣除的不同,各国增值税的类型可分为(　　　)。

    A．生产型增值税   B．收入型增值税   C．增值型增值税   D．消费型增值税

25. 下列各项中,属于税法构成要素的有(　　　)。

    A．征税对象   B．计税依据   C．减免税   D．纳税期限

26. 根据消费税法律制度的规定,下列环节中,既缴纳增值税又缴纳消费税的有(　　　)。

    A．从国外进口小汽车   B．从国外进口数码相机

    C．批发环节销售的卷烟   D．批发环节销售的白酒

27. 下列各项中,属于税款征收方式的有(　　　)。

    A．查账征收   B．扣缴税款征收   C．查验征收   D．定期定额征收

28. 下列各项中,属于企业所得税免税收入的有(　　　)。

    A．财政拨款

    B．依法收取并纳入财政管理的行政事业性收费

    C．符合规定条件的居民企业之间的股息、红利等权益性投资收益

    D．在中国境内设立机构、场所的非居民企业从居民企业取得与该机构、场所有实际联系的股息、红利等权益性投资收益

29. 根据个人所得税法律制度的规定,下列属于专项附加扣除的有(　　　)。

    A．子女教育支出   B．3 岁以下婴幼儿照护支出

    C．大病医疗支出   D．继续教育支出

30. 下列关于开具发票的说法中,正确的有(　　)。

A. 取得发票的主体在取得发票时,不得要求开票主体变更品名和金额

B. 开具发票应当按照规定的时限、顺序、栏目,全部联次一次性如实开具,开具纸质发票应当加盖发票专用章

C. 任何单位和个人不得转借、转让发票

D. 可以拆本使用发票

31. 根据个人所得税法律制度的规定,下列所得中,适用比例税率的有(　　)。

A. 经营所得

B. 居民个人的综合所得

C. 偶然所得

D. 财产转让所得

32. 下列各项中,属于违反发票管理规定使用发票行为的有(　　)。

A. 介绍他人转让发票

B. 扩大发票使用范围

C. 以其他凭证代替发票使用

D. 窃取、截留、篡改、出售、泄露发票数据

三、判断题

1. 纳税人停业期满不能及时恢复生产经营的,应当在停业期满后向税务机关提出延长停业登记申请。　　　　　　　　(　　)

2. 纳税人在办理开业或变更税务登记的同时应当申请填报税种登记,由税务机关根据其生产、经营范围及拥有的财产等情况,认定纳税人所适用的税种、税目、税率、报缴税款期限、征收方式和缴库方式等。　　　　(　　)

3. 目前,我国的税收法律制度中的累进税率主要采用全额累进的方式。　(　　)

4. 购进并直接用于消费的餐饮服务、居民日常服务和娱乐服务对应的进项税额,不得从其销项税额中抵扣。　　　　　　(　　)

5. 按照企业所得税法的规定准予在计算应纳税所得额时扣除的税金,是指企业在生产经营活动中发生的允许抵扣的增值税、消费税、城市维护建设税、教育费附加、资源税和土地增值税等。　　　　　　　　(　　)

6. 纳税人应当依法开具和使用增值税发票。增值税发票包括纸质发票和电子发票。电子发票与纸质发票具有同等法律效力。　　　(　　)

7. 单位和个人无偿转让无形资产、不动产或者金融商品,不缴纳增值税。　(　　)

8. 纳税人发生两项以上应税交易涉及不同税率、征收率的,应当分别核算适用不同税率、征收率的销售额;未分别核算的,从高适用税率。　　(　　)

9. 委托加工环节已由受托方代收代缴消费税的应税消费品收回后直接销售(以不高于受托方的计税价格出售)的,仍应再次缴纳消费税。　　(　　)

10. 个人出版画作取得的所得,应按劳务报酬所得项目计缴个人所得税。(　　)

11. 财政机关是发票的主管机关。　　　　　　　(　　)

12. 对个人独资企业的投资者取得的生产经营所得应征收企业所得税,不征收个人所得税。　　　　　　　　　　(　　)

13. 从量税是以征税对象的一定数量单位(重量、件数、容积、长度等)为标准,采用固定单位税额计征的税种。　　　　　(　　)

14. 纳税人在期限内已缴纳税款,税务机关未立即解除税收保全措施,使纳税人的合法

利益遭受损失的,税务机关应当承担赔偿责任。 （　　）

15. 采取税收强制执行措施时,对纳税人、扣缴义务人、纳税担保人未缴纳的滞纳金及罚款必须同时强制执行。 （　　）

16. 税务机关采取强制执行措施时,对纳税人未缴纳的滞纳金应同时强制执行。 （　　）

17. 企业的不征税收入用于支出所形成的费用,准予在计算应纳税所得额时扣除。 （　　）

18. 纳税人收取的销售额如果为含增值税的销售额,在计算增值税应纳税额时,应换算为不含增值税的销售额。 （　　）

19. 当期进项税额大于当期销项税额的部分,纳税人可以按照国务院的规定选择结转下期继续抵扣,但不可以申请退还。 （　　）

20. 查定征收是指税务机关根据纳税人从业人数、生产设备、耗用原材料、经营成本、平均利润率等因素,查定核实其产量、销售额、应纳税所得额等指标,据以计算其应纳税款并予以征收的方式。 （　　）

21. 税率是计算纳税人应纳税额的尺度,也是衡量税负轻重与否的重要标志。 （　　）

22. 减免税是对税率的一种灵活补充和延伸,具有统一性和相对稳定性。 （　　）

23. 小规模纳税人会计核算健全,能够提供准确税务资料的,可以向主管税务机关办理登记,按照一般计税方法计算缴纳增值税。 （　　）

24. 扣缴义务人包括代扣代缴义务人和代收代缴义务人两种。 （　　）

25. 纳税人发生一项应税交易涉及两个以上税率、征收率的,应当分别核算适用不同税率、征收率的销售额;未分别核算的,从高适用税率。 （　　）

26. 税务登记是整个税收征收管理的起点。 （　　）

27. 机动车销售统一发票属于增值税专用发票。 （　　）

28. 税收保全措施仅适用于从事生产、经营的纳税人。对不从事生产、经营的纳税人,或者扣缴义务人和纳税担保人不适用。 （　　）

29. 税务机关采取税收保全措施的期限一般不得超过 6 个月。重大案件需要延长保全期限的,应当报当地税务部门批准。 （　　）

30. 进口货物,按照本法规定的组成计税价格乘以适用税率或者征收率计算缴纳增值税。组成计税价格,为关税计税价格加上关税和消费税;国务院另有规定的,从其规定。 （　　）

31. 根据相关规定,"跨区域涉税事项报验管理"现在已经更名为"外出经营活动税收管理"。 （　　）

32. 当纳税人不能提供纳税担保,经县级以上税务局(分局)局长批准,可以冻结纳税人所有存款。 （　　）

33. 减免税是税法规定的对某些纳税人或者征税对象给予减轻或免除税收负担的一种税收优惠措施。 （　　）

34. 起征点,是指在征税对象的全部金额中免予征税的那一部分数额,对免征额的部分不予征税,仅对超过免征额的部分计征税款。 （　　）

35. 纳税人在享受减税、免税期间可不办理纳税申报,但在减税、免税期满后,应及时向税务机关办理纳税申报。 （　　）

36. 根据增值税法律制度的规定,销售额明显偏低或者偏高且无正当理由的,税务机关可以依照《中华人民共和国税收征收管理法》和有关行政法规的规定核定销售额。 （　　）

37. 根据增值税法律制度的规定,扣缴义务人,应当向其机构所在地或者居住地主管税务机关申报缴纳扣缴的税款;机构所在地或者居住地在境外的,应当向应税交易发生地主管税务机关申报缴纳扣缴的税款。　　　　　　　　　　　　　　　　　　　　　　（　　）

38. 税务机关采取强制执行措施时,对上述纳税人、扣缴义务人、纳税担保人未缴纳的滞纳金同时强制执行。个人及其所扶养家属维持生活必需的住房和用品,也在强制执行措施的范围之内。　　　　　　　　　　　　　　　　　　　　　　　　　　　　　　（　　）

39. 申请人对税务所(分局)、各级税务局的稽查局的具体行政行为不服的,向其所属税务局申请行政复议。　　　　　　　　　　　　　　　　　　　　　　　　　　　（　　）

40. 不经常发生增值税应税交易的纳税人,可以按次纳税。　　　　　　　　　（　　）

41. 按照一般计税方法计算缴纳增值税的,应纳税额为当期销项税额抵扣当期进项税额后的余额。　　　　　　　　　　　　　　　　　　　　　　　　　　　　　　（　　）

42. 应税消费品卷烟若是用外购已缴纳消费税的应税消费品烟丝连续生产出来的,在对这些连续生产出来的应税消费品卷烟征税时,以当期生产领用烟丝的数量计算准予扣除的外购应税消费品烟丝已缴纳的消费税税款。　　　　　　　　　　　　　　　　（　　）

43. 计税依据是指计算应纳税额的依据或标准,是区别一种税与另一种税的重要标志。　　　　　　　　　　　　　　　　　　　　　　　　　　　　　　　　　　　　（　　）

44. 按照征税对象的性质分类,可将全部税收划分为工商税类、关税类。　　（　　）

45. 简易申报、简并征期方式是以纳税人便利纳税为原则设置的,只针对实行定期定额征收方式的纳税人。　　　　　　　　　　　　　　　　　　　　　　　　　　　（　　）

46. 消费税是价外税,而增值税是价内税。　　　　　　　　　　　　　　　（　　）

四、案例分析题

(一)某税务机关核定个体工商户业主吴某应纳税额为 9 000 元,并责令限期缴纳。在限期内发现吴某有明显的转移、隐匿其应纳税的商品、货物迹象,该税务机关责成吴某提供纳税担保,但吴某不能提供纳税担保,经批准,该税务机关依法扣押了其相当于 9 000 元税款的货物,并为其开具了收据。该税务机关依法扣押了吴某相当于 9 000 元税款的货物之后,限期期满吴某仍拒不缴纳税款。

要求:根据上述资料,回答下列问题。

1. 该税务机关的扣押行为需要经过(　　)批准。

A. 税务所所长　　　　　　　　　　　B. 县以上税务局(分局)局长
C. 县人大常委会主任　　　　　　　　D. 县检察院检察长

2. 该税务机关依法扣押了吴某相当于 9 000 元税款的货物之后,限期期满吴某仍拒不缴纳税款,该税务机关可以对吴某采取的措施是(　　)。

A. 税收保全　　B. 税收强制执行　　C. 纳税担保　　　D. 税务行政处罚

3. 税务机关对单价(　　)元以下的其他生活用品,不采取强制执行措施。

A. 1 000　　　　　B. 1 500　　　　　C. 2 000　　　　　D. 5 000

4. 如果在扣押吴某货物后,吴某在限期内已缴税款,税务机关应当采取的措施是(　　)。

A. 税务机关应当自收到税款或者银行转回的完税凭证之日起 1 日内解除税收保全

B. 税务机关应当自收到税款或者银行转回的完税凭证之日起 2 日内解除税收保全

C. 税务机关应当自收到税款或者银行转回的完税凭证之日起 3 日内解除税收保全

D. 税务机关应当自收到税款或者银行转回的完税凭证之日起 5 日内解除税收保全

5. 关于税收检查及法律责任,下列说法中,正确的有( )。

A. 个人及所抚养家属维持生活必需的住房和用品,不在税收保全措施的范围之内

B. 税收保全措施仅适用于从事生产、经营的纳税人;对不从事生产、经营的纳税人或者扣缴义务人和纳税担保人不适用

C. 对于纳税主体而言,其行政法律责任形式主要是行政处分

D. 申请人对各级税务局的具体行政行为不服的,向其上一级税务局申请行政复议

(二)甲企业为一家居民企业,本年经营业务如下:取得销售收入 2 500 万元,销售成本 1 100 万元,发生销售费用 670 万元(其中广告费和业务宣传费共计 450 万元),管理费用 480 万元(其中业务招待费 15 万元),财务费用 60 万元,税金及附加 40 万元,营业外收入 70 万元,营业外支出 50 万元(含通过公益性社会团体向贫困山区捐款 30 万元,支付税收滞纳金 6 万元),计入成本、费用中的实发工资总额 150 万元,拨缴职工工会经费 3 万元,发生职工福利费支出 23 万元,职工教育经费 13.25 万元。

要求:根据上述资料,回答下列问题。(答案保留小数点后 2 位)

1. 甲企业本年利润总额为( )万元。

A. 20   B. —11   C. 170   . 150

2. 甲企业本年实际发生的广告费和业务宣传费支出应调增应纳税所得额( )万元。

A. 375   B. 75   C. —75   D. —375

3. 甲企业本年实际发生的业务招待费支出应调增应纳税所得额( )万元。

A. 12.5   B. 9   C. 2.5   D. 6

4. 甲企业本年实际发生的工资、工会经费和职工福利费这三项经费支出应调增应纳税所得额( )万元。

A. 3.25   B. 27.75   C. 4   D. 31

5. 甲企业本年实际应缴纳的企业所得税税额为( )万元。

A. 65.07   B. 67.46   C. 22.22   D. 48.32

(三)A 公司为增值税一般纳税人,主要从事货物运输服务,以 1 个月为 1 个计税期间。本年 1 月 A 公司有关经济业务如下:

(1)购进办公用小轿车一辆,取得的增值税专用发票上注明的税额为 26 000 元;购进货车用柴油,取得的增值税专用发票上注明的税额为 52 000 元。

(2)购进食堂装修用材料,取得的增值税专用发票上注明的税额为 10 400 元。

(3)提供货物运输服务,取得含增值税价款 1 417 000 元,同时收取保价费 2 616 元。

(4)提供货物装卸搬运服务,取得含增值税价款 25 440 元;因损坏所搬运货物,向客户支付赔偿款 5 088 元。

(5)提供货物仓储服务,取得含增值税价款 95 400 元,另外收取货物逾期保管费 15 900 元。

已知交通运输服务适用的增值税税率为 9%,物流辅助服务适用的增值税税率为 6%,上期留抵增值税税额 5 600 元,A 公司取得的增值税专用发票本年 1 月符合抵扣规定。

要求:根据上述资料,分别回答下列问题。

1. A 公司的下列增值税进项税额中,准予抵扣的有( )。

A. 购进装修材料的进项税额 10 400 元　　　B. 购进柴油的进项税额 52 000 元

C. 上期留抵的增值税税额 5 600 元　　　　　D. 购进小轿车的进项税额 26 000 元

2. A 公司当月提供货物运输服务,下列对增值税销项税额的计算中,正确的是( )。

A. (1 417 000＋2 616)×9％＝127 765.44(元)

B. 1 417 000×9％＝127 530(元)

C. (1 417 000＋2 616)÷(1＋9％)×9％＝117 216(元)

D. 1 417 000×(1＋9％)×9％＝139 007.7(元)

3. A 公司当月提供货物装卸搬运服务,下列对增值税销项税额的计算中,正确的是( )。

A. (25 440－5 088)×6％＝1 221.12(元)

B. 25 440×6％＝1 526.40(元)

C. (25 440－5 088)÷(1＋6％)×6％＝1 152(元)

D. 25 440÷(1＋6％)×6％＝1 440(元)

4. A 公司当月提供货物仓储服务,下列对增值税销项税额的计算中,正确的是( )。

A. 95 400×(1＋6％)×6％＝6 067.44(元)

B. 95 400×6％＝5 724(元)

C. (95 400＋15 900)÷(1＋6％)×6％＝6 300(元)

D. (95 400＋15 900)×6％＝6 678(元)

5. A 公司以 1 个月为 1 个计税期间,自期满之日起( )日内申报纳税。

A. 5　　　　　　　B. 10　　　　　　　C. 15　　　　　　　D. 20

（四）甲企业为增值税一般纳税人,主要从事小汽车的制造和销售业务。本年 1 月有关业务如下:

(1) 销售 1 辆定制小汽车,取得含增值税收入 113 000 元,另收取手续费 33 900 元。

(2) 将 20 辆小汽车对外投资,小汽车生产成本 8 万元/辆,甲企业同类小汽车不含增值税最高销售价格 13 万元/辆,不含增值税平均销售价格 12 万元/辆,不含增值税最低销售价格为 11 万元/辆。

(3) 采取预收款方式销售给 4S 店一批小汽车,当月 5 日签订合同,当月 10 日收到预收款,当月 18 日发出小汽车,当月 20 日开具发票。

(4) 生产中轻型商用客车 300 辆,其中 290 辆用于销售,1 辆用于奖励,2 辆用于馈赠,7 辆用于赞助。

已知小汽车适用的增值税税率为 13％,消费税税率为 5％。

要求:根据上述资料,回答下列问题。

1. 下列关于甲企业销售定制小汽车应纳消费税的计算中,正确的是( )。

A. 113 000×5％＝5 650(元)

B. (113 000＋33 900)÷(1＋13％)×5％＝6 500(元)

C. 113 000÷(1＋13％)×5％＝5 000(元)

D. (113 000＋33 900)×5％＝7 345(元)

2. 下列关于甲企业以小汽车投资应纳消费税的计算中,正确的是(　　)。

A. 20×8×5%＝8(万元)　　　　　B. 20×11×5%＝11(万元)

C. 20×12×5%＝12(万元)　　　　D. 20×13×5%＝13(万元)

3. 甲企业采用预收款方式销售小汽车,消费税的纳税义务发生时间是(　　)。

A. 5月5日　　　　　　　　　　　B. 5月10日

C. 5月18日　　　　　　　　　　D. 5月20日

4. 甲企业生产的300辆中轻型商用客车中,应缴纳消费税的有(　　)。

A. 用于销售的290辆　　　　　　B. 用于奖励的1辆

C. 用于馈赠的2辆　　　　　　　D. 用于赞助的7辆

5. 甲企业以1个月为1个纳税期,自纳税期满之日起(　　)日内申报缴纳消费税。

A. 5　　　　　　B. 10　　　　　　C. 15　　　　　　D. 30

(五) 中国公民张某在国内A公司担任工程师,本年12月的收入和支出情况如下:

(1) 基本工资为6 600元,全勤奖为1 800元,岗位津贴为600元,劳动分红为700元。

(2) 拍卖自己的文字作品手稿原件,取得收入40 000元。

(3) 拍卖祖传名家名画一幅,取得收入100 000元。

(4) 被本地电视台聘为兼职顾问,取得顾问费48 000元。

(5) 出版著作一部,取得出版社支付的稿酬3 000元。

(6) 取得体育彩票中奖收入18 000元。

要求:根据上述资料,回答下列问题。

1. 张某下列工资、薪金所得项目中,应计算缴纳个人所得税的有(　　)。

A. 基本工资6 600元　　　　　　B. 全勤奖1 800元

C. 劳动分红700元　　　　　　　D. 岗位津贴600元

2. 下列关于张某通过拍卖取得收入的说法中,正确的有(　　)。

A. 张某拍卖自己的文字作品手稿原件取得的收入,应按特许权使用费所得项目计征个人所得税

B. 张某拍卖自己的文字作品手稿原件取得的收入,应按财产转让所得项目计征个人所得税

C. 张某拍卖祖传名家名画取得的收入,应按财产转让所得项目计征个人所得税

D. 张某拍卖祖传名家名画取得的收入,应按特许权使用费所得项目计征个人所得税

3. 张某取得的顾问费,应按(　　)项目计算缴纳个人所得税。

A. 偶然所得　　　B. 劳务报酬所得　　　C. 稿酬所得　　　D. 工资、薪金所得

4. 张某出版著作一部,取得出版社支付的稿酬,应按(　　)项目计算缴纳个人所得税。

A. 特许权使用费所得　　　　　　B. 劳务报酬所得

C. 稿酬所得　　　　　　　　　　D. 工资、薪金所得

5. 张某取得体育彩票中奖收入,应按(　　)项目计算缴纳个人所得税。

A. 偶然所得　　　　　　　　　　B. 特许权使用费所得

C. 财产转让所得　　　　　　　　D. 其他所得

第四章

财政法律制度

【本章学习知识体系】

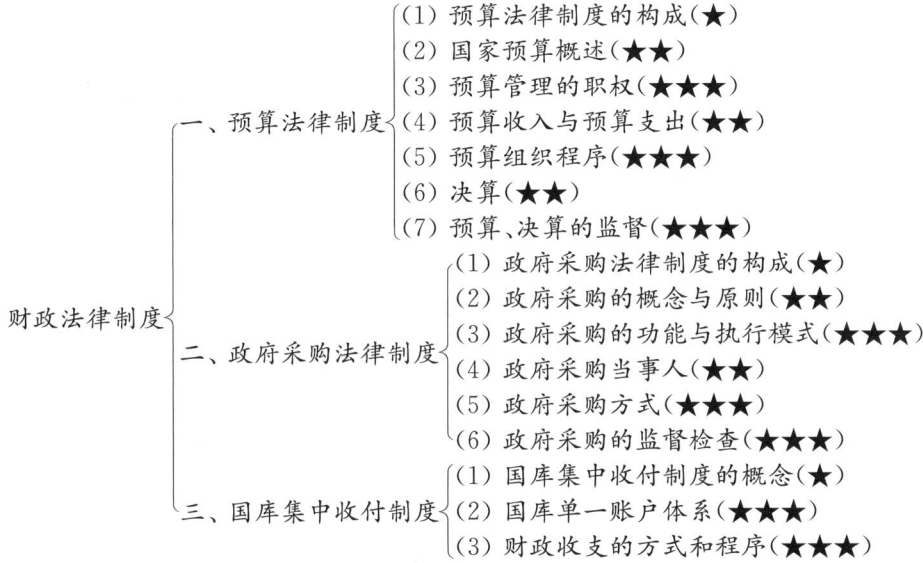

财政法律制度
- 一、预算法律制度
  - (1) 预算法律制度的构成(★)
  - (2) 国家预算概述(★★)
  - (3) 预算管理的职权(★★★)
  - (4) 预算收入与预算支出(★★)
  - (5) 预算组织程序(★★★)
  - (6) 决算(★★)
  - (7) 预算、决算的监督(★★★)
- 二、政府采购法律制度
  - (1) 政府采购法律制度的构成(★)
  - (2) 政府采购的概念与原则(★★)
  - (3) 政府采购的功能与执行模式(★★★)
  - (4) 政府采购当事人(★★)
  - (5) 政府采购方式(★★★)
  - (6) 政府采购的监督检查(★★★)
- 三、国库集中收付制度
  - (1) 国库集中收付制度的概念(★)
  - (2) 国库单一账户体系(★★★)
  - (3) 财政收支的方式和程序(★★★)

【分节习题必会】

第一节　预算法律制度

一、单项选择题

1. 国家预算不仅是保障国家机器正常运转的物质条件,而且是政府实施各项社会经济政策的有力保证,体现的是国家预算的(　　)。

A. 制约作用　　　　B. 反映监督作用　　C. 调节作用　　　　D. 财力保证作用

2. 根据预算法律制度的规定,下列各项中,属于全国人民代表大会常务委员会预算管理职权的是(　　)。

A. 审查中央和地方预算草案及中央和地方预算执行情况的报告

B. 批准中央预算和中央预算执行情况的报告

C. 审查和批准中央预算的调整方案

D. 改变或者撤销全国人民代表大会常务委员会关于预算、决算的不适当的决议

3. 乡政府编制本级决算草案,提请( )查审和批准。

A. 本级人民代表大会常委会   B. 县级以上人民政府

C. 县级人民代表大会   D. 本级人民代表大会

4. 根据预算法律制度的规定,下列各项中,不属于国务院财政部门预算职权的是( )。

A. 具体编制中央预算、决算草案   B. 具体组织中央和地方预算的执行

C. 具体编制中央预算的调整方案   D. 审查和批准中央预算的调整方案

5. 最新修正的《预算法》于( )通过,自 2018 年 12 月 29 日起施行。

A. 2018 年 12 月 1 日   B. 2018 年 12 月 10 日

C. 2018 年 12 月 20 日   D. 2018 年 12 月 29 日

6. 县级以上各级政府应当接受本级和上级人民代表大会及其常务委员会对预算执行情况和决算的监督,体现的是( )。

A. 各级政府的监督   B. 国家权力机关的监督

C. 政府各部门的监督   D. 各级政府审计部门的监督

7. 我国国家预算体系中不包括( )。

A. 中央预算   B. 省级(省、自治区、直辖市)预算

C. 村级预算   D. 乡镇级(乡、民族乡、镇)预算

8. 下列各项中,不符合预算法律制度规定的是( )。

A. 下一级只有本级预算的,下一级总预算即下一级的本级预算

B. 部门预算由各部门及其所属各单位预算组成

C. 中央预算是指中央政府预算,由中央各部门的预算组成,但不含其直属单位的预算

D. 总预算是指政府的财政汇总预算

9. 下列关于预算体系组成的表述中,错误的是( )。

A. 地方预算由各省、自治区、直辖市总预算组成

B. 预算组成不受限制,可随意编制

C. 总预算包括本级预算和本级政府行政隶属的下一级政府的总预算

D. 单位预算是指列入部门预算的国家机关、社会团体和其他单位的收支预算

10. 下列关于各部门预算管理职权的表述中,不正确的是( )。

A. 各部门编制本部门预算、决算草案

B. 组织和监督本部门预算的执行

C. 定期向本级政府和上一级政府财政部门报告本级总预算的执行情况

D. 定期向本级政府财政部门报告预算的执行情况

11. 地方各级预算由( )审查和批准。

A. 上级人民政府   B. 本级人民政府

C. 本级人民代表大会常委会   D. 本级人民代表大会

12. 下列关于对预算、决算监督的表述中,不正确的是( )。

A. 全国人民代表大会及其常务委员会对中央和地方预算、决算进行监督

B. 乡、民族乡、镇人民代表大会对本级预算、决算进行监督

C. 县级以上地方各级人民代表大会对本级和下级政府预算、决算进行监督

D. 县级以上政府审计部门依法对预算执行、决算实行审计监督

13. 国务院财政部门编制中央决算草案，经国务院（　　）审计后，报国务院审定，由国务院提请全国人民代表大会常务委员会审查和批准。

A. 财政部门　　　　　　B. 税务部门　　　　　　C. 司法部门　　　　　　D. 审计部门

二、多项选择题

1. 预算调整方案应当说明预算调整的（　　）。

A. 理由　　　　　　　　B. 项目　　　　　　　　C. 数额　　　　　　　　D. 时间

2. 下列关于预算执行的表述中，正确的有（　　）。

A. 各级预算由本级政府组织执行，具体工作由本级政府财政部门负责

B. 各部门、各单位是本部门、本单位的预算执行主体，负责本部门、本单位的预算执行，并对执行结果负责

C. 预算收入征收部门和单位，必须依照法律、行政法规的规定，及时、足额征收应征的预算收入

D. 各级政府可以向预算收入征收部门和单位下达收入指标

3. 下列关于中央预算的表述中，正确的有（　　）。

A. 由中央各部门（含直属单位）的预算组成

B. 中央预算不包括中央返还地方或者补助地方的数额

C. 中央预算包括地方向中央上缴的收入数额和中央返还地方或者补助地方的数额

D. 中央预算不包括地方向中央上缴的收入数额

4. 下列关于国家预算的说法中，正确的有（　　）。

A. 财力保证作用属于国家预算作用

B. 部门单位预算是总预算的基础组成部分

C. 国家预算按照收支管理范围可分为中央预算和地方预算

D. 中央预算由中央各部门（含直属单位）的预算组成

5. 下列关于地方预算的表述中，正确的有（　　）。

A. 地方预算由各省、自治区、直辖市总预算组成

B. 包括下级政府向上级政府上缴的收入数额

C. 地方预算担负着地方行政管理和经济建设文化教育、卫生事业以及抚恤等支出

D. 不包括上级政府对下级政府返还或者给予补助的数额

6. 下列各项中，属于全国人民代表大会常务委员会的预算管理职权的有（　　）。

A. 监督中央和地方预算的执行

B. 审查和批准中央预算的调整方案

C. 撤销国务院制定的同宪法、法律相抵触的关于预算、决算的行政法规、决定和命令

D. 撤销省、自治区、直辖市人民代表大会及其常务委员会制定的同宪法、法律和行政法规相抵触的关于预算、决算的地方性法规和决议

7. 下列关于预算执行的说法中，正确的有（　　）。

A. 预算收入征收部门和单位，必须依照法律、行政法规的规定，及时、足额征收应征的

预算收入

B. 各级预算由本级政府组织执行,具体工作由上级政府财政部门负责

C. 政府的全部收入应当上缴国家金库,任何部门、单位和个人不得截留、占用、挪用或者拖欠

D. 各级政府财政部门必须依照法律、行政法规和国务院财政部门的规定,及时、足额地拨付预算支出资金,加强对预算支出的管理和监督

8. 按照监督的内容,对预算、决算的监督可以分为(　　)。

A. 对预算编制的监督　　　　　　B. 对预算执行的监督

C. 对预算调整的监督　　　　　　D. 对决算的监督

9. 下列关于国家预算的说法中,正确的有(　　)。

A. 国家预算也称政府预算,是政府的基本财政收支计划

B. 国家预算的作用包括财力保证作用、调节制约作用和反映监督作用

C. 我国国家预算共分为四级预算

D. 国家预算的编制和执行,有利于政府掌握国民经济的运行状况、发展趋势以及出现的问题,从而采取相应的对策措施,促进国民经济稳定协调地发展,体现的是国家预算的调节制约作用

10. 国家预算按照收支的内容可分为(　　)。

A. 一般公共预算　　　　　　　　B. 政府性基金预算

C. 国有资本经营预算　　　　　　D. 社会保险基金预算

11. 下列各项中,属于一般公共预算收入按来源进行分类的有(　　)。

A. 税收收入　　　　　　　　　　B. 行政事业性收费收入

C. 国有资源(资产)有偿使用收入　D. 转移性收入和其他收入

12. 国务院预算管理的职权包括(　　)。

A. 编制中央预算、决算草案

B. 决定中央预算预备费的动用

C. 编制中央预算调整方案

D. 监督中央各部门和地方政府的预算执行

13. 乡、民族乡、镇政府预算管理的职权包括(　　)。

A. 向上级人民代表大会作关于本级预算草案的报告

B. 组织本级预算的执行

C. 决定本级预算预备费的动用

D. 编制本级预算调整方案

14. 经全国人民代表大会批准的中央预算和经地方各级人民代表大会批准的地方各级预算,在执行中出现下列(　　)之一的,应当进行预算调整。

A. 需要增加或者减少预算总支出的　B. 需要调入预算稳定调节基金的

C. 需要调减预算安排的重点支出数额的　D. 需要增加举债债务数额的

15. 下列各项中,属于一般公共预算支出按其经济性质进行分类的有(　　)。

A. 工资福利支出　　　　　　　　B. 商品和服务支出

C. 债务性支出　　　　　　　　　D. 其他支出

16. 根据预算法律制度的规定,下列有关预算、决算的监督的表述中,正确的有(   )。

A. 全国人民代表大会及其常务委员会对中央和地方预算、决算进行监督

B. 县级以上地方各级人民代表大会及其常务委员会对本级和下级政府预算、决算进行监督

C. 乡、民族乡、镇人民代表大会对本级预算、决算进行监督

D. 县级以上政府审计部门依法对预算执行、决算实行审计监督

17. 下列关于预算编制的说法中,正确的有(   )。

A. 我国预算年度自公历 1 月 1 日起至 12 月 31 日止

B. 各级预算支出应当依照预算法规定,按其功能和经济性质分类编制

C. 各级政府、各部门、各单位应当依照预算法规定,将所有政府收入全部列入预算,不得隐瞒、少列

D. 各级一般公共预算应当按照本级一般公共预算支出额的1‰～5‰设置预备费,用于当年预算执行中的自然灾害等突发事件处理增加的支出及其他难以预见的开支

三、判断题

1. 中央预算主要承担国家的安全、外交和中央国家机关运转所需的经费,调整国民经济结构、协调地区发展、实施宏观调控的支出以及由中央直接管理的事业发展支出。(   )

2. 国家预算按照预算收支的内容可分为一般公共预算、国有资本基金预算。(   )

3. 各级预算由本级政府组织执行,具体工作由本级政府财政部门负责。(   )

4. 决算是预算执行的总结,它反映年度国家预算收支的最终结果。(   )

5. 我国国家预算的级次划分不是按照一级政府对应一级预算设立,而是根据各级政府需要进行划分。(   )

第二节　政府采购法律制度

一、单项选择题

1. 下列各项中,属于政府采购部门规章的是(   )。

A.《广东省实施〈政府采购法〉办法》　　　B.《上海市政府采购管理办法》

C.《政府采购信息公告管理办法》　　　　D.《政府采购法》

2. 下列采购活动中,适用《政府采购法》调整的是(   )。

A. 甲国有企业购建厂房　　　　　　　　B. 乙事业单位使用财政性资金采购汽车

C. 丙国有独资公司采购大型机械设备　　D. 丁合伙企业采购办公用品

3. 下列选项中,适用《政府采购法》的是(   )。

A. 甲中外合资经营企业采购设备

B. 乙高等院校用教育经费拨款购买教学用计算机

C. 丙国有独资公司采购基本建设项目设备

D. 丁上市公司承揽了国家重点建设项目而采购加工设备

4. 下列各项中,不属于政府采购当事人中采购人的权利的是(   )。

A. 依法确定中标供应商的权利　　　　B. 审查政府采购供应商资格的权利

C. 平等地获得政府采购信息的权利　　D. 自行选择采购代理机构的权利

5. 发生了不可预见的紧急情况,不能从其他供应商处采购的货物或者服务,可以采用的政府采购方式是(　　)。

A. 公开招标　　　　B. 邀请招标　　　　C. 竞争性谈判　　　　D. 单一来源采购

6. 根据政府采购法律制度的规定,下列关于政府采购的表述中,正确的是(　　)。

A. 政府采购只能由集中采购机构代理

B. 政府采购的对象只包括货物和工程

C. 各级人民政府财政部门是负责政府采购监督管理的部门

D. 政府采购只能采用公开招标的方式

7. 下列各项中,体现政府采购中"公正原则"的是(　　)。

A. 政府采购当事人各方都应当诚实守信,不得有欺骗背信的行为,要以善意的方式行使权力,尊重公共利益和他人利益,诚信地履行约定的义务

B. 采购活动要逐项做好采购记录以备审查监督

C. 主要体现在对供应商的确定上,如评标标准明确严格

D. 政府采购要通过公平竞争选择出最合适的供应商,取得最好的采购效果,全部参加竞争的供应商机会均等并受到同等对待,不得存在任何歧视行为

8. 根据政府采购法律制度的规定,对于具有特殊性,只能从有限范围的供应商处采购的货物或者服务,可以采用的政府采购方式是(　　)。

A. 公开招标　　　　B. 单一来源采购　　　　C. 竞争性谈判　　　　D. 邀请招标

9. 政府采购可以使政府正常运转需要的货物、工程和服务,由政府自产、自建、自管转为全方位地面向市场开放,这体现了政府采购的(　　)功能。

A. 强化宏观调控　　　　　　　　B. 节约财政支出

C. 活跃市场经济　　　　　　　　D. 保护民族产业

10. 政府采购不仅可以使政府获取质优价廉的货物、工程和服务,节约财政支出,降低行政成本,而且可以强化预算约束,减少资金的流通环节,提高采购资金的使用效益。这体现了政府采购的(　　)功能。

A. 活跃市场经济

B. 强化宏观调控

C. 保护民族产业

D. 节约财政支出,提高采购资金的使用效益

二、多项选择题

1. 根据政府采购法律制度的规定,下列各项中,属于供应商参加政府采购活动的条件的有(　　)。

A. 具有履行合同所必需的设备和专业技术能力

B. 具有独立承担民事责任的能力

C. 具有依法缴纳税收和社会保障资金的良好记录

D. 具有良好的商业信誉和健全的财务会计制度

2. 下列关于实行分散采购特点的说法中,正确的有( )。

A. 采购单位可以依法自行组织实施采购,也可以委托集中采购机构或从事采购代理业务的社会中介机构代理采购

B. 采购单位必须委托集中采购机构代理采购,不得擅自组织采购

C. 列入分散采购的项目往往是一些专业化程度较高或采购单位有特定需求的项目,一般不具有通用性的特征

D. 列入集中采购的项目往往是一些大宗的、通用性的项目,一般采购单位都会涉及这些采购

3. 下列各项中,属于集中采购的特点的有( )。

A. 操作相对规范 B. 采购成本低

C. 一般不具有通用性 D. 社会影响大

4. 下列各项中,可以作为政府采购当事人中采购人的有( )。

A. 商务部 B. 中国红十字会 C. 个人独资企业 D. 财政部

5. 下列关于政府采购的表述中,正确的有( )。

A. 政府采购中采购人具有审查政府采购供应商资格的权利

B. 邀请招标是政府采购的主要采购方式

C. 依法发布采购信息是政府采购中采购代理机构的义务和责任

D. 政府采购具有保护民族产业的功能

6. 我国的政府采购法律制度由( )组成。

A.《政府采购法》

B.《政府采购法实施条例》

C. 国务院行政法规

D. 国务院各部门特别是财政部颁布的一系列部门规章以及地方性法规和政府规章

7. 下列采购活动中,不属于政府采购的有( )。

A. 国有企业采购办公用品 B. 事业单位使用预算资金采购办公用品

C. 团体组织使用自有资金采购办公用品 D. 国有独资公司采购办公用品

8. 下列关于政府采购的说法中,正确的有( )。

A. 政府采购资金包括财政性资金和财政偿还的公共借款

B. 政府集中采购目录属于地方预算的政府采购项目,由地方各级人民政府或者其授权的机构确定并公布

C. 我国《政府采购法》规定,除极少数法定情形外,政府采购应当采购本国货物、工程和服务

D. 政府采购的对象既包括法人和其他组织也包括自然人

9. 下列各项中,可以采用邀请招标方式采购的有( )。

A. 具有特殊性,只能从有限范围的供应商处采购的

B. 技术复杂或者性质特殊,不能确定详细规格或者具体要求的

C. 发生了不可预见的紧急情况,不能从其他供应商处采购的

D. 采用公开招标方式的费用占政府采购项目总价值的比例过大的

10. 我国政府采购应当遵循的原则包括( )。

A. 公正原则   B. 公平竞争原则   C. 公开透明原则   D. 诚实信用原则

三、判断题

1. 《中华人民共和国政府采购法实施条例》2014年12月31日通过,2015年1月1日起施行。   (　　)

2. 国有企业不属于政府采购的主体范围。   (　　)

3. 《政府采购法》规定,采购未纳入集中采购目录的政府采购项目,只能自行采购。   (　　)

4. 集中采购,采购单位必须委托集中采购机构代理采购,不得擅自自行组织采购。   (　　)

5. 政府采购方式中,竞争性谈判是指采购人或其委托的政府采购代理机构通过与多家供应商(不能少于3家)进行谈判,最后从中择优选定中标供应商的一种采购方式。 (　　)

6. 政府采购当事人包括采购人、供应商和采购代理机构等。   (　　)

7. 邀请招标应作为政府采购的主要采购方式。   (　　)

8. 政府采购监督管理部门可以设置集中采购机构。   (　　)

9. 询价采购是指采购人或其委托的采购代理机构向有关供应商发出询价单让其报价,在取得各个报价的基础上进行比较并确定最优供应商的一种采购方式。 (　　)

10. 政府采购,是指各级国家机关、事业单位和国有企业,使用财政性资金采购依法制定的集中采购目录以内的或者采购限额标准以上的货物、工程和服务的行为。 (　　)

11. 各级人民政府财政部门是负责政府采购监督管理的部门,各级人民政府其他有关部门依法履行与政府采购有关的监督管理职责。 (　　)

第三节　国库集中收付制度

一、单项选择题

1. 根据国库集中收付制度的规定,用于财政直接支付的账户是(　　)。

A. 预算单位零余额账户   B. 特设专户

C. 预算外财政资金专户   D. 财政部门零余额账户

2. 下列关于国库单一账户体系的说法中,不正确的是(　　)。

A. 国库单一账户在中国人民银行开设,用于记录、核算、反映财政预算资金和纳入预算管理的政府性基金的收入和支出活动

B. 财政部门零余额账户用于财政直接支付和与国库单一账户清算

C. 预算外资金财政专户用于记录、核算和反映预算单位的特殊专项支出活动

D. 预算单位零余额账户用于财政授权支付和清算

3. 实行财政直接支付的支出不包括(　　)。

A. 工资支出   B. 工程采购支出

C. 公用支出中的零星支出   D. 物品服务采购支出

4. 下列关于国库单一账户的表述中,不正确的是(　　)。

A. 国库单一账户用于记录、核算、反映财政预算资金和纳入预算管理的政府性基金的收入和支出活动

B. 国库单一账户用于与财政部门在商业银行开设的零余额账户的支付清算

C. 国库单一账户在财政总预算会计中使用,行政单位和事业单位中不设置该账户

D. 国库单一账户用于记录、核算和反映预算外资金的收入支出活动,并用于预算外资金的日常收支清算

二、多项选择题

1. 下列关于财政部门零余额账户的表述中,正确的有( )。

A. 财政部门零余额账户用于财政直接支付和与国库单一账户清算

B. 财政部门在商业银行开设的零余额账户,简称财政部门零余额账户

C. 财政部门零余额账户在行政单位和事业单位中使用

D. 财政部门零余额账户在国库会计中使用,行政单位和事业单位中不设置该账户

2. 下列关于国库单一账户体系的表述中,正确的有( )。

A. 所有财政性资金的收入、支付均在国库单一账户体系运行

B. 国库单一账户体系以财政国库存款账户为核心

C. 所有财政性资金的存储及资金清算活动均在国库单一账户体系运行

D. 国库单一账户体系是各类财政性资金账户的集合

3. 下列各项中,属于财政支出支付方式的有( )。

A. 财政直接支付　　B. 财政直接缴库　　C. 财政授权支付　　D. 财政集中汇缴

4. 下列关于财政直接支付的表述中,不正确的有( )。

A. 预算单位按照财政部门的授权,自行向代理银行签发支付指令

B. 财政部门向中国人民银行和代理银行签发支付指令

C. 代理银行根据支付指令,在财政部门批准的预算单位的额度内,通过国库单一账户将资金支付到收款人账户

D. 代理银行根据支付指令,通过国库单一账户体系将资金支付到收款人或用款单位账户

5. 下列各项中,属于财政收入收缴方式的有( )。

A. 间接缴库　　　　B. 授权汇缴　　　　C. 直接缴库　　　　D. 集中汇缴

三、判断题

1. 财政授权支付是由预算单位自行签发支付令,代理银行根据预算单位自行签发的支付令通过财政零余额账户支付相关款项。　　　　　　　　　　　　　　　( )

2. 国库单一账户不仅在财政总预算会计中使用,行政单位和事业单位中也设置该账户。　　　　　　　　　　　　　　　　　　　　　　　　　　　　　　( )

3. 财政部门在商业银行为预算单位开设的零余额账户,简称预算单位零余额账户。此账户用于财政授权支付和清算。　　　　　　　　　　　　　　　　　　　( )

【本章习题必练】

一、单项选择题

1. 我国国家预算共分为（　　）级。

A. 六   B. 四   C. 五   D. 三

2. 按照归属划分,我国的预算收入（　　）。

A. 仅包括中央预算收入

B. 仅包括中央预算收入和地方预算收入

C. 包括中央预算收入、地方预算收入以及中央和地方预算共享收入

D. 仅包括中央和地方预算共享收入

3. 下列各项中,属于我国政府采购法律制度中效力最高的法律文件的是（　　）。

A.《政府采购法实施条例》

B.《政府采购信息公告管理办法》

C.《政府采购法》

D.《政府采购货物和服务招标投标管理办法》

4. 地方各级政府应当将经批准的决算及下一级政府上报备案的决算汇总,报（　　）政府备案。

A. 上一级   B. 下一级   C. 本级   D. 国务院

5. 政府采购被称为"阳光下的交易",体现了（　　）。

A. 公平竞争原则   B. 公开透明原则   C. 公正原则   D. 诚实信用原则

6. 必须保证原有采购项目的一致性或者服务配套的要求,需要继续从原供应商处添购,且添购资金总额不超过原合同采购金额（　　）的,可以采用单一来源方式采购。

A. 20%   B. 3%   C. 10%   D. 5%

7. （　　）是指由缴款单位或缴款人按有关法律、法规规定,直接将应缴收入缴入国库单一账户或预算外资金财政专户。

A. 集中汇缴   B. 汇总缴纳   C. 直接缴库   D. 分次缴库

8. 与本级政府财政部门直接发生预算缴拨款关系的国家机关、军队、政党组织、事业单位、社会团体和其他单位属于（　　）。

A. 地方预算   B. 中央预算   C. 总预算   D. 部门单位预算

9. 根据政府采购法律制度的规定,招标后没有供应商投标或者没有合格标的或者重新招标未能成立的,可以采用的政府采购方式是（　　）。

A. 询价方式   B. 竞争性谈判方式   C. 公开招标方式   D. 邀请招标方式

10. 根据政府采购法律制度的规定,下列关于政府采购的表述中,不正确的是（　　）。

A. 政府采购具有保护民族产业的功能

B. 政府采购当事人中采购人具有审查政府采购供应商资格的权利

C. 政府采购当事人中采购代理机构具有依法发布采购信息的义务和责任

D. 邀请招标是政府采购的主要采购方式

11. 下列各项中,体现政府采购中"诚实信用原则"的是（　　）。

A. 采购的合同条件、采购的过程、采购的结果等采购信息要公开

B. 政府采购各方都应当诚实守信,不得有欺骗背信的行为,要以善意的方式行使权力,尊重公共利益和他人利益,诚信地履行约定的义务

C. 全部参加竞争的供应商机会均等并受到同等对待,不得存在任何歧视行为

D. 政府采购当事人各方在采购活动中的地位是平等的,任何一方不得向另一方提出不合理的要求,也不得将自己的意志强加给另一方

12. 预算单位按照财政部门的授权,自行向代理银行签发支付指令,代理银行根据支付指令,在财政部门批准的预算单位的额度内,通过国库单一账户将资金支付到收款人账户,这种财政支付方式称为( )。

A. 财政直接支付　　B. 财政委托支付　　C. 财政授权支付　　D. 财政集中支付

13. 根据政府采购法律制度的规定,供应商应在参加政府采购活动前( )年内,在经营活动中没有重大违法记录。

A. 一　　　　　　B. 三　　　　　　C. 四　　　　　　D. 五

14. 全国人民代表大会的预算管理职权不包括( )。

A. 审查中央和地方预算草案及中央和地方预算执行情况的报告

B. 批准中央预算和中央预算执行情况的报告

C. 监督中央预算和地方预算的执行

D. 改变或者撤销全国人民代表大会常务委员会关于预算、决算的不适当的决议

15. 预算收入按归属分类,不包括( )。

A. 中央预算收入　　　　　　B. 地方预算收入

C. 中央和地方预算共享收入　D. 税收收入

16. 一般公共预算支出按功能分类,不包括( )。

A. 工资福利支出　　　　　　B. 国防支出

C. 农业、环境保护支出　　　D. 一般公共服务支出

17. 国家预算收入的重要来源是( )。

A. 国有资源(资产)有偿使用收入　B. 税收收入

C. 转移性收入　　　　　　　　　　D. 行政事业性收费收入

18. 县级以上地方各级政府财政部门编制本级决算草案,经本级政府( )审计后,报本级政府审定,由本级政府提请本级人民代表大会常务委员会审查和批准。

A. 审计部门　　B. 市场监督管理部门　C. 税务部门　　D. 财政部门

19. 各部门应当在接到本级政府财政部门批复的本部门决算后起( )日内向所属各单位批复决算。

A. 15　　　　　B. 20　　　　　C. 30　　　　　D. 60

20. 根据政府采购法律制度的规定,采用公开招标方式采购的,自招标文件开始发出之日起至投标人提交投标文件截止之日止,不得少于( )日。

A. 15　　　　　B. 30　　　　　C. 20　　　　　D. 25

21. 根据政府采购法律制度的规定,邀请招标是由采购人或其委托的采购代理机构根据供应商的资信和业绩,选择一定数目的法人或其他组织,向其发出招标邀请书,邀请他们参加投标竞争,从中择优选定中标供应商的一种采购方式。该数目不能少于( )。

A. 5　　　　　　　B. 3　　　　　　　C. 10　　　　　　　D. 15

22. (　　)是指采购人将采购限额标准以上的未列入集中采购目录的项目自行采购或者委托采购代理机构代理采购的行为。

　　A. 合并采购　　　　B. 集中采购　　　　C. 分散采购　　　　D. 单一采购

23. 集中采购机构以外的采购代理机构主要负责(　　)业务。

　　A. 供应商采购　　　B. 公开采购　　　　C. 集中采购　　　　D. 分散采购

24. 乡、民族乡、镇政府编制本级决算草案,提请(　　)审查和批准。

　　A. 国务院　　　　　　　　　　　　　B. 县级以上人民政府

　　C. 本级人民代表大会常委会　　　　　D. 本级人民代表大会

25. 采购的货物规格或标准统一、现货货源充足且价格变化幅度小的政府采购项目,可以采用(　　)采购。

　　A. 单一来源方式　　B. 公开招标方式　　C. 邀请招标方式　　D. 询价方式

26. 下列关于政府采购方式的表述中,属于单一来源采购的是(　　)。

A. 采购人或其委托的采购代理机构根据供应商的资信和业绩,选择一定数目的法人或其他组织(不能少于3家),向其发出招标邀请书,邀请他们参加投标竞争,从中择优选定中标供应商的一种采购方式

B. 采购人或其委托的采购代理机构通过与多家供应商(不能少于3家)进行谈判,最后从中择优选定中标供应商的一种采购方式

C. 采购人或其委托的采购代理机构向唯一供应商进行采购的方式

D. 采购人或其委托的采购代理机构按照法定程序,以发布招标公告的方式,邀请所有潜在的不特定的供应商参加投标竞争,采购人或其委托的采购代理机构通过某种事先确定的标准,从所有参加投标竞争的供应商中择优评选出中标供应商,并与之签订政府采购合同的一种采购方式

27. 县级以上地方各级政府将下一级政府报送备案的预算汇总后报(　　)备案。

　　A. 本级人民代表大会　　　　　　　　B. 本级财政部门

　　C. 本级审计部门　　　　　　　　　　D. 本级人民代表大会常委会

28. 下列关于政府采购监督管理部门的监督的说法中,不正确的是(　　)。

A. 政府采购监督管理部门应当加强对政府采购活动的监督检查

B. 政府采购监督管理部门可以设置集中采购机构,可以参与政府采购项目的采购活动

C. 政府采购监督管理部门应当加强对集中采购机构的监督检查

D. 政府采购监督管理部门监督检查的主要内容包括政府采购人员的职业素质和专业技能

二、多项选择题

1. 下列关于各部门预算管理职权的表述中,不正确的有(　　)。

A. 编制本部门预算、决算草案

B. 定期向上级政府财政部门报告预算的执行情况

C. 监督和组织本部门预算的执行

D. 按照国家规定上缴预算收入,安排预算支出,并接受国家有关部门的监督

2. 下列关于采购人的内部监督的说法中,正确的有( )。

A. 采购人必须按照《政府采购法》规定的采购方式和采购程序进行采购

B. 政府采购项目的采购标准应当公开

C. 采购活动的决策和执行程序应当明确,并相互监督、相互制约

D. 政府采购项目的采购结果应当公开

3. 下列关于政府采购原则的说法中,正确的有( )。

A. 公开透明原则是指政府采购的相关活动必须公开进行

B. 公平竞争原则是指政府采购要通过公平竞争选择出最适合的供应商,取得最好的采购效果,全部参加竞争的供应商机会均等并受到同等对待,不得存在任何歧视行为

C. 公正原则是指在公开透明原则、公平原则上的基础上所取得结果的公正以及整个操作程序和过程的公正

D. 诚实信用原则是指政府采购当事人各方都要诚实守信,不得有欺骗背信的行为,要以善意的方式行使权力,尊重公共利益和他人利益,诚信地履行约定的义务

4. 下列各项中,属于政府采购当事人中采购人的有( )。

A. 省财政厅　　　　B. 个体工商户　　　C. 某公办高校　　　D. 中国红十字会

5. 根据政府采购法律制度的规定,下列情形中,采购人可以采用单一来源方式采购的有( )。

A. 只能从唯一供应商处采购的

B. 采用招标所需时间不能满足用户紧急需要的

C. 发生了不可预见的紧急情况,不能从其他供应商处采购的

D. 不能事先计算出价格总额的

6. 国家预算按照收支管理范围可分为( )。

A. 中央预算　　　　B. 总预算　　　　C. 部门单位预算　　　D. 地方预算

7. 下列关于国家预算的说法中,正确的有( )。

A. 国家预算也称政府预算,是政府的基本财政收支计划,即经法定程序批准的国家年度财政收支计划

B. 国家预算是实现财政职能的基本手段,反映国家的施政方针和社会经济政策,规定政府活动的范围和方向

C. 预算收入是在预算年度内通过一定的形式和程序,有计划地筹措到的归国家支配的资金收入,是实现国家职能的财力保证

D. 预算支出是国家对集中的预算收入有计划地分配和使用而安排的支出

8. 根据政府采购法律制度的规定,政府采购监督管理分散采购的特点有( )。

A. 采购单位可以依法自行组织实施采购,也可以委托集中采购或从事采购代理业务的社会中介机构代理采购

B. 采购项目往往专业化程度较高

C. 调动政府采购的积极性和主动性

D. 有利于实现政府采购不断"扩面增量、稳步渐进"的工作目标

9. 国务院财政部门的预算管理职权有( )。

A. 具体编制中央预算、决算草案

B. 具体组织中央和地方预算的执行

C. 提出中央预算预备费动用方案

D. 定期向国务院报告中央和地方预算的执行情况

10. 按照监督的内容,对预算、决算的监督可以分为(　　　)。

A. 对预算编制的监督　　　　　　　　　　B. 对预算执行的监督

C. 对预算调整的监督　　　　　　　　　　D. 对决算的监督

11. 下列各项中,属于财政收入收缴方式的有(　　　)。

A. 直接缴库　　　　B. 间接缴库　　　　C. 集中汇缴　　　　D. 授权汇缴

12. 下列各项中,属于一般公共预算支出按其经济性质划分的有(　　　)。

A. 工资福利支出　　　　　　　　　　　　B. 商品和服务支出

C. 社会保障及就业支出　　　　　　　　　D. 资本性支出

13. 下列各项中,体现政府采购中"公开透明原则"的有(　　　)。

A. 政府采购各方都应当诚实守信,不得有欺骗背信的行为,要以善意的方式行使权力,尊重公共利益和他人利益,诚信地履行约定义务

B. 政府采购的采购的数量、采购的质量、采购的规格、采购的要求等要公开

C. 政府采购当事人各方在采购活动中的地位是平等的,任何一方不得向另一方提出不合理的要求,也不得将自己的意志强加给另一方

D. 政府采购的合同条件、采购的过程、采购的结果等采购信息要公开

14. 预算单位适用财政直接支付的财政性资金包括(　　　)。

A. 工资支出　　　　　　　　　　　　　　B. 工程采购支出

C. 物品服务采购支出　　　　　　　　　　D. 转移支出

15. 下列关于政府集中采购目录和政府采购限额标准的表述中,正确的有(　　　)。

A. 政府集中采购目录,属于中央预算的政府采购项目,由国务院确定并公布;属于地方预算的政府采购项目,由省、自治区、直辖市人民政府或者其授权的机构确定并公布

B. 政府集中采购目录和采购限额标准由各市级以上人民政府确定并公布

C. 政府采购限额标准,属于中央预算的政府采购项目,由国务院确定并公布

D. 政府采购限额标准,属于地方预算的政府采购项目,由省、自治区、直辖市人民政府或者其授权的机构确定并公布

16. 政府采购监督管理部门监督检查的主要内容有(　　　)。

A. 有关政府采购法律、行政法规和规章的执行情况

B. 采购范围、采购方式和采购程序的执行情况

C. 政府采购项目的采购标准和采购结果应当公开

D. 政府采购人员的职业素质和专业技能

17. 下列各项中,适用《政府采购法》的有(　　　)。

A. 某国有企业采购工程物资用于建设

B. 注册会计师协会采购办公设备

C. 香港特区政府从内地采购纺织用品

D. 教育局以财政预算外资金采购工程劳务

18. 下列各项中,属于集中采购的特点的有(　　　)。

A. 操作相对规范　　　B. 不具有通用性　　　C. 社会影响大　　　D. 采购成本低

19. 下列关于政府采购监督检查的说法中,正确的有(　　)。

A. 政府采购监督管理的负责部门是财政部门,政府采购监督管理的配合部门是各级人民政府有关部门

B. 政府采购监督管理部门可以设置集中采购机构

C. 集中采购机构应当建立健全内部监督管理制度

D. 政府采购监督管理部门应当加强对政府采购活动及集中采购机构的监督检查

20. 下列各项中,属于政府采购当事人中采购人的义务的有(　　)。

A. 接受和配合审计机关的审计监督以及监察机关的监察

B. 遵守政府采购的各项法律、法规和规章制度

C. 接受和配合政府采购监督管理部门的监督检查

D. 遵守采购代理机构的工作秩序

21. 政府采购当事人中供应商的义务主要包括(　　)。

A. 遵守政府采购的各项法律、法规和规章制度

B. 按规定接受供应商资格审查,并在资格审查中客观、真实地反映自身情况

C. 在政府采购活动中,满足采购人或采购代理机构的正当要求

D. 投标中标后,按规定程序签订政府采购合同并严格履行合同义务

三、判断题

1. 国家预算按照政府级次可分为中央预算和地方预算,而中央预算是由各地方预算组成的。　　　　　　　　　　　　　　　　　　　　　　　　　　　　　　(　　)

2. 中央预算包括地方向中央上缴的收入数额,但不包括中央返还地方或者补助地方的数额。　　　　　　　　　　　　　　　　　　　　　　　　　　　　　　　(　　)

3. 中央预算收入是指按照分税制财政管理体制,纳入中央预算、地方不参与分享的收入,只包括中央本级收入。　　　　　　　　　　　　　　　　　　　　　　　(　　)

4. 采用公开招标方式的费用占政府采购项目总价值的比例过大的,可以采用邀请招标方式采购。　　　　　　　　　　　　　　　　　　　　　　　　　　　　　(　　)

5. 各级预算应当根据年度经济社会发展目标、国家宏观调控总体要求和跨年度预算平衡的需要,仅仅参考本年度收支预测,按照规定程序征求各方面意见后,进行编制。(　　)

6. 政府集中采购目录和采购限额标准由各县级以上人民政府确定并公布。　(　　)

7. 政府采购被称为"阳光下的交易",这是公平竞争原则的体现。　　　(　　)

8. 邀请招标应作为政府采购的主要采购方式。　　　　　　　　　　　(　　)

9. 参与邀请招标采购的供应商没有数量的限制。　　　　　　　　　　(　　)

10. 国务院审查中央和地方预算草案及中央和地方预算执行情况的报告。　(　　)

11. 询价小组从符合相关资格条件的供应商名单中确定不少于5家的供应商,并向其发出询价通知书让其报价。　　　　　　　　　　　　　　　　　　　　　　　(　　)

12. 政府采购采用公开招标、竞争性谈判等方式,在竞标过程中执行严密、透明的"优胜劣汰"机制,体现了"强化宏观调控"的功能。　　　　　　　　　　　　　　　(　　)

13. 我国国家预算不包括乡镇级预算。　　　　　　　　　　　　　　　(　　)

14. 政府采购只能实行集中采购的执行模式。　　　　　　　　　　　（　　　）

15. 政府采购中的集中采购是指采购人将列入集中采购目录的项目委托集中采购机构代理采购或者进行部门集中采购的行为。　　　　　　　　　（　　　）

16. 集中采购机构应当建立健全外部监督管理制度。　　　　　　　　（　　　）

17. 政府采购当事人中的供应商具有平等地获得政府采购信息的权利。（　　　）

18. 财政直接支付是指预算单位按照财政部门的授权,自行向代理银行签发支付指令,代理银行根据支付指令,在财政部门批准的预算单位的额度内,通过国库单一账户将资金支付到收款人账户的支付方式。　　　　　　　　　　　　　　（　　　）

19. 国务院财政部门编制中央决算草案,经国务院审计部门审计后,报国务院审定,由国务院提请全国人民代表大会审查和批准。　　　　　　　　（　　　）

20. 单一来源采购,是指采购人或其委托的采购代理机构向唯一供应商进行采购的方式。　　　　　　　　　　　　　　　　　　　　　　　　（　　　）

21. 我国国有企业不属于政府采购的主体范围。　　　　　　　　　　（　　　）

22. 预算单位零余额账户用于财政直接支付和清算。　　　　　　　　（　　　）

23. 国家预算的收支结构可以调节社会总供给和总需求的平衡,预算收支的规模可以调节国民经济结构。　　　　　　　　　　　　　　　　　　（　　　）

24. 全国人民代表大会常务委员会审查中央和地方预算草案及中央和地方预算执行情况的报告。　　　　　　　　　　　　　　　　　　　　　（　　　）

25. 我国预算年度自农历1月1日起至12月31日止。　　　　　　（　　　）

26. 纳入集中采购目录的政府采购项目,经批准可以不实行集中采购。（　　　）

27. 依照法律、行政法规的规定对政府采购负有行政监督职责的政府部门,应当按照其职责分工,加强对政府采购活动的监督。　　　　　　　　　（　　　）

28. 对于纳入集中采购目录,属于本部门、本系统有特殊要求的项目,应当实行部门集中采购;属于本单位有特殊要求的项目,经县级以上人民政府批准,可以自行采购。（　　　）

四、案例分析题

(一) 甲市是我国某直辖市,市政府因办公需要,拟通过政府采购购进一批办公用品,由办公室主任王某具体负责此项工作。

要求:根据上述资料,回答下列问题。

1. 下列说法中,不符合政府采购法律制度的有(　　　)。

A. 王某并未拟定招标公告,而是将该事项私下告诉了其小舅子吴某,最终由吴某向市政府供应了这批办公用品

B. 采购的物品中没有列示在集中采购目录中的货物

C. 在乙公司中标后王某又对采购货物的标准提出了更高的要求

D. 政府采购应当遵循公开透明原则、公平竞争原则、公正原则和诚实信用原则

2. 此次甲市政府办公用品的采购是属于地方预算的政府采购项目,其集中采购目录和政府采购限额标准由(　　　)确定并公布。

A. 甲市上级主管部门　　　　　　　　B. 甲市人民政府授权的机构

C. 甲市全国人民代表大会　　　　　　D. 甲市人民政府

3. 政府采购的对象包括（　　）。

A. 燃料 　　　　　　B. 装修 　　　　　　C. 拆除 　　　　　　D. 设备

4. 该政府采购适用的采购方式是（　　）。

A. 邀请招标 　　　　B. 竞争性谈判 　　　C. 公开招标 　　　　D. 询价

5. 甲市政府作为政府采购当事人中的采购人，享有的权利包括（　　）。

A. 审查政府采购供应商资格的权利 　　　　B. 依法确定中标供应商的权利

C. 尊重供应商的正当合法权益 　　　　　　D. 依法答复供应商的询问和质疑

（二）甲单位是实行国库集中支付的事业单位。20×8年5月，审计机构对甲单位20×7年年度财政资金使用情况进行检查，对以下情况提出质疑。

（1）20×7年6月，甲单位通过零余额账户借款40万元给所属下级单位。

（2）20×7年7月至8月，甲单位对办公楼进行装修改造，按照规定应采用财政直接支付方式支付工程款，甲单位通过零余额账户支付给施工方工程款项300万元。

（3）20×7年9月，甲单位与一家供应商签订了设备采购合同，设备价款为160万元，根据预算安排，价款中应采用财政授权支付的金额为100万元，剩余金额由甲单位自行负担。甲单位通过零余额账户向本单位在商业银行开设的基本账户转账100万元，再从基本账户向供应商转账160万元。

（4）20×7年11月，甲单位通过零余额账户支付日常办公用品零星支出4万元。

要求：根据上述资料，回答下列问题。

1. 根据国库集中收付制度的规定，下列关于财政支出支付方式的表述中，正确的有（　　）。

A. 财政支出支付方式分为财政直接支付和财政授权支付两种方式

B. 财政授权支付是指财政部门向中国人民银行和代理银行签发支付指令，代理银行根据支付指令通过国库单一账户体系将资金支付到收款人或用款单位账户

C. 财政直接支付的支出包括财政统一发放的工资支出、工程采购和物品服务采购等购买支出的集中采购部门和转移支出

D. 财政授权支付的支出包括暂未实行财政直接支付的专项支出和公用支出中的零星支出及小额现金的提取

2. 根据政府采购法律制度的规定，政府采购的资金来源有（　　）。

A. 财政性资金 　　　　　　　　　　B. 纳税人的税收

C. 对公共服务的收费 　　　　　　　D. 对旅游业的收费

3. 下列关于预算单位零余额账户的说法中，不正确的是（　　）。

A. 预算单位零余额账户不可以提取现金

B. 国库单一账户体系包括预算单位零余额账户

C. 预算单位零余额账户用于财政授权支付和清算

D. 预算单位零余额账户在行政单位和事业单位中使用

4. 下列关于该单位实行财政直接支付方式的表述中，正确的是（　　）。

A. 预算单位进行财政直接支付时，应首先按照批复的部门预算和财政授权支付用款计划，向财政国库支付执行机构申请授权支付的月度用款额度

B. 在财政直接支付中,代理银行应根据财政部门向中国人民银行和代理银行签发支付指令,通过国库单一账户体系将资金直接支付到收款人(即商品或劳务的供应商等)或用款单位(即具体申请和使用财政资金的预算单位)账户

C. 在财政直接支付中,应由中国人民银行向代理银行签发支付指令

D. 在财政直接支付中,财政部门应根据支付指令通过国库单一账户体系将资金直接支付到该单位账户

5. 用于财政直接支付和与国库单一账户清算的账户是(　　　)。

A. 国库单一账户　　　　　　　　　　B. 财政部门零余额账户

C. 特殊专户　　　　　　　　　　　　D. 预算单位零余额账户

(三)甲县财政部门编制本年决算草案后,提交甲县所在的乙市政府财政部门进行审查和批准。同时,应由甲县人民代表大会及其常务委员会对甲县的决算进行监督。

要求:根据上述材料,回答下列问题。

1. 下列各项中,属于实施预算、决算监督的主体的有(　　　)。

A. 国家权力机关　　　　　　　　　　B. 各级政府

C. 各级政府审计部门　　　　　　　　D. 各级政府财政部门

2. 下列关于预算、决算监督的说法中,正确的有(　　　)。

A. 乡、民族乡、镇人民代表大会对本级预算、决算进行监督

B. 各级政府财政部门负责监督本级各部门及其所属各单位预算管理有关工作,并向本级政府财政部门报告预算执行情况

C. 各级政府监督下级政府的预算执行,下级政府应当定期向上一级政府报告预算执行情况

D. 公民、法人或其他组织发现有违反《预算法》的行为,可以依法向有关国家机关进行检举、控告

3. 对预算、决算的监督按照监督的内容可以分为(　　　)。

A. 对预算的事中监督　　　　　　　　B. 对预算编制的监督

C. 对预算执行的监督　　　　　　　　D. 对决算的监督

4. 下列关于预算、决算监督的内容的说法中,符合《预算法》规定的有(　　　)。

A. 全国人民代表大会及其常务委员会对中央和地方预算、决算进行监督

B. 政府各部门负责监督检查所属各单位的预算执行,及时向本级政府财政部门反映本部门预算执行情况,依法纠正违反预算的行为

C. 县级以上地方各级人民代表大会及其常务委员会对下级政府预算、决算进行监督,不能对本级政府预算、决算进行监督

D. 县级以上政府审计部门依法对预算、决算实行审计监督

5. 下列说法中,不符合我国法律、行政法规的有(　　　)。

A. 由甲县政府财政部门编制决算草案

B. 由乙市财政部门对决算草案进行审查

C. 由乙市财政部门对决算草案进行批准

D. 由甲县人民代表大会及其常务委员会对甲县的决算进行监督

（四）甲事业单位本年年初准备使用财政性资金修缮一幢办公楼，预算金额为 1 600 万元，采用公开招标方式。经确认，此次采购项目已经达到公开招标的标准。甲事业单位委托乙公司代理进行公开招标的事宜，已知乙公司是取得了政府采购代理机构资格的中介机构。

本年 3 月 1 日，乙公司在财政部指定的媒体上公开发布招标文件，招标文件中确认的投标截止时间为本年 3 月 6 日。招标活动中，乙公司确定的符合专业条件的供应商为 5 家，最终确定中标的供应商为丙建筑公司。

本年 10 月 1 日，办公楼的修缮工程完工验收，实际结算金额与预算的相同。由于施工质量极佳，甲事业单位准备再将其另外一幢楼房按照同样的标准进行外墙修缮，但不再进行内部装修，并与丙建筑公司签订补充合同，该合同的预算金额为 1 000 万元。

要求：根据上述资料，回答下列问题。

1. 政府采购方式有（　　）。

A. 竞争性谈判采购　　　　　　　　　B. 单一来源采购及询价采购

C. 公开招标采购　　　　　　　　　　D. 邀请招标采购

2. 采购代理机构分为（　　）。

A. 重要采购机构　　　　　　　　　　B. 集中采购机构

C. 集中采购机构以外的采购代理机构　D. 分散采购机构

3. 邀请招标需向（　　）家以上，符合相应资格条件的供应商发出招标邀请书。

A. 3　　　　　　　B. 2　　　　　　　C. 1　　　　　　　D. 4

4. 政府采购当事人包括（　　）。

A. 采购人　　　　　B. 供应商　　　　　C. 采购代理机构　　　D. 其他人员

5. 甲事业单位与丙建筑公司签订补充合同，该合同的预算金额 1 000 万元（　　）。

A. 不属于财政授权支付　　　　　　　B. 属于财政授权支付

C. 不属于财政直接支付　　　　　　　D. 属于财政直接支付

第五章

会计职业道德

【本章学习知识体系】

```
                        ┌ (1) 职业道德的特征与作用(★)
          一、会计职业道德概述 ┤ (2) 会计职业道德的概念与特征(★★)
                        │ (3) 会计职业道德的功能与作用(★★)
                        └ (4) 会计职业道德与会计法律制度的关系(★★★)
                        ┌ (1) 爱岗敬业(★★★)
                        │ (2) 诚实守信(★★★)
                        │ (3) 廉洁自律(★★★)
          二、会计职业道德规范的主要内容 ┤ (4) 客观公正(★★★)
                        │ (5) 坚持准则(★★★)
                        │ (6) 提高技能(★★★)
                        │ (7) 参与管理(★★★)
会计职业道德 ─┤             └ (8) 强化服务(★★★)
                        ┌ (1) 会计职业道德教育的含义(★★)
          三、会计职业道德教育 ┤ (2) 会计职业道德教育的形式(★★★)
                        │ (3) 会计职业道德教育的内容(★★★)
                        └ (4) 会计职业道德教育的途径(★★)
                        ┌ (1) 财政部门的组织推动(★★)
          四、会计职业道德建设组织与实施 ┤ (2) 会计行业的自律(★★)
                        │ (3) 企事业单位的内部监督(★★★)
                        └ (4) 社会各界的监督与配合(★★)
          五、会计职业道德的检查与奖惩 ┤ (1) 会计职业道德检查与奖惩的意义(★★)
                        └ (2) 会计职业道德检查与奖惩机制(★★)
```

【分节习题必会】

第一节　会计职业道德概述

一、单项选择题

1. 狭义的职业道德,是指从业人员在一定职业活动中应遵循的、体现一定职业特征的、调整一定职业关系的职业行为(　　　)。

A. 规章和要求　　　　B. 规则和纪律　　　　C. 准则和规范　　　　D. 纪律和规范

2. 下列各项中,不属于会计职业道德功能的是(　　)。

A. 指导　　　　　　B. 宣传　　　　　　C. 评价　　　　　　D. 教化

3. 下列关于会计职业道德的说法中,正确的是(　　)。

A. 会计职业道德与会计法律制度作用范围不同

B. 会计职业道德不具有强制性

C. 会计职业道德的功能包括指导功能、规范功能和教化功能

D. 会计职业道德要求会计人员在职业活动中,在遇到发生道德冲突时应把单位集体利益放在首位

4. 下列关于会计职业道德与会计法律制度主要区别的说法中,正确的是(　　)。

A. 两者的目标不同　　　　　　　　B. 两者的调整对象不同

C. 两者的职责不同　　　　　　　　D. 两者的作用范围不同

5. 下列对于会计职业道德作用的表述中,错误的是(　　)。

A. 会计职业道德是规范会计行为的基础

B. 会计职业道德是实现会计目标的重要保证

C. 会计职业道德是对会计法律制度的重要补充

D. 会计职业道德是会计人员提高素质的外在要求

6. 下列各项中,不属于职业道德内容的是(　　)。

A. 诚实守信　　　　B. 爱岗敬业　　　　C. 奉献社会　　　　D. 男女平等

二、多项选择题

1. 下列关于会计职业道德与会计法律制度的表述中,正确的有(　　)。

A. 会计职业道德是会计法律制度正常运行的社会基础和思想基础

B. 会计职业道德与会计法律制度有着不同的目标、不同的职责,调整着不同的对象

C. 会计法律制度是促进会计职业道德规范形成和遵守的重要保障

D. 会计法律制度侧重于规范会计人员的外在行为和结果的合法化,而不能脱离外在行为监察内在动机,具有较强的客观性;会计职业道德不仅要调整会计人员的外在行为,还要调整会计人员包括内在动机在内的精神世界

2. 下列各项中,属于会计职业道德调整对象的有(　　)。

A. 调整会计职业关系　　　　　　　B. 调整会计职业中的经济利益关系

C. 调整与会计活动有关的所有关系　　D. 调整单位内部各部门的关系

3. 下列各项中,属于职业道德特征的有(　　)。

A. 职业性　　　　　B. 实践性　　　　　C. 广泛性　　　　　D. 继承性

4. 下列关于会计职业道德与会计法律制度的表述中,正确的有(　　)。

A. 两者有着共同目标　　　　　　　B. 两者承担着共同的职责

C. 两者在作用上相互补充、相互协调　D. 两者在内容上相互借鉴、相互吸收

5. 下列对会计职业道德的表述中,正确的有(　　)。

A. 会计职业道德是调整会计职业活动利益关系的手段

B. 会计职业道德是指在会计职业活动中应当遵循的、体现会计职业特征的、调整会计

职业关系的职业行为准则和规范

C. 会计职业道德通过辅助国家相关法律制度来调整会计职业关系中的经济利益关系,维护正常的社会经济秩序

D. 会计职业道德不具有强制性

6. 会计法律制度与会计职业道德的相互作用表现在(　　)。

A. 道德是法律的坚实基础　　　　　　　B. 法律是道德的有力保证

C. 道德是法律的前提条件　　　　　　　D. 法律是道德的行为规范

7. 下列各项中,属于职业道德特征的有(　　)。

A. 职业性　　　　B. 实践性　　　　C. 继承性　　　　D. 多样性

三、判断题

1. 会计法律制度是会计职业的最高要求。　　　　　　　　　　　　　　(　　)

2. 会计作为经济活动中的一种职业,它所具有的特征与其他职业道德完全一致。

(　　)

3. 狭义的职业道德是指从业人员在一定职业活动中应遵循的,体现一定职业特征的,调整一定职业关系的职业行为准则和规范。　　　　　　　　　　　　(　　)

4. 会计职业道德与会计法律制度一样,都是以国家强制力作为其实施的保障。(　　)

5. 会计人员不钻研业务,不加强新知识的学习,造成工作上的差错,缺乏胜任工作的能力,这是一种既违反会计职业道德,又违反会计法律制度的行为。　　　　　(　　)

第二节　会计职业道德规范的主要内容

一、单项选择题

1. 李某家庭条件富裕,大学毕业后从事出纳工作。李某在办理现金收付过程中,时常出现长款短款,但他并不在意,短款自己垫上,长款仍放在单位保险柜中备用。李某违反了(　　)的会计职业道德规范。

A. 客观公正　　　B. 提高技能　　　C. 坚持准则　　　D. 廉洁自律

2. 对一些损失浪费、违法乱纪的行为和一切不合法不合理的业务开支,要严肃认真地对待,把好关,守好口。这体现了会计职业道德规范中的"爱岗敬业"基本要求中的(　　)。

A. 热爱会计工作　　　　　　　　　　　B. 敬重会计职业

C. 忠于职守,尽职尽责　　　　　　　　D. 严肃认真,一丝不苟

3. 中国现代会计学之父潘序伦先生倡导:"信以立志,信以守身,信以处事,信以待人,毋忘'立信',当必有成。"这句话体现的会计职业道德规范是(　　)。

A. 坚持准则　　　B. 诚实守信　　　C. 客观公正　　　D. 廉洁自律

4. 下列各项中,既是会计职业道德的前提,也是会计职业道德的内在要求的是(　　)。

A. 诚实守信　　　B. 客观公正　　　C. 廉洁自律　　　D. 坚持准则

5. 甲公司资金紧张,需向银行贷款600万元。甲公司吴经理请返聘的王会计对甲公司提供给银行的会计报表进行技术处理。王会计很清楚甲公司目前的财务状况和偿债能力。

但是在吴经理的反复开导下,又考虑到吴经理平时对自己的照顾,于是按照贷款所要求的指标编造了一份漂亮的会计报表。甲公司因此获得了银行的贷款。下列对王会计的行为认定中,正确的是(   )。

A．王会计违反了爱岗敬业、客观公正的会计职业道德规范

B．王会计违反了强化服务、客观公正的会计职业道德规范

C．王会计违反了客观公正、坚持准则的会计职业道德规范

D．王会计违反了参与管理、坚持准则的会计职业道德规范

6．下列各项中,属于所有职业道德规范共同要求的是(   )。

A．办事公道   B．爱岗敬业   C．服务群众   D．廉洁自律

7．下列各项中,属于会计人员强化服务关键的是(   )。

A．提高业务水平   B．提高服务质量   C．增强服务意识   D．端正服务态度

8．"活到老学到老"体现了会计职业道德规范中(   )的要求。

A．坚持准则   B．参与管理   C．提高技能   D．廉洁自律

9．"常在河边走,就是不湿鞋""理万金分文不沾"体现的会计职业道德规范是(   )。

A．诚实守信   B．坚持准则   C．廉洁自律   D．提高技能

10．甲公司会计人员钱某对本公司一项违反了国家统一的财政制度规定的财务收支,因其手续齐备并经本公司领导审批签字而予以执行,钱某的以上行为违背了(   )的会计职业道德规范。

A．诚实守信   B．参与管理   C．坚持准则   D．强化服务

11．会计人员端正态度,依法办事,在处理涉及各方利益的会计事务时,不为他人所左右,不因个人好恶而取舍,实事求是,不偏不倚,这是会计职业道德规范中(   )的要求。

A．客观公正   B．诚实守信   C．提高技能   D．坚持准则

二、多项选择题

1．会计职业道德规范的内容中有"坚持准则"一项,这里的"准则"是指(   )。

A．会计准则   B．会计法律

C．会计行政法规   D．与会计相关的法律制度

2．下列各项中,属于会计职业技能主要内容的有(   )。

A．会计实务操作能力   B．主动更新知识的能力

C．职业判断能力   D．会计信息提供与处理能力

3．下列各项中,不符合会计职业道德规范中"强化服务"要求的有(   )。

A．会计人员在采购部门人手不足的情况下,代理采购人员办理采购业务

B．总会计师在单位负责人外出开会的情况下,代替单位负责人在财务会计报告上签章

C．会计机构负责人在单位负责人苦于无法实现盈利目标时,主动提出虚构销售合同、虚增利润的建议

D．出纳人员在稽核会计生病期间主动提出兼任稽核检查工作

4．下列各项中,符合会计职业道德规范中的"参与管理"要求的有(   )。

A．全面熟悉单位经营活动的业务流程   B．代替领导决策

C．主动提出合理化建议   D．积极参与管理

5. 下列关于会计职业道德规范中"参与管理"的说法中,正确的有(　　)。

A. 参与管理要求会计人员不断地提高业务技能为参与管理打下基础

B. 参与管理要求会计人员积极主动直接地参与企业管理工作中,对企业经营活动作出决策

C. 参与管理要求会计人员熟悉服务对象的经营活动和业务流程,使参与管理的决策更具针对性和有效性

D. 为保障单位的利润实现,在项目实施之前进行相关的税收筹划,是参与管理的体现

6. 下列各项中,属于会计职业道德规范中的"诚实守信"基本要求的有(　　)。

A. 做老实人,说老实话,办老实事,不弄虚作假

B. 公私分明,不占不贪

C. 保密守信,不为利益所诱惑

D. 执业谨慎,维护信誉

7. 对于会计职业和会计工作而言,"公正"意味着(　　)。

A. 公私分明,不贪不占,遵纪守法,一身正气

B. 执行会计准则和制度的人要公正

C. 单位负责人要公正

D. 注册会计师应进行公正的判断和评判

三、判断题

1. 会计职业道德规范中的"坚持准则"是指会计人员在会计工作过程中,要严格按照会计法律制度进行业务处理,不为个人主观意愿或他人意志所左右。(　　)

2. 提高技能是会计人员在职业活动中做到客观公正、坚持准则的基础。(　　)

3. 爱岗敬业是会计职业道德的精髓。(　　)

第三节　会计职业道德教育

一、单项选择题

1. 对会计人员和准会计人员开展关于违反会计职业道德行为和会计违法行为典型案例的宣传、讨论和学习,给会计人员和准会计人员予以启示、震慑和警诫的教育,这属于会计职业道德教育中的(　　)。

A. 会计职业道德观念教育 　　　　B. 会计职业道德规范教育

C. 会计职业道德警示教育 　　　　D. 会计职业道德自我教育

2. 下列各项中,不属于会计职业道德教育途径的是(　　)。

A. 会计类专业学历教育中的会计职业道德教育

B. 会计类专业非学历教育中的会计职业道德教育

C. 会计专业技术资格考试

D. 岗位会计职业道德继续教育

3. 下列各项中,符合慎独精神的是(　　)。

A. 经常开展自我批评、自我解剖

B. 在无人监督的情况下,也自觉地按照各种会计职业道德规范行事

C. 虚心向先进人物学习

D. 能独立自主地按照会计法规处理会计事务

二、多项选择题

1. 下列各项中,属于我国目前会计职业道德教育途径的有(　　)。

A. 通过岗前会计职业道德教育　　　　B. 通过岗位会计职业道德继续教育

C. 通过会计人员的自我教育与约束　　D. 通过财政部监督检查

2. 下列各项中,属于会计职业道德教育的接受教育途径的有(　　)。

A. 会计法制教育　　　　　　　　　　B. 自我教育

C. 岗前会计职业道德教育　　　　　　D. 岗位会计职业道德继续教育

3. 下列对会计人员自我教育途径的表述中,正确的有(　　)。

A. 慎独是指会计人员在独自工作、无人监督时,仍然能够谨慎行事,自觉按照各种会计职业道德规范行事

B. 慎欲是指会计人员应当树立正确的世界观、人生观和价值观,节制自己不合理的欲望

C. 会计职业道德修养的最高境界是做到"慎欲"

D. 自励是指会计人员要以崇高理想和信念鼓舞自己、激励自己

4. 下列各项中,属于会计职业道德教育内容的有(　　)。

A. 其他与会计职业道德相关的教育　　B. 会计职业道德规范教育

C. 会计职业道德观念教育　　　　　　D. 会计职业道德警示教育

三、判断题

1. 会计职业道德警示教育是指对会计人员和准会计人员开展关于违反会计职业道德行为和会计违法行为典型案例的宣传、讨论和学习,给会计人员和准会计人员予以启迪、震慑和警诫的教育。　　　　　　　　　　　　　　　　　　　　　　　　　　(　　)

2. 岗位会计职业道德继续教育是会计职业道德教育的唯一途径。　　　　(　　)

第四节　会计职业道德建设组织与实施

一、单项选择题

1. 各级(　　)应当负起组织和推动本地区会计职业道德建设的责任,把会计职业道德建设与会计法制建设紧密结合起来。

A. 财政部门　　　　B. 会计行业组织　　　C. 审计部门　　　D. 税务部门

2. 下列各项中,不属于我国会计行业组织的是(　　)。

A. 中国注册会计师协会　　　　　　　B. 中国会计学会

C. 中国注册税务师协会　　　　　　　D. 中国总会计师协会

二、多项选择题

1. 下列对会计职业道德建设组织与实施的表述中,正确的有( )。

A. 各级财政部门应当负起组织和推动本地区会计职业道德建设的责任,把会计职业道德建设与会计法制建设紧密结合起来

B. 我国会计行业组织应当充分发挥行业自律的作用,改革和完善会计行业组织的自律机制,有效发挥自律机制在会计职业道德建设中的促进作用

C. 各单位应当建立、健全本单位内部会计监督制度

D. 加强会计职业道德建设,需要社会各界的监督与配合

2. 各单位应当建立,防范会计舞弊风险,督促会计人员遵守会计职业道德和国家统一的会计制度。

A. 内部牵制制度 B. 内部会计管理制度

C. 稽核制度 D. 外部会计管理制度

二、判断题

1. 会计行业职业组织主要通过"他律"的机制,实现对其会员的管理与约束。 ( )

2. 会计机构、会计人员对违反《会计法》和国家统一的会计制度规定的会计事项,有权拒绝办理或者按照职权予以纠正。 ( )

第五节 会计职业道德的检查与奖惩

一、单项选择题

1. 下列各项中,属于《会计法》的执法主体的是( )。

A. 市场监督管理部门 B. 会计行业组织

C. 税务部门 D. 财政部门

2. 下列各项中,属于对会计职业道德进行自我管理与约束的自律性组织的是( )。

A. 市场监督管理部门 B. 会计行业组织

C. 新闻媒体 D. 财政部门

二、多项选择题

1. 建立会计职业道德检查与奖惩机制的现实意义,主要体现在( )。

A. 有利于促使会计人员遵守会计职业道德规范

B. 有利于形成抑恶扬善的社会环境

C. 具有裁决和教育作用

D. 有利于杜绝不遵守会计职业道德的现象

2. 对会计人员违反会计职业道德的行为可由( )给予处罚。

A. 财政部门 B. 本公司 C. 人民法院 D. 会计行业组织

3. 会计职业道德检查与奖惩机制包括( )。

  A. 财政部门的监督检查   B. 会计行业组织的自律管理与约束

  C. 设置配套的机制岗位   D. 激励机制的建立

  4. 下列各项中,属于我国在会计专业技术资格考评、聘用中涉及会计职业道德方面要求的有( )。

  A. 在考试时增加职业道德方面的内容

  B. 规定一些关于会计职业道德规范的否决条款

  C. 在评审方面对申报人员会计职业道德情况进行严格审查

  D. 在组织考试报名时对会计人员职业道德情况进行检查

三、判断题

  1. 会计人员违反会计职业道德必将受到法律惩戒。   (　　)

  2. 会计行业组织是对会计职业道德进行自我管理与约束的自律性组织。 (　　)

  3. 对认真执行《会计法》,忠于职守,坚持原则,作出显著成绩的会计人员,应给予精神的或者物质的奖励。   (　　)

【本章习题必练】

一、单项选择题

  1. 会计人员因职业特点经常接触到单位和客户的一些秘密。因而,会计人员应依法保守单位秘密,这是会计职业道德规范中的( )的具体体现。

  A. 诚实守信   B. 参与管理   C. 爱岗敬业   D. 提高技能

  2. 下列各项中,能体现出在遵守法律、坚持准则的前提下尽量满足服务对象需要的会计职业道德规范的是( )。

  A. 参与管理   B. 爱岗敬业   C. 强化服务   D. 诚实守信

  3. 下列各项中,能体现出"坚持好制度胜于做好事,制度大于天,人情薄如烟"的会计职业道德规范的是( )。

  A. 参与管理   B. 提高技能   C. 强化服务   D. 坚持准则

  4. 下列各项中,作为会计职业道德教育的核心内容,贯穿于会计职业道德教育始终的是( )。

  A. 会计职业道德观念教育   B. 其他相关教育

  C. 会计职业道德警示教育   D. 会计职业道德规范教育

  5. 某国有食品加工企业董事长担心原材料成本上升,达不到国有资产保值增值的目标,要求财务经理把年度财务会计报告编得漂亮点。财务经理认为这样做违反会计政策,予以拒绝。董事长告诉财务经理:"你不改思路,就要自找出路。"财务经理愤而辞职。财务经理的做法体现了会计职业道德规范中的( )。

  A. 爱岗敬业   B. 参与管理   C. 强化服务   D. 客观公正

  6. 各级( )应当负起组织和推动本地区会计职业道德建设的责任,把会计职业道德建设与会计法制建设紧密结合起来。

  A. 政府   B. 行业组织   C. 财政部门   D. 人事部门

7. 会计职业道德是指在会计职业活动中应当遵循的、体现会计职业特征的、调整（　　）的职业行为准则和规范。

A. 会计从业环境　　　B. 会计职业关系　　　C. 会计活动　　　D. 会计行业规则

8. "不贪污钱财，不收受贿赂，保持清白"体现了会计职业道德规范中的（　　）。

A. 爱岗敬业　　　B. 诚实守信　　　C. 廉洁自律　　　D. 客观公正

9. 下列各项中，不属于财政部门对发现违反会计职业道德规范的行为进行道德惩戒的方式的是（　　）。

A. 在会计行业某一特定范围内进行通报批评

B. 责令完成一定学时的继续教育课程

C. 永久终止从事会计工作

D. 在会计行业内部相关报刊上予以曝光

10. 下列关于坚持准则的说法中，正确的是（　　）。

A. 坚持准则中的"准则"仅指会计准则

B. 坚持准则即执行准则

C. 熟悉准则是遵守或者执行准则的前提

D. 会计人员只需对所在单位负责，对国家和社会公众则不必多管闲事

11. 会计职业的特殊性要求会计人员诚实守信、客观公正，当发生道德冲突时要廉洁自律、坚持准则，始终把（　　）放在首位。

A. 集体利益　　　　　　　　　　　B. 企业利益

C. 国家利益和社会公众利益　　　　D. 个人利益

12. 会计工作特点决定，（　　）是会计职业道德的前提，也是会计职业道德的内在要求。

A. 提高技能　　　B. 坚持准则　　　C. 廉洁自律　　　D. 客观公正

13. 会计职业道德除具有职业道德的一般特征外，还具有一定的强制性和（　　）的特征。

A. 较多关注公众利益　　　　　　　B. 教育性

C. 独立性　　　　　　　　　　　　D. 复杂性

14. 下列各项中，不属于会计职业道德功能的是（　　）。

A. 指导功能　　　B. 强制功能　　　C. 评价功能　　　D. 教化功能

15. 某集团公司组织一次会计诚信建设座谈会，与会会计人员谈了各自的观点，下列各项观点中，符合会计职业道德规范的是（　　）。

A. 会计人员应按照国家统一的会计准则制度记账、算账、报账，如实反映单位经济业务活动情况

B. 既然公司领导对公司会计工作和会计信息质量负责，会计人员就应该听领导的，在自己不贪不占的前提下，领导让干什么就干什么

C. 会计人员应保守公司的商业秘密，在任何情况下，都不能向外界提供或者泄露单位的会计信息

D. 会计工作无非是记记账、算算账，公司生产经营决策是领导的事，与会计人员无关，所以没有必要参与，也没有必要过问

16. 从业人员在一定职业活动中应遵循的、体现一定职业特征的、调整一定职业关系的

职业行为准则和规范,称为(　　)。

  A．狭义的职业道德   B．广义的职业道德

  C．会计职业道德   D．普遍的职业道德

  17.(　　)是会计职业道德的精髓。

  A．爱岗敬业   B．廉洁自律   C．诚实守信   D．客观公正

  18．下列各项会计职业道德规范中,要求会计人员熟悉准则、遵循准则、敢于同违法行为作斗争的是(　　)。

  A．廉洁自律   B．客观公正   C．坚持准则   D．提高技能

  19．李某是某国有单位的工作人员,从20岁参加工作直到今年60岁退休,一直从事会计工作。李某在40年会计工作中极少出现差错,多次受到单位及财政部门的表彰,这体现了会计职业道德规范中的(　　)。

  A．参与管理   B．廉洁自律   C．爱岗敬业   D．客观公正

  20．"慎独"是会计职业道德修养中的一种更高的境界,"慎独"的前提是(　　)。

  A．职业行为   B．职业技能

  C．职业信念和职业品德   D．职业实践

  21．会计职业道德要求调整会计人员的(　　)和包括内在动机在内的精神世界。

  A．职业性   B．客观性   C．合法化   D．外在行为

  22．会计人员整天与钱财物资打交道,心中稍有杂念,就会陷入金钱的泥沼,走上邪恶的道路,这就要求会计职业道德具有(　　)功能,能够指引会计人员具体协调和化解会计职业关系中的各种差异和矛盾,调整会计职业活动各方面的关系,促使会计人员之间和谐一致,保证会计工作正常、平稳、合规、高效地进行。

  A．指导   B．教化   C．评价   D．规范

  23．"忠于职守"这句话体现了会计职业道德(　　)的基本要求。

  A．客观公正   B．强化服务   C．爱岗敬业   D．诚实守信

  24．下列会计人员的行为中,属于违反会计法律制度的有(　　)。

  A．会计人员小王上班经常迟到早退

  B．会计人员李某沉溺于赌博,不爱钻研业务

  C．会计人员张某挪用公款还债

  D．会计机构负责人赵某满足于记账算账,不利用大量而丰富的会计信息参与本单位经营管理

  25.(　　)是做人的基本准则,是人们在古往今来的交往中产生出的最根本的道德规范,也是会计职业道德的精髓。

  A．爱岗敬业   B．奉献社会

  C．坚持准则   D．诚实守信

  26．建立激励机制,对会计人员遵守会计职业道德规范的情况进行考核和奖惩的主要依据是(　　)。

  A．会计职业道德准则和规范   B．会计行业组织的有关规定

  C．单位内部工作纪律   D．会计法等法律、法规

二、多项选择题

1. 会计职业道德规范中的"客观公正"要求会计人员(　　)。

A. 依法办事　　　　B. 实事求是　　　　C. 清正廉洁　　　　D. 如实反映

2. 下列各项中,体现了会计职业道德规范中的"诚实守信"要求的有(　　)。

A. 忠于职守,尽职尽责　　　　　　　　B. 做老实人,说老实话,办老实事

C. 保密守信,不为利益所诱惑　　　　　D. 执业谨慎,维护信誉

3. 下列各项中,符合会计职业道德规范中的"廉洁自律"要求的有(　　)。

A. 树立正确的人生观和价值观

B. 自觉抵制享乐主义、拜金主义、个人主义

C. 严格划分公私界限,公私分明,不贪不占

D. 遵纪守法,不收受贿赂,不贪污钱财,保持清白

4. 下列各项中,符合会计职业道德规范中的"参与管理"的要求的有(　　)。

A. 努力提高业务技能　　　　　　　　B. 熟悉财经法规和相关制度

C. 熟悉服务对象的经营活动和业务流程　D. 积极主动地提供合理化建议

5. 下列各项中,属于自我教育的途径的有(　　)。

A. 谨小慎微　　　　　　　　　　　　B. 慎独慎欲

C. 慎省慎微　　　　　　　　　　　　D. 自警自励

6. 会计职业道德规范中的"诚实守信"的基本要求之一是"保守秘密,不为利益所诱惑",其中的秘密包括(　　)。

A. 国家秘密　　　　B. 商业秘密　　　　C. 诚实守信　　　　D. 个人隐私

7. 下列关于会计职业道德观念教育的表述中,正确的有(　　)。

A. 学校、社会、媒体、会计人员所在单位等通过各种途径和手段,大力宣传并普及会计职业道德的基本知识

B. 增强会计人员和准会计人员的会计职业责任感和会计职业荣誉感

C. 稳固并提升会计职业节操水平

D. 在全社会普遍形成"遵守会计职业道德者光荣,违背会计职业道德者可耻"的道德风尚

8. 下列各项中,属于会计职业道德功能的有(　　)。

A. 指导功能　　　　B. 评价功能　　　　C. 处罚功能　　　　D. 教化功能

9. 下列各项中,体现会计职业道德规范中的"爱岗敬业"要求的有(　　)。

A. 工作一丝不苟　　B. 工作尽职尽责　　C. 工作精益求精　　D. 工作兢兢业业

10. 下列各项中,属于会计职业道德的作用的有(　　)。

A. 实现会计目标的重要保证　　　　　B. 会计人员提高素质的内在要求

C. 会计法律制度的重要补充　　　　　D. 规范会计行为的基础

11. 下列各项中,体现会计职业道德规范中的"廉洁自律"要求的有(　　)。

A. 公私分明、不贪不占　　　　　　　B. 遵纪守法、一身正气

C. 保密守信、不为利益所诱惑　　　　D. 尽心尽力、尽职尽责

12. 下列各项中,体现会计职业道德规范中的"客观公正"的要求的有(　　)。

A. 实事求是　　　　B. 依法办事　　　　C. 如实反映　　　　D. 不偏不倚

13. 下列各项中,属于会计职业道德规范中的"强化服务"要求的有(　　)。

A. 强化服务意识　　　　　　　　　　B. 端正服务态度

C. 提高服务质量　　　　　　　　　　D. 努力维护会计职业的形象

14. 会计人员要做到廉洁自律,需要树立正确的(　　)。

A. 人生观　　　　B. 责任心　　　　C. 价值观　　　　D. 荣誉感

15. 某国有公司会计刘某,将在工作中接触到的公司新产品研发计划提供给在一家民营企业任董事长的哥哥,给刘某所在的公司造成一定的损失。刘某的行为违反了会计职业道德规范中的(　　)。

A. 爱岗敬业　　　　B. 诚实守信　　　　C. 客观公正　　　　D. 廉洁自律

16. 单位会计人员泄露本单位的商业秘密,将可能导致的后果有(　　)。

A. 损害会计人员自身信誉　　　　　　B. 会计人员将承担法律责任

C. 损害单位的经济利益　　　　　　　D. 损害会计行业声誉

17. 下列各项中,属于财政部门对会计职业道德情况实施检查的主要措施的有(　　)。

A. 将会计执法检查与会计职业道德检查相结合

B. 将会计人员表彰奖励制度与会计职业道德检查相结合

C. 将建立和完善内部控制制度与会计职业道德检查相结合

D. 将会计专业技术资格考评、聘用与会计职业道德检查相结合

18. 下列各项中,属于会计职业道德规范中的"爱岗敬业"的基本要求的有(　　)。

A. 忠于职守,尽职尽责　　　　　　　B. 执业谨慎,信誉至上

C. 热爱会计工作,敬重会计职业　　　D. 严肃认真,一丝不苟

19. 会计职业道德规范中会计人员的"参与管理",主要体现在(　　)。

A. 努力钻研业务,熟悉财经法规和相关制度

B. 提高业务技能,为参与管理打下坚实的基础

C. 树立服务意识

D. 熟悉服务对象的经营活动和业务流程,使管理活动更具针对性和有效性

20. 下列关于会计职业道德和会计法律制度不同性质的表述中,正确的有(　　)。

A. 会计法律制度具有很强的他律性

B. 会计职业道德具有很强的他律性

C. 会计职业道德具有很强的自律性

D. 会计法律制度具有很强的自律性

三、判断题

1. 会计人员在工作中应主动就单位经营管理中存在的问题提出合理化建议,协助领导决策,这是会计职业道德中的爱岗敬业所要求的。　　　　　　　　　　　　(　　)

2. 会计职业道德是对会计法律制度的重要补充,其作用是会计法律制度所不能替代的。

(　　)

3. 会计职业道德与会计法律制度相互借鉴、相互吸收,会计人员违反会计职业道德要求的行为必然也是违反会计法律制度的行为。　　　　　　　　　　　　　　　(　　)

4. 会计人员应当熟悉与会计工作相关的法律制度,这是遵守或者执行准则的前提。

（   ）

5. 会计职业道德是指在会计职业活动中应当遵循的,体现会计职业特征的,调整会计职业关系的职业行为准则和规范。（   ）

6. 就会计职业而言,提高技能不仅包括会计理论水平、会计实务能力等正面技能,还包括如何避税,如何隐瞒收入的反面技能。（   ）

7. 会计人员遵循参与管理的职业道德规范要求,就是要积极主动参与企业管理工作中,对企业经营活动作出决策。（   ）

8. 自我教育的途径为慎独慎欲、慎省慎微,自强自立。（   ）

9. 会计行业的自律机制和会计职业道德的惩戒制度是由财政部门组织建立的。（   ）

10. 将会计执法检查与会计职业道德检查相结合,是财政部门对会计职业道德进行监督检查的途径之一。（   ）

11. 会计职业道德是调整会计职业活动中的各种利益关系的手段。（   ）

12. 会计职业道德教育是指结合会计工作的特点,为促使会计人员和准会计人员形成会计职业道德品质、履行会计职业道德义务,有目的、有组织、有计划、有条理、有系统、有针对性地对会计人员和准会计人员施行的会计职业道德教育活动。（   ）

13. 聘任会计人员专业职务时,除必须具备同级专业技术资格外,也应考查其遵守职业道德的情况。（   ）

14. 会计职业道德规范中的"坚持准则"的要求是熟悉准则、遵循准则、敢于同违法行为作斗争。（   ）

15. 会计职业道德情感、会计职业道德意志和会计职业道德信念,要通过内在的自我教育才能实现。因此,有效开展会计职业道德教育的唯一途径就是依靠自我教育。（   ）

16. 实事求是、如实反映是体现会计职业道德规范中的"诚实守信"的要求。（   ）

17. 会计职业道德规范中的"爱岗敬业"要求会计人员依法办事,实事求是,如实反映。

（   ）

18. 会计职业道德建设需要财政部门的组织推动、会计行业组织的自律、企事业单位的内部监督以及社会各界监督与配合。（   ）

19. 会计法律制度与会计职业道德在内容上相互渗透、相互转化、相互吸收和相互补充。（   ）

20. 会计职业道德规范中的"强化服务"属于非强制性要求,因此,会计人员可以根据实施情况选择是否遵守。（   ）

21. 会计职业道德教育的自我教育属于内在教育,是指会计人员和准会计人员在会计职业活动和会计专业学习过程中,按照会计职业道德规范的基本要求,在自身内在道德品质方面进行自我学习、自我批评、自我省察、自我改进、自我训练、自我调整、自我提升,从而达到一定的会计职业道德境界。（   ）

22. 会计职业道德是从会计法律制度中逐渐提炼形成的。（   ）

23. 会计职业道德对会计人员的行为仅产生约束作用,主要还是依靠社会舆论和会计从业人员的自觉性。（   ）

24. 国家财政部门应当负起组织和推动本地区会计职业道德建设的责任,把会计职业

道德建设与会计法制建设紧密结合起来。 （ ）

25. 会计监督可以分为单位内部监督、政府监督和社会监督。 （ ）

26. 会计职业道德允许个人和各经济主体获取合法的自身利益,但反对损害国家和社会公众利益而获取违法利益。 （ ）

27. 会计职业道德规范中的"诚实守信"是会计人员在职业活动中做到客观公正、坚持准则的基础,是参与管理的前提。 （ ）

28. 我国会计职业道德规范的主要内容包括爱岗敬业、诚实守信、办事公道、服务群众、奉献社会。 （ ）

29. 实事求是、不偏不倚体现了会计职业道德规范中的"诚实守信"的要求。 （ ）

30. 在会计职业道德规范中,如果说爱岗敬业是会计职业道德的基础（出发点）,那么,强化服务、奉献社会就是会计职业道德的归宿点。 （ ）

31. 会计法律制度着重于规范会计人员的外在行为和结果的合法化。会计职业道德不仅要求调整会计人员的外在行为,还要求调整会计人员包括内在动机在内的精神世界。 （ ）

32. 对认真执行《会计法》、忠于职守、坚持原则、作出显著成绩的会计人员,应给予精神的或者物质的奖励。 （ ）

33. 会计职业道德规范中的"参与管理"要求会计人员积极主动地向单位领导层反映本单位的财务状况、经营成果、现金流量等方面具体存在的问题,并提出合理化建议,积极参与市场调研及前景预测,做好预算管理,主动参与决策的制定、执行、检查和监督,为单位领导层的经营管理和预测、决策活动当好助手和参谋。 （ ）

四、案例分析题

（一）某国有公司因经济效益下降,亏损已成定局,董事长刘某授意财务科科长王某在年度财务会计报告中做一些技术处理,王某认为"对外报送的财务会计报告的真实性、完整性由单位负责人承担责任,我服从就行了",于是便虚拟了几笔销售业务,使公司的财务会计报告由亏变盈。后来,上述行为被财政部门发现并给予了相应的处罚。

要求:根据上述资料,回答下列问题。

1. 对董事长刘某可以给予的罚款范围是（ ）元。
A. 2 000～20 000 　　　　　　　　　　　B. 5 000～100 000
C. 3 000～50 000 　　　　　　　　　　　D. 5 000～50 000

2. 下列各项中,属于会计职业道德规范主要内容的有（ ）。
A. 廉洁自律、客观公正 　　　　　　　　B. 参与管理、强化服务
C. 坚持准则、提高技能 　　　　　　　　D. 爱岗敬业、诚实守信

3. 王某违反的会计职业道德规范主要是（ ）。
A. 爱岗敬业 　　　　B. 强化服务 　　　　C. 客观公正 　　　　D. 参与管理

4. 对于公司伪造财务会计报告的行为,财政部门给予通报时可并处罚款（ ）元。
A. 2 000～20 000 　　　　　　　　　　　B. 3 000～30 000
C. 5 000～100 000 　　　　　　　　　　　D. 3 000～50 000

5. 对直接责任人王某可能给予的法律制裁形式有（ ）。

A. 罚款 3 000~50 000 元   B. 责令限期改正

C. 给予直接开除的行政处分   D. 5 年内不得从事会计工作

（二）A 市某有限公司财务部在一次学习的讨论中，大家踊跃发言。

会计人员张某在谈到会计职业道德概念时说"会计职业道德是规范从事会计职业的工作人员在社会交往和公共生活中，人与人、人与社会、人与自然的行为"。

会计人员徐某在谈到会计职业道德与会计法律制度关系时说"会计职业道德与会计法律制度只是作用范围不同，但性质和实现形式是一样的"。

会计人员李某在谈论会计职业道德教育途径时，认为"应通过会计学历教育进行"。

财务科科长周某最后总结说"对我们会计人员职业道德的监督只能依靠政府财政部门"。

要求：根据上述资料，回答下列问题。

1. 下列各项中，属于会计职业道德功能的有（　　　）。

A. 指导功能   B. 教化功能   C. 评价功能   D. 惩戒功能

2. 下列关于会计职业道德与会计法律制度关系的表述中，正确的有（　　　）。

A. 两者目标相同

B. 两者调整对象稍有区别

C. 两者联系密切

D. 法律制度承担的责任大于会计职业道德

3. 下列说法中，正确的有（　　　）。

A. 会计人员张某的观点不正确。会计职业道德是指在会计职业活动中应遵循的、体现会计职业特征、调整会计职业关系的职业行为准则和规范

B. 会计人员徐某的观点不正确。会计职业道德与会计法律制度的性质不同；作用范围不同；表现形式不同；实施保障机制不同

C. 会计人员李某的观点不正确。会计职业道德教育途径包括通过会计类专业学历教育中的会计职业道德教育及会计类专业非学历教育中的会计职业道德教育、通过会计继续教育进行会计职业道德教育、通过会计人员的自我教育进行会计职业道德教育

D. 财务科科长周某的观点不正确。对会计人员职业道德的监督不但依靠财政部门，还要依靠会计行业组织的行业自律机制和奖罚制度，企事业单位的内部监督，以及社会各界的监督

4. 下列关于会计职业道德含义的说法中，正确的有（　　　）。

A. 会计职业道德是会计职业活动中应遵循的

B. 会计职业道德体现会计职业特征

C. 会计职业道德调整会计职业关系的职业行为准则和规范

D. 会计职业道德调整会计职业活动中各种利益关系的手段

5. 根据会计职业道德的相关内容，下列关于张某对会计职业道德观点的表述中，正确的有（　　　）。

A. 张某的观点不正确   B. 张某的观点正确

C. 会计职业道德是职业行为准则和规范　　D. 会计职业道德调整会计职业关系

（三）某公司会计人员甲、乙、丙、丁在一次会计工作研讨会上对会计职业道德的概念、会计职业道德与会计法律制度的关系、会计职业道德规范的内容、会计职业道德教育及组织实施等各类问题进行了激烈的讨论。4个人对5个问题的主要观点摘录在下面的选项中，请根据所学知识选择最符合题意的选项。

1. 下列关于会计职业道德概念的表述中，正确的有（　　　）。

A. 甲认为，会计职业道德是会计人员在社会交往和公共生活中应当遵循的行为准则

B. 乙认为，会计职业道德是体现会计职业特征，调整会计职业关系的职业行为准则和规范

C. 丙认为，会计职业道德是会计人员在会计职业活动中应遵循的行为准则

D. 丁认为，会计职业道德涵盖了人与人、人与社会、人与自然之间的关系

2. 下列关于会计职业道德与会计法律制度关系的表述中，错误的有（　　　）。

A. 甲认为，两者在性质、表现形式上都一样

B. 乙认为，两者在性质、表现形式上都不一样

C. 丙认为，两者在性质上一样，表现形式上不一样

D. 丁认为，两者在性质上不一样，表现形式上一样

3. 下列关于会计职业道德规范内容的表述中，正确的有（　　　）。

A. 甲认为，会计人员应该热爱本职工作、尽职尽责

B. 乙认为，会计职业是一项特殊的职业，整天与钱打交道，如果爱贪财爱占便宜，就容易走上犯罪道路，所以会计人员必须做到"常在河边走，就是不湿鞋"

C. 丙认为，会计人员在办理业务时应当依法办理

D. 丁认为，会计人员的根本任务就是强化服务，应当无条件服从领导，执行领导的指示

4. 下列关于会计职业道德教育的表述中，正确的有（　　　）。

A. 甲认为，会计职业道德教育的途径包括岗前会计职业道德教育、岗位会计职业道德继续教育和会计人员自我教育

B. 乙认为，会计职业道德教育需要内外结合

C. 丙认为，会计职业道德教育不能片面强调学历教育，无视或忽视会计人员继续教育和自我教育和修养

D. 丁认为，会计职业道德教育的唯一途径是依靠学历教育，只有这样才能培养会计职业道德的观念，强化会计职业道德情操

5. 下列关于会计职业道德的组织实施，在对违反《会计法》的行为方面的表述中，正确的有（　　　）。

A. 甲认为，根据违反的情况给予相应的处罚

B. 乙认为，应暂停相关责任人从事会计工作

C. 丙认为，应责令相关人员完成一定学时的继续教育

D. 丁认为，应对相关人员在会计行业某一特定范围内通报批评

答案及解析

第一章　会计法律制度

【分节习题必会】答案及解析

第一节　会计法律制度的概念与构成

一、单项选择题

1.【答案】　B

【解析】　我国目前只有两部会计法律,分别是《会计法》和《注册会计师法》。选项 A 属于部门规章,选项 C、D 属于会计行政法规。

2.【答案】　C

【解析】　《会计法》是会计法律制度中层次最高的法律规范,是制定其他会计法规的依据,也是指导会计工作的最高准则。会计行政法规是由国务院制定的,其效力低于会计法律,高于会计部门规章和地方性会计法规,其制定依据是《会计法》。选项 C,《企业财务会计报告条例》属于会计行政法规,其法律效力次于《会计法》。选项 A、D,属于会计部门规章,其法律效力次于《会计法》和会计行政法规。选项 B,《辽宁省会计管理条例》属于地方性会计法规,其法律效力次于《会计法》、会计行政法规和会计部门规章。

3.【答案】　D

【解析】　会计行政法规是指由国务院制定并发布,或者由国务院有关部门拟定并经国务院批准发布,调整经济生活中某些方面会计关系的法律规范。

二、多项选择题

1.【答案】　AC

【解析】　我国目前只有两部会计法律,分别是《会计法》和《注册会计师法》。

2.【答案】　CD

【解析】　选项 A,《会计法》属于会计法律;选项 B,《总会计师条例》属于会计行政法规。

3.【答案】　ABD

【解析】　《会计法》属于会计法律,会计法律由全国人民代表大会及其常务委员会制定,因此选项 A 错误。《总会计师条例》属于会计行政法规,会计行政法规由国家最高行政管理机构——国务院制定发布的,因此选项 B 错误。《会计人员管理办法》属于会计部门规章,会计部门规章是指国家主管会计工作的行政部门即财政部以及其他相关部委根据法律和国务院的行政法规、决定、命令,在本部门的权限范围内制定的、调整会计工作中某些方面内容的国家统一的会计准则制度和规范性文件,包括国家统一的会计核算制度、会计监督制度、会计机构和会计人员管理制度及会计工作管理制度等,因此选项 D 错误。

4.【答案】 ABCD

【解析】 供销关系、债权债务关系、分配关系、税款征纳关系、管理与被管理关系等都属于经济关系。

三、判断题

1.【答案】 ×

【解析】 会计法律制度,简称会计法规,是指由国家权力机关和行政机关制定的,用以调整会计关系的各种法律、法规、规章和规范性文件的总称。目前,我国的会计法律制度基本形成了以《会计法》为主体的比较完善的会计法律体系,该体系中主要包括会计法律、会计行政法规、会计部门规章和地方性会计法规这四个层次。

2.【答案】 √

第二节　会计工作管理体制

一、单项选择题

1.【答案】 B

【解析】 根据《会计基础工作规范》的规定,国家机关、国有企业、事业单位的单位负责人的直系亲属不得担任本单位的会计机构负责人、会计主管人员;国家机关、国有企业、事业单位的会计机构负责人、会计主管人员的直系亲属不得在本单位会计机构中担任出纳工作。

2.【答案】 B

【解析】 单位负责人,又称单位领导人,是指法定代表人或者法律、行政法规规定代表单位行使职权的主要负责人。单位负责人主要包括以下两类人员:①单位的法定代表人(也称法人代表),是指依法代表法人单位行使职权的负责人,如国有工业企业的厂长(经理)、公司制企业的董事长、国家机关的最高行政官员等。②按照法律、行政法规的规定代表单位行使职权的负责人,是指依法代表非法人单位行使职权的负责人,如代表合伙企业执行合伙企业事务的合伙人、个人独资企业的投资人等。选项 B,不符合单位负责人的含义。

3.【答案】 C

【解析】 国务院财政部门主管全国的会计工作。

4.【答案】 C

【解析】 单位负责人对本单位的会计工作和会计资料的真实性、完整性负责。

二、多项选择题

1.【答案】 AD

【解析】 《会计基础工作规范》中对于会计人员回避制度作出了规定,主要是从会计工作的特殊性出发,其具有一定的范围。具体来说,国家机关、国有企业、事业单位聘任会计人员应当实行回避制度。

2.【答案】 AB

【解析】 单位负责人,又称单位领导人,是指法定代表人或者法律、行政法规规定代表单位行使职权的主要负责人。

3.【答案】 ABD

【解析】 《会计法》规定,担任单位会计机构负责人(会计主管人员)的,应当具备会计师以上专业技术职务资格或者从事会计工作3年以上的经历。

4.【答案】 ABD

【解析】 不具备单独设置会计机构条件的单位,主要是指财务收支数额不大、会计业务比较简单的企业、机关、团体、事业单位和个体工商户等。

5.【答案】 ABC

【解析】 会计市场的管理包括会计市场的准入管理、运行管理和退出管理三个方面。

三、判断题

1.【答案】 ×

【解析】 国有大、中型企业及国有资本占控股地位或者主导地位的大、中型企业,必须设置总会计师。凡设置总会计师的单位,在单位行政领导成员中,不设与总会计师职权重叠的副职。

2.【答案】 ×

【解析】 国家机关、国有企业、事业单位的会计机构负责人、会计主管人员的直系亲属不得在本单位会计机构中担任出纳工作。

3.【答案】 √

第三节 会 计 核 算

一、单项选择题

1.【答案】 C

【解析】 会计档案销毁清册需要永久保存,固定资产卡片需要在固定资产报废清理后保管5年,库存现金日记账需要保管30年。

2.【答案】 C

【解析】 单位负责人应当在财务会计报告上"签名并盖章",而非"签名或者盖章"。

3.【答案】 D

【解析】 单位会计管理机构临时保管会计档案最长不超过3年。

4.【答案】 D

【解析】 会计机构及会计人员必须按照国家统一的会计制度的规定对原始凭证进行审核、对不真实、不合法的原始凭证,会计机构及会计人员有权不予接受;对记载不准确、不完整的原始凭证,应予以退回,并要求其按照国家统一会计制度的规定进行更正和补充。

5.【答案】 C

【解析】 当年形成的会计档案,在会计年度终了后,可由单位会计管理机构临时保管一年,再移交单位档案管理机构保管。

6.【答案】 D

【解析】 单位的对账工作每年至少进行一次。

7.【答案】 B

【解析】 会计资料是指在会计核算过程中形成的,用来记录和反映实际发生的经济业务事项的会计专业资料,主要包括会计凭证、会计账簿、财务会计报告和其他会计资料。经济合同不属于会计资料。

二、多项选择题

1.【答案】 AD

【解析】 财务报表至少应当包括下列组成部分:①资产负债表;②利润表;③现金流量表;④所有者权益(或股东权益,下同)变动表;⑤附注。而凭证、账簿、计划、审计报告都不属于财务报表。

2.【答案】 BD

【解析】 变造会计凭证、会计账簿及其他会计资料,是指用涂改、拼接、挖补等手段来改变会计凭证、会计账簿和其他会计资料的真实内容,歪曲事实真相的行为,即"篡改事实"。选项 A 属于伪造会计凭证行为,选项 C 属于更正方法错误。

3.【答案】 ABCD

【解析】 企业和其他组织会计档案中保管期限为 10 年的有:月度、季度、半年度财务会计报告,银行存款余额调节表,银行对账单,纳税申报表。

4.【答案】 ABC

【解析】 选项 D,签订合同无需进行会计核算,只有履行合同才需要进行会计核算。

5.【答案】 ACD

【解析】 保管期满但未结清的债权债务会计凭证和涉及其他未了事项的会计凭证不得销毁。例如,超过保管期限但尚未报废的固定资产购买凭证不得销毁;正在项目建设期间的建设单位,其保管期满的会计档案不得销毁。

6.【答案】 ABCD

【解析】 会计档案的内容具体包括会计凭证、会计账簿、财务会计报告、其他会计资料。

7.【答案】 ABD

【解析】 选项 C,银行存款日记账应当保管 30 年。

8.【答案】 ABCD

【解析】 我国会计法律制度从会计信息质量要求、会计资料的基本要求以及会计年度、记账本位币、填制会计凭证、登记会计账簿、编制财务会计报告、财产清查、会计档案管理等方面对会计核算进行了统一规定。

三、判断题

1.【答案】 ×

【解析】 并不是所有的经济活动都需要进行会计核算,和资金增减无关的经济活动,就不需要进行会计核算。

2.【答案】 √

3.【答案】 ×

【解析】 单位保存的会计档案一般不得对外借出。确因工作需要且根据国家有关规定必须借出的,应当严格按照规定办理相关手续。

4.【答案】 √

5.【答案】 ×

【解析】 各单位应当定期将会计账簿记录与实物、款项实有数相互核对,以保证账实相符。

6.【答案】 √

第四节 会 计 监 督

一、单项选择题

1.【答案】 B

【解析】 单位负责人应当保证会计机构、会计人员依法履行职责,不得授意、指使、强令会计机构、会计人员违法办理会计事项。

2.【答案】 D

【解析】 会计工作的社会监督主要是指由注册会计师及其所在的会计师事务所依法对委托单位的经济活动进行审计、鉴证的一种监督制度。

3.【答案】 D

【解析】 单位内部会计监督的主体是各单位的会计机构、会计人员。

二、多项选择题

1.【答案】 ABCD

【解析】 注册会计师、会计师事务所可以承办的审计业务:①审查企业会计报表,出具审计报告;②验证企业资本,出具验资报告;③办理企业合并、分立、清算事宜中的审计业务,出具有关的报告;④法律、行政法规规定的其他审计业务。

2.【答案】 ABCD

【解析】 企业建立与实施有效的内部控制,应当包括下列要素:①内部环境;②风险评估;③控制活动;④信息与沟通;⑤内部监督。

3.【答案】 ABD

【解析】 选项C,"是否按照税法的规定按时足额纳税"属于税务部门监督检查的内容。

4.【答案】 ACD

【解析】 选项B,会计工作的政府监督是一种外部监督。

5.【答案】 ACD

【解析】 "记账人员"与经济业务事项和会计事项的"审批人员""经办人员""财物保管人员"的职责权限应当明确,并相互分离、相互制约。

三、判断题

1.【答案】 √

2.【答案】 ×

【解析】 对行政事业单位而言,单位负责人对本单位内部控制的建立健全和有效实施负责。

3.【答案】　×

【解析】　注册会计师审计不能替代或减轻单位负责人对会计资料的真实性、完整性承担的责任。

4.【答案】　√

第五节　会计机构与会计人员

一、单项选择题

1.【答案】　B

【解析】　移交人员从事会计电算化工作的,要对有关电子数据在实际操作状态下进行交接。

2.【答案】　B

【解析】　会计机构负责人(会计主管人员)办理交接手续,由单位负责人监交,必要时主管单位可以派人会同监交。

3.【答案】　A

【解析】　选项B属于中级职务;选项C是社会审计工作;选项D属于副高级职务。

4.【答案】　A

【解析】　副高级会计师资格实行考试与评审相结合制度。

5.【答案】　B

【解析】　出纳人员不得兼管(兼任)稽核、会计档案保管和收入、费用、债权债务账目的登记工作。出纳以外的人员不得经管库存现金、有价证券、票据。有些单位出纳人员业务不多,可以兼记单位的固定资产明细账、低值易耗品明细账。

二、多项选择题

1.【答案】　ABD

【解析】　根据规定,会计工作岗位可以一人一岗、一人多岗或者一岗多人(没有"多岗多人"的说法)。

2.【答案】　ABD

【解析】　会计专业技术资格分为初级资格、中级资格和高级资格三个级别。

3.【答案】　ABCD

【解析】　本题中四个选项均符合会计工作交接要求。

4.【答案】　ACD

【解析】　会计人员办理移交手续前,必须及时做好以下工作:①已经受理的经济业务尚未填制会计凭证的,应当填制完毕。②尚未登记的账目,应当登记完毕,并在最后一笔余额后加盖经办人员印章。③整理应该移交的各项资料,对未了事项写出书面材料。④编制移交清册,列明应当移交的会计凭证、会计账簿、会计报表、印章、现金、有价证券、支票簿、发票、文件、其他会计资料和物品等内容;实行会计电算化的单位,从事该项工作的移交人员还应当在移交清册中列明会计软件及密码、会计软件数据磁盘(磁带等)及有关资料、实物等内容。

5.【答案】 ACD

【解析】 会计工作岗位是指单位会计机构内部根据业务分工而设置的从事会计工作、办理会计事项的具体职位。会计机构中对正式移交之前的会计档案进行保管的工作岗位属于会计岗位,但档案管理部门中对正式移交之后的会计档案进行保管的岗位不再属于会计岗位。另外,医院挂号收费员、药品库房记账员、商场收银员、单位内部审计、社会审计、政府审计也不属于会计工作岗位。

6.【答案】 ABC

【解析】 根据规定,会计工作岗位可以一人一岗、一人多岗或者一岗多人。但出纳不得兼管(兼任)稽核、会计档案保管和收入、费用、债权债务账目的登记工作。

7.【答案】 ABD

【解析】 代理记账机构的设立条件有以下四点:①为依法设立的企业;②专职从业人员不少于3名;③主管代理记账业务的负责人具有会计师以上专业技术职务资格或者从事会计工作不少于3年,且为专职从业人员;④有健全的代理记账业务内部规范。

三、判断题

1.【答案】 √

2.【答案】 ×

【解析】《会计法》所指的会计主管人员不同于我们平常所说的"会计主管""主管会计""主办会计",而是指负责组织管理会计事务、行使会计机构负责人职权的会计工作负责人。

3.【答案】 √

4.【答案】 √

5.【答案】 ×

【解析】 银行存款账户余额要与银行对账单核对,如不一致,应当编制银行存款余额调节表调节相符,各种财产物资和债权债务的明细账户余额要与总账有关账户余额核对相符。

6.【答案】 √

第六节 法 律 责 任

一、单项选择题

1.【答案】 D

【解析】 授意、指使、强令会计机构、会计人员及其他人员伪造、变造会计凭证、会计账簿,编制虚假财务会计报告或者隐匿、故意销毁依法应当保存的会计凭证、会计账簿、财务会计报告,尚不构成犯罪的,由县级以上人民政府财政部门对违法行为人处以5 000元以上50 000元以下的罚款。

2.【答案】 D

【解析】 对不依法设置会计账簿的行为,由县级以上人民政府财政部门责令限期改正的同时,可以对单位并处3 000元以上50 000元以下的罚款;对其直接负责的主管人员和其他直接责任人员,可以处2 000元以上20 000元以下的罚款。

3.【答案】　B

　　【解析】　对伪造、变造会计凭证的行为,对其直接负责的主管人员和其他直接负责人员,可以处 3 000 元以上 50 000 元以下的罚款。

4.【答案】　D

　　【解析】　行政处分的对象仅限于直接负责的国家工作人员。

二、多项选择题

1.【答案】　ACD

　　【解析】　应当对受到打击报复的会计人员恢复其名誉和恢复原有职务、级别。

2.【答案】　ABCD

　　【解析】　"打击报复"是指单位负责人对依法履行职责、抵制违反《会计法》的会计人员,通过降级、撤职、调离工作岗位、解聘或者开除等方式进行打击报复。

3.【答案】　ACD

　　【解析】　《会计法》中规定的行政处罚的种类包括:①警告、通报批评;②罚款、没收违法所得、没收非法财物;③暂扣许可证件、降低资质等级、吊销许可证件;④限制开展生产经营活动、责令停产停业、责令关闭、限制从业;⑤行政拘留;⑥法律、行政法规规定的其他行政处罚。罚金属于刑事处罚中的附加刑。

三、判断题

1.【答案】　×

　　【解析】　会计人员受到打击报复,被调离工作岗位、解聘或者开除的,应当在征得会计人员同意的前提下,恢复其工作。

2.【答案】　×

　　【解析】　主刑只能独立适用,不能附加适用,附加刑既可独立适用又可以附加适用。

3.【答案】　√

【本章习题必练】答案及解析

一、单项选择题

1.【答案】　C

　　【解析】　财务会计报告应当由单位负责人和主管会计工作的负责人、会计机构负责人(会计主管人员)签名并盖章。

2.【答案】　B

　　【解析】　一般来说,大中型企业、实行企业化管理的事业单位,应当设置会计机构;业务较多的行政单位、社会团体和其他组织,也应当设置会计机构。而规模较小的企业,业务和人员都不多的行政事业单位、社会团体和其他组织,可以不单独设置会计机构,而是在有关机构中设置会计岗位并指定会计主管人员。

3.【答案】　A

　　【解析】　财政部和国家档案局主管全国会计档案工作,共同制定全国统一的会计档案工作制度,对全国会计档案工作实行监督和指导。

4.【答案】 D

【解析】 财政部门实施会计监督检查的内容主要包括:是否依法设置会计账簿;会计凭证、会计账簿、财务会计报告和其他会计资料是否真实、完整;会计核算是否符合《会计法》和国家统一的会计制度的规定;从事会计工作的人员是否具备专业能力、遵守职业道德。另外,财政部门有权对会计师事务所出具审计报告的程序和内容进行监督。选项D不属于财政部门实施会计监督检查的内容。

5.【答案】 B

【解析】 一般会计人员办理交接手续,由会计机构负责人(会计主管人员)监交。

6.【答案】 D

【解析】 对受打击报复的会计人员的补救措施主要包括:恢复其名誉和恢复原有职务、级别。选项D,赔偿经济损失不属于对受打击报复的会计人员的补救措施。

7.【答案】 B

【解析】 记账凭证的内容包括填制凭证人员、稽核人员、记账人员、会计机构负责人(会计主管人员)签名或者盖章。

8.【答案】 B

【解析】 不得将不同内容和类别的原始凭证汇总填制在一张记账凭证上。

9.【答案】 D

【解析】 会计资料的真实性和完整性,是对会计资料最基本的质量要求,是会计工作的生命线。

10.【答案】 C

【解析】 伪造会计凭证的行为,是指以虚假的经济业务或者资金往来为前提,编制虚假的会计凭证的行为;而变造会计凭证的行为,是指采取涂改、拼接、挖补以及其他方法改变会计凭证真实内容的行为。

11.【答案】 C

【解析】 行政处分的形式主要有:①警告;②记过;③记大过;④降级;⑤撤职;⑥开除。

12.【答案】 D

【解析】 会计法律是指由全国人民代表大会及其常务委员会经过一定立法程序制定的有关会计工作的法律。

13.【答案】 A

【解析】 变造会计账簿的行为,是指采取涂改、拼接、挖补或者其他手段改变会计账簿的真实内容的行为。

14.【答案】 D

【解析】 会计人员应当具备从事会计工作所需要的专业能力并遵守职业道德。

15.【答案】 C

【解析】 移交人员从事会计电算化工作的,要对有关电子数据在实际操作状态下进行交接。

16.【答案】 C

【解析】《会计法》规定,国家工作人员授意、指使、强令会计机构、会计人员及其他人员伪造、变造会计凭证、会计账簿,编制虚假财务会计报告或者隐匿、故意销毁依法应当保存的会计凭证、会计账簿、财务会计报告,尚不构成犯罪的,应当由其所在单位或者有关单位依法给予降级、撤职、开除的行政处分。

17.【答案】 B

【解析】 会计市场的管理包括会计市场的准入管理、会计市场的运行管理和会计市场的退出管理三个方面。

18.【答案】 C

【解析】 原始凭证,又称单据,是指在经济业务发生时,由业务经办人员直接取得或者填制,用以表明某项经济业务已经发生或完成情况并明确有关经济责任的一种原始凭据,如发票。对账单只能作为对账的依据,不能作为据以调账的原始凭证。经济合同属于文书凭证,还没有真正的经济业务的发生,不是原始凭证。请货单只是提请内容,不能证明发生了实际经济业务事项,不属于原始凭证。

19.【答案】 D

【解析】 一个单位是否单独设置会计机构,需要考虑的因素主要有以下三点:①单位规模的大小;②经济业务和财务收支的繁简;③经营管理的需要。

20.【答案】 B

【解析】 选项B,属于会计信息质量要求的原则。

21.【答案】 D

【解析】 医院挂号收费员、药品库房记账员、商场收银员不属于会计工作岗位。单位内部审计、社会审计、政府审计工作也不属于会计工作岗位。财产物资核算岗位属于会计工作岗位。

22.【答案】 B

【解析】 伪造会计凭证的行为,是指以虚假的经济业务或者资金往来为前提,编制虚假的会计凭证的行为。

23.【答案】 C

【解析】 根据《会计法》规定,会计人员应当以经过审核无误的会计凭证作为登记账簿的依据。

24.【答案】 B

【解析】 财政部门实施会计监督检查的内容主要包括:是否依法设置会计账簿;会计凭证、会计账簿、财务会计报告和其他会计资料是否真实、完整;会计核算是否符合《会计法》和国家统一的会计制度的规定;从事会计工作的人员是否具备专业能力、遵守职业道德。另外,财政部门有权对会计师事务所出具审计报告的程序和内容进行监督。

25.【答案】 B

【解析】 季度财务会计报告的保管期限为10年。

26.【答案】 A

【解析】 对任用会计人员不符合《会计法》规定等会计违法行为,由县级以上人民政府财政部门责令限期改正的同时,可以对单位并处3 000元以上50 000元以下的罚款;对其直接负责的主管人员和其他直接责任人员,可以处以2 000元以上20 000元以下的罚款。

27.【答案】 C

【解析】 会计凭证是记录经济业务发生或者完成情况的书面证明,是登记账簿的依据。

28.【答案】 C

【解析】 担任单位会计机构负责人(会计主管人员)的,应当具备会计师以上专业技术职务资格或者从事会计工作3年以上经历。

29.【答案】 D

【解析】 信息与沟通是企业及时、准确地收集、传递与内部控制相关的信息,确保信息在企业内部、企业与外部之间进行有效沟通。

30.【答案】 A

【解析】 根据规定,县级以上人民政府财政部门有权对会计违法行为进行行政处罚。

31.【答案】 C

【解析】 会计档案的保管期限分为永久、定期两类。定期保管期限一般分为10年和30年。会计档案的保管期限,从会计年度终了后的第1天算起。

32.【答案】 B

【解析】 对行政事业单位而言,单位负责人对本单位内部控制的建立健全和有效实施负责。

33.【答案】 A

【解析】 会计行政法规是由国务院制定并发布,或者由国务院有关部门拟定并经国务院批准发布。

34.【答案】 C

【解析】 财务报表至少应当包括下列组成部分:①资产负债表;②利润表;③现金流量表;④所有者权益(或股东权益,下同)变动表;⑤附注。

35.【答案】 B

【解析】 会计工作岗位可以一人一岗、一人多岗或者一岗多人。会计工作岗位不允许多岗多人。

36.【答案】 B

【解析】 根据《会计档案管理办法》的规定,银行存款余额调节表的保管期限是10年。

37.【答案】 C

【解析】 会计机构、会计人员发现会计账簿记录与实物、款项及有关资料不相符的,按照国家统一的会计准则制度的规定,有权自行处理的,应当及时处理;无权自行处理的,应当立即向单位负责人报告,请求查明原因,作出处理。

二、多项选择题

1.【答案】 ABC

【解析】 选项D,与会计市场管理是并列的关系。

2.【答案】 BD

【解析】 会计市场的准入管理是指财政部门对代理记账机构的设立、注册会计师资格的取得及会计师事务所的设立等进行的条件设定。

3.【答案】 ABCD

【解析】 财务报表至少应当包括下列组成部分:①资产负债表;②利润表;③现金流量表;④所有者权益(或股东权益,下同)变动表;⑤附注。财务报表的这些组成部分具有同等的重要程度。

4.【答案】 AB

【解析】 变造会计账簿的行为,是指采取涂改、拼接、挖补或者其他手段改变会计账簿的真实内容的行为。选项C、D属于伪造会计凭证、会计账簿。

5.【答案】 ABC

【解析】 会计档案的保管期限分为永久、定期两类。定期保管期限一般分为10年和30年。会计档案的保管期限,从会计年度终了后的第一天算起。其中,会计凭证的保管期限为30年。企业和其他组织需要永久保存的会计档案包括年度财务会计报告、会计档案保管清册、会计档案销毁清册、会计档案鉴定意见书。

6.【答案】 ABD

【解析】 单位是否设置会计机构不属于财政部门实施会计监督检查的内容,因此选项C错误。其余三个选项都属于财政部门实施会计监督检查的内容。

7.【答案】 ABCD

【解析】 注册会计师审计与内部审计的区别主要包括审计独立性不同、审计方式不同、审计的职责和作用不同、接受审计的自愿程度不同等。

8.【答案】 ABC

【解析】 出纳不得兼管(兼任)稽核、会计档案保管和收入、费用、债权债务账目的登记工作。

9.【答案】 AC

【解析】 选项B,D,属于其他会计资料类的会计档案。

10.【答案】 ABD

【解析】 选项A、B、D三项违反会计法规的行为,由县级以上人民政府财政部门责令限期改正的同时,可以对单位并处3 000元以上50 000元以下罚款;选项C,编制虚假财务会计报告,由县级以上人民政府财政部门在予以通报的同时,可以对单位并处5 000元以上100 000元以下的罚款。

11.【答案】 ACD

【解析】 内部审计机构应当在实施审计3日前,向被审计单位或者被审计人员送达审计通知书,做好审计准备工作。

12.【答案】 ABD

【解析】 会计工作管理体制主要包括会计工作的行政管理、会计工作的自律管理和单位内部的会计工作管理等。

13.【答案】 AC

【解析】 会计行政法规是指由国务院制定并发布,或者由国务院有关部门拟定并经国务院批准发布,调整经济生活中某些方面会计关系的法律规范。选项B,属于地方性会计法规;选项 D,属于会计部门规章。

14.【答案】 ABC

【解析】 根据规定,对于"随意变更会计处理方法"的行为,对其直接负责的主管人员和其他直接责任人员,可以处 2 000 元以上 20 000 元以下的罚款。因此,选项 D 表述不正确。

15.【答案】 ABD

【解析】 是否依法设置会计账簿,具体包括:①按照法律、行政法规和国家统一的会计准则制度的规定,应当设置会计账簿的单位是否设置账簿;②是否存在伪造、变造会计账簿的行为;③设置会计账簿的单位,其设置的账簿是否符合法律、行政法规和国家统一的会计准则制度的要求;④单位是否存在账外私设账簿等违法行为。

16.【答案】 ABCD

【解析】 选项 A,会计档案的保管期限分为永久、定期两类。定期保管期限一般分为 10 年和 30 年。选项 B,银行存款余额调节表的保管期限为 10 年。选项 C,单位保存的会计档案一般不得对外借出。确因工作需要且根据国家有关规定必须借出的,应当严格按照规定办理相关手续。选项 D,会计档案的保管期限,从会计年度终了后的"第一天"算起。

17.【答案】 AD

【解析】《会计基础工作规范》中对于会计人员回避制度作出了规定,主要是从会计工作的特殊性出发,其具有一定的范围。具体来说,国家机关、国有企业、事业单位聘任会计人员应当实行回避制度。国家机关、国有企业、事业单位的单位负责人的直系亲属不得担任本单位的会计机构负责人、会计主管人员。国家机关、国有企业、事业单位的会计机构负责人、会计主管人员的直系亲属不得在本单位会计机构中担任出纳工作。

18.【答案】 ABC

【解析】 需要回避的直系亲属包括夫妻关系、直系血亲关系、三代以内旁系血亲以及姻亲关系。

19.【答案】 ABCD

【解析】 企业内部控制措施一般包括不相容职务分离控制、授权审批控制、会计系统控制、财产保护控制、预算控制、运营分析控制和绩效考评控制等。

20.【答案】 ABCD

【解析】 除财政部门外,审计、税务、金融管理等部门应当依照有关法律、行政法规规定的职责,对有关单位的会计资料实施监督检查,并出具检查结论。因此四个选项的表述都正确。

21.【答案】 ABD

【解析】 隐匿或者故意销毁依法应当保存的会计凭证、会计账簿、财务会计报告,尚不构成犯罪的,对其直接负责的主管人员和其他直接责任人员,可以处 3 000 元以上 50 000 元以下的罚款。

22.【答案】 ABD

【解析】 会计凭证是指记录经济业务发生或者完成情况的书面证明,是登记账簿的依据。每个企业都必须按一定的程序填制和审核会计凭证,根据审核无误的会计凭证进行账簿登记,如实反映企业的经济业务。

23.【答案】 BD

【解析】 选项 B,一张原始凭证所列的支出需要由多个单位共同负担时,应当由保存该原始凭证的单位开具原始凭证分割单给其他应负担的单位;选项 D,结账和更正错误的记账凭证可以不附原始凭证。

24.【答案】 ABD

【解析】 单位档案管理机构负责组织会计档案销毁工作,并与会计管理机构共同派员监销;电子会计档案的销毁还应当符合国家有关电子档案的规定,并由单位档案管理机构、会计管理机构和信息系统管理机构共同派员监销;单位负责人无需亲自组织会计档案的销毁工作。

25.【答案】 AD

【解析】 我国会计专业技术资格分为初级资格、中级资格和高级资格三个级别,分别对应初级、中级、副高级和正高级会计职称(会计专业职务)的任职资格。初级、中级资格实行全国统一考试制度,副高级会计师资格实行考试与评审相结合制度,正高级会计师资格实行评审制度。

26.【答案】 BD

【解析】 对不真实、不合法的原始凭证,会计机构及会计人员有权不予接受,并向单位负责人报告;对记载不准确、不完整的原始凭证予以退回,并要求按照国家统一会计制度的规定更正、补充。

27.【答案】 ABD

【解析】 会计凭证、会计账簿、财务会计报告属于会计档案。

28.【答案】 ACD

【解析】 根据我国《会计法》的规定,出纳不得兼管(兼任)稽核、会计档案保管和收入、费用、债权债务账目的登记工作。

29.【答案】 ABC

【解析】 选项 D 属于行政事业单位内部控制的目标。

30.【答案】 ACD

【解析】 选项 B 不属于代理记账机构可以办理的业务事项。

31.【答案】 ABD

【解析】 移交人员对所移交的会计凭证、会计账簿、会计报表和其他有关资料的合法性、真实性承担法律责任。接替人员应当认真接管移交工作,并继续办理移交的未了事项。即便接替人员在交接时因疏忽没有发现所接会计资料在合法性、真实性方面的问题,如事后发现仍应由原移交人员承担法律责任,原移交人员不应以会计资料已移交而推脱责任。

32.【答案】 ACD

【解析】 私设会计账簿的行为是指不在依法设置的会计账簿上对经济业务事项进行统一登记核算,而另外私自设置会计账簿进行会计核算的行为,即俗称的"两本账""账外账""小金库"等。

33.【答案】 AB

【解析】 选项 C 属于会计部门规章,选项 D 属于会计法律。

三、判断题

1.【答案】 ×

【解析】 单位负责人对本单位的会计工作和会计资料的真实性、完整性负责。

2.【答案】 √

3.【答案】 ×

【解析】 根据《会计档案管理办法》的规定,经鉴定可以销毁的会计档案,应当按照相关程序销毁。

4.【答案】 ×

【解析】 会计档案的保管期限,从会计年度终了后的第1天算起。

5.【答案】 ×

【解析】 内部审计的结果(内部审计报告)只对本单位负责,只作为本部门、本单位加强和改善经营管理的参考,且内部审计的结果不对外公开;注册会计师审计需要对被审计单位的投资者、债权人及其他各利益相关者负责,对外出具的审计报告具有鉴证作用。

6.【答案】 ×

【解析】 出纳不得兼管(兼任)稽核、会计档案保管和收入、费用、债权债务账目的登记工作。

7.【答案】 ×

【解析】 一般会计人员办理交接手续,由会计机构负责人(会计主管人员)监交。

8.【答案】 ×

【解析】 向不同的会计资料使用者提供的财务会计报告,其编制依据应当一致。

9.【答案】 √

10.【答案】 √

11.【答案】 ×

【解析】 会计监督可以分为单位内部监督、政府监督和社会监督。

12.【答案】 ×

【解析】 监销人在会计档案销毁前,应当按照会计档案销毁清册所列内容进行清点核对;在会计档案销毁后,应当在会计档案销毁清册上签名或盖章。

13.【答案】 √

14.【答案】 ×

【解析】 单位负责人应当保证财务会计报告真实、完整。

15.【答案】 √

16.【答案】 √

17.【答案】 ×

【解析】 根据《会计法》的规定,记账人员与经济业务事项和会计事项的审批人员、经办人员、财物保管人员的职责权限应当明确,并相互分离、相互制约。

18.【答案】 ×

【解析】《企业会计准则》属于会计部门规章,由国务院财政部门制定并发布。

19.【答案】 √

20.【答案】 √

【解析】 行政处分是国家行政机关依法对国家工作人员违反法律、法规、规章以及行政机关的决定和命令的行为实施的法律制裁。行政处分的对象仅限于直接负责的国家工作人员。

21.【答案】 ×

【解析】 向不同的会计资料使用者提供的财务会计报告编制依据不一致,情节严重的,5年内不得从事会计工作。

22.【答案】 √

23.【答案】 ×

【解析】 经办会计人员不需要在财务会计报告上签名并盖章。

24.【答案】 ×

【解析】 会计人员具有违反国家统一的会计制度的一般违法行为,情节严重的,5年内不得从事会计工作。

25.【答案】 ×

【解析】 各单位的预算、计划、制度等文件资料属于文书档案,不属于会计档案。

26.【答案】 √

27.【答案】 ×

【解析】 内部审计机构和内部审计人员应当保持独立性和客观性,不得负责被审计单位的业务活动、内部控制和风险管理的决策与执行。

28.【答案】 √

29.【答案】 √

30.【答案】 ×

【解析】 会计专业技术人员参加继续教育实行学分制管理,每年参加继续教育取得的学分不少于90学分。

31.【答案】 ×

【解析】 国家机关、国有企业、事业单位的单位负责人的直系亲属不得担任本单位的会计机构负责人、会计主管人员。

32.【答案】 ×

【解析】 国家机关、国有企业、事业单位的会计机构负责人、会计主管人员的直系亲属不得在本单位会计机构中担任出纳工作。财务经理将其女儿安排在本部门担任存货会计,没有违反会计人员回避制度。

33.【答案】 √

34.【答案】 √

35.【答案】 ×

【解析】 2017年11月5日起施行的新会计法删除了关于从事会计工作的人员必须取得会计从业资格证书的规定。

36.【答案】 √

37.【答案】 ×

【解析】 单位会计管理机构临时保管会计档案最长不超过3年。

38.【答案】 ×

【解析】 原始凭证不得外借,其他单位如因特殊原因需要使用本单位的原始凭证时,经本单位会计机构负责人、会计主管人员批准,可以复制。

四、案例分析题

(一)

1.【答案】 D

【解析】 赵某的观点不正确。根据规定,县级以上财政部门组织实施本行政区域内的会计信息质量检查工作,并依法对本行政区域单位或人员的违法行为(主要是指违反《会计法》的行为)实施行政处罚。

2.【答案】 AD

【解析】 会计人员临时离职或者因病不能工作且需要接替或者代理的,会计机构负责人(会计主管人员)或者单位领导人必须指定有关人员接替或者代理,并办理交接手续。出纳人员不得兼管(兼任)稽核、会计档案保管和收入、费用、债权债务账目的登记工作。因此选项 A、D 的表述正确。

3.【答案】 BD

【解析】 原始凭证金额有错误的,应当由出具单位重开,不得在原始凭证上更正。因此选项 B、D 的表述正确。

4.【答案】 AD

【解析】 2017 年 11 月 5 日起施行的新会计法删除了关于从事会计工作的人员必须取得会计从业资格证书等规定。新会计法规定会计人员应当具备从事会计工作所需要的专业能力并遵守职业道德;担任单位会计机构负责人(会计主管人员)的,应当具备会计师以上专业技术职务资格或者从事会计工作 3 年以上经历。因此选项 A、D 的表述正确。

5.【答案】 ABCD

【解析】 伪造、变造会计凭证、会计账簿,编制虚假财务会计报告,尚不构成犯罪的,由县级以上人民政府财政部门按照《会计法》的规定处理,具体包括:①通报。②罚款。县级以上人民政府财政部门对违法行为视情节轻重,在予以通报的同时,可以对单位并处 5 000 元以上 100 000 元以下的罚款;对其直接负责的主管人员和其他直接责任人员,可以处 3 000 元以上 50 000 元以下的罚款。③行政处分。属于国家工作人员的,应由其所在单位或者有关单位依法给予撤职直至开除的行政处分。④其中的会计人员,5 年内不得从事会计工作。因此四个选项表述都正确。

(二)

1.【答案】 D

【解析】 2017 年 11 月 5 日起施行的新会计法删除了关于从事会计工作的人员必须取得会计从业资格证书等规定,对会计人员应当具备从事会计工作所需要的专业能力并遵守职业道德、违法会计人员 5 年内不得从事会计工作或者不得再从事会计工作等作出了规定。

2.【答案】 A

【解析】 国家机关、国有企业、事业单位聘任会计人员应当实行回避制度。国家机关、国有企业、事业单位的会计机构负责人、会计主管人员的直系亲属不得在本单位会计机构中担任出纳工作。

3.【答案】 ABC

【解析】 会计工作岗位,可以一人一岗、一人多岗或者一岗多人。

4.【答案】 ABCD

【解析】 出纳人员不得兼管(兼任)稽核、会计档案保管和收入、费用、债权债务账目的登记工作。

5.【答案】 AC

【解析】 会计人员的工作岗位应当有计划地进行轮换。一般会计人员办理交接手续,由会计机构负责人(会计主管人员)负责监交。

(三)

1.【答案】 ACD

【解析】 根据《会计基础工作规范》的规定,国家机关、国有企业、事业单位的会计机构负责人、会计主管人员的直系亲属(夫妻关系、直系血亲关系、三代以内旁系血亲以及姻亲关系),不得在本单位会计机构中担任出纳工作。因此甲国有企业财务处处长的侄子不得在本单位担任出纳工作,但可以从事选项 A、C、D 的工作。

2.【答案】 CD

【解析】 内部稽核制度是指会计机构对于会计核算工作进行的一种自我检查或自我审核的制度,其目的在于防止会计核算中出现的差错和有关人员的舞弊,及时纠正日常核算工作中出现的疏忽、错误,保护会计核算工作的合法性、真实性和准确性;会计机构内部牵制制度在国际上也称为会计责任分离,它是通过实施岗位分离以主动实现账面间的相互核对来保证相关账目正确无误的一种控制制度。内部牵制制度要求单位的出纳人员不得兼管(兼任)稽核、会计档案保管和收入、费用、债权债务账目的登记工作。由出纳人员兼管会计档案保管工作违反了会计机构内部牵制制度和内部稽核制度的规定。

3.【答案】 BCD

【解析】 根据《会计法》的规定,原始凭证金额有错误的,应当由出具单位重开,不得在原始凭证上更正。原始凭证上除金额以外的其他事项有错误的,应当由出具单位重开或者更正,更正处应当加盖出具单位印章。因此只有选项 A 是正确的处理方法。

4.【答案】 C

【解析】 根据规定,伪造、变造会计凭证、会计账簿,编制虚假财务会计报告,尚不构成犯罪的,由县级以上人民政府财政部门予以通报,可以对单位并处 5 000 元以上 100 000 元以下的罚款;对其直接负责的主管人员和其他直接责任人员,可以处 3 000 元以上 50 000 元以下的罚款。

5.【答案】 C

【解析】 坚持准则是指会计人员在会计工作过程中,要严格根据会计法律制度进行业务处理,不为个人主观意愿或他人意志左右。本案例中财务处处长的行为违反了坚持准则的要求。该知识点属于第五章的内容,在此可以通过预习的方式来练习。

(四)

1.【答案】 A

【解析】 申请设立除会计师事务所以外的代理记账机构,应当经所在地的县级以上人民政府财政部门批准。

2.【答案】 AB

【解析】 丙为兼职从业人员,乙离职后,A代理记账公司仅有2名专职从业人员。根据《代理记账管理办法》的规定,代理记账机构的设立条件如下:①为依法设立的企业;②专职从业人员不少于3名;③主管代理记账业务的负责人具有会计师以上专业技术职务资格或者从事会计工作不少于3年,且为专职从业人员;④有健全的代理记账业务内部规范。

3.【答案】 ACD

【解析】 根据《代理记账管理办法》的规定,代理记账公司的业务范围如下:①根据委托人提供的原始凭证和其他资料,按照国家统一的会计制度的规定进行会计核算,包括审核原始凭证、填制记账凭证、登记会计账簿、编制财务会计报告等;②对外提供财务会计报告;③向税务机关提供税务资料;④委托人委托的其他会计业务。选项B属于注册会计师的业务范围。

4.【答案】 BCD

【解析】 对委托人要求其作出不当的会计处理,提供不实的会计资料,以及其他不符合法律、法规和国家统一的会计制度行为的,予以拒绝。

5.【答案】 CD

【解析】 授意、指使、强令会计机构、会计人员及其他人员伪造、变造会计凭证、会计账簿,编制虚假财务会计报告或者隐匿、故意销毁依法应当保存的会计凭证、会计账簿、财务会计报告,尚不构成犯罪的,由县级以上人民政府财政部门按照《会计法》的规定处理,对违法行为人处以5000元以上50000元以下的罚款,因此选项C正确。如果已经设立的代理记账机构没有持续符合代理记账机构的资格条件,经限期整改仍达不到代理记账机构资格条件的,则原审批机关可以撤回该机构的代理记账许可证书,因此选项D正确。

(五)

1.【答案】 A

【解析】 根据《会计法》的规定,各单位必须依照有关法律、行政法规的规定,接受财政、审计、税务等有关监督检查部门依法实施监督检查,如实提供会计凭证、会计账簿、财务会计报告和其他会计资料以及有关情况,不得拒绝、隐匿、谎报。

2.【答案】 ABD

【解析】 根据《会计基础工作规范》的规定,原始凭证金额有错误的,应当由出具单位重开,不得在原始凭证上更正。

3.【答案】 B

【解析】 根据规定,出纳不得兼管(兼任)稽核、会计档案保管和收入、支出、费用、债权债务账目的登记工作,选项A、C错误。会计机构负责人(会计主管人员)办理交接手续,由单位负责人监交,必要时主管单位可以派人会同监交,选项D错误。

4.【答案】 C

【解析】 根据规定,单位发生的各种经济业务事项应当在依法设置的会计账簿中统一登记核算,不得私设账簿登记核算;对私设会计账簿的行为,按规定应由县级以上人民政府财政部门责令限期改正,同时可以对单位并处3000元以上50000元以下的罚款;对其直接负责的主管人员和其他直接责任人员,可以处 2 000 元以上 20 000 元以下的罚款;情节严重的,会计人员 5 年内不得从事会计工作;构成犯罪的,依法追究刑事责任。

5.【答案】 ACD

【解析】 根据规定,伪造会计凭证、会计账簿及其他会计资料,是指以虚假的经济业务或者资金往来为前提,编造不真实的会计凭证、会计账簿和其他会计资料的行为,即"以假充真"。提供虚假财务会计报告,是指通过编造虚假的会计凭证、会计账簿及其他会计资料或篡改财务会计报告上的真实数据,使财务会计报告不真实、不完整地反映财务状况和经营成果,借以误导和欺骗会计资料使用者的行为,即"以假乱真"。

(六)

1.【答案】 C

【解析】 国家机关、国有企业、事业单位聘任会计人员应当实行回避制度。

2.【答案】 C

【解析】 会计人员回避制度的内容主要包括以下两点:①国家机关、国有企业、事业单位的单位负责人的直系亲属不得担任本单位的会计机构负责人、会计主管人员;②国家机关、国有企业、事业单位的会计机构负责人、会计主管人员的直系亲属不得在本单位会计机构中担任出纳工作。需要回避的直系亲属包括:夫妻关系、直系血亲关系、三代以内旁系血亲以及姻亲关系。徐某属于三代以内旁系血亲,应当回避,不能在本单位担任出纳。

3.【答案】 AB

【解析】 一般会计人员办理交接手续,由单位会计机构负责人(会计主管人员)负责监交。

4.【答案】 AC

【解析】 根据规定,接替人员应当继续使用移交的会计账簿,不得自行另立新账,以保持会计记录的连续性。

5.【答案】 BD

【解析】 原始凭证金额有错误的,应当由出具单位重开,不得在原始凭证上更正。原始凭证上除金额以外的其他事项有错误的,应当由出具单位重开或者更正,更正处应当加盖出具单位印章。

(七)

1.【答案】 BD

【解析】 根据规定,移交人员因病或者其他特殊原因不能亲自办理移交的,经单位领导人批准,可由移交人委托他人代办移交,但委托人应当对所移交的会计凭证、会计账簿、会计报表和其他有关资料的合法性、真实性承担法律责任。因此选项 B、D 的表述正确。

2.【答案】 AC

【解析】 未按照规定保管会计资料,致使会计资料毁损、灭失的行为属于会计违法行为。对于此类行为,由县级以上人民政府财政部门责令限期改正,同时可以对单位并处 3 000 元以上 50 000 元以下罚款;对其直接负责的主管人员和其他直接责任人员,可以处 2 000 元以上 20 000 元以下的罚款。因此选项 A、C 的说法正确。

3.【答案】 BD

【解析】 单位负责人对本单位的会计工作和会计资料的真实性、完整性负责,因此选项 B 正确;虽然是会计科长授意造假,但会计人员仍应对其会计造假行为承担相应的法律责任,因此选项 D 正确。

4.【答案】 ABD

【解析】 根据《会计基础工作规范》的规定,国家机关、国有企业、事业单位的会计机构负责人、会计主管人员的直系亲属不得在本单位会计机构中担任出纳工作,会计工作岗位的设置应遵循相互牵制等内部控制制度的原则,因此选项 A、B 正确。根据新会计法,担任出纳岗位,不需要持有会计从业资格证书,也不需要持有初级会计资格证书,因此选项 D 正确。

5.【答案】 ABC

【解析】 会计人员回避制度的内容主要包括以下两点:①国家机关、国有企业、事业单位的单位负责人的直系亲属不得担任本单位的会计机构负责人、会计主管人员;②国家机关、国有企业、事业单位的会计机构负责人、会计主管人员的直系亲属不得在本单位会计机构中担任出纳工作。需要回避的直系亲属包括夫妻关系、直系血亲关系、三代以内旁系血亲以及姻亲关系。因此选项 D 的说法错误,其余三个选项的说法正确。

第二章 结算法律制度

【分节习题必会】答案及解析

第一节 现 金 结 算

一、单项选择题

1.【答案】 B

【解析】 开户单位在规定的现金使用范围内从开户银行提取现金时,应当写明用途,由本单位财会部门负责人签字盖章,经开户银行审核后,予以支付现金。

2.【答案】 B

【解析】 需要增加或减少单位现金使用限额的,应当向开户银行申请,由开户银行核定。

3.【答案】 B

【解析】 职工工资、津贴属于开户单位使用现金的范围。

二、多项选择题

1.【答案】 AB

【解析】 选项 C,边远地区开户单位的库存现金限额,可以多于 5 天,但不得超过 15 天;选项 D,商业和服务行业的找零备用现金也要根据营业额核定定额,但不包括在开户单位的库存现金限额之内。

2.【答案】 BD

【解析】 在银行单独开立账户单位的现金显然属于开户单位的库存现金限额之内,

选项 C 不符合题意;对没有在银行单独开立账户的附属单位也要实行现金管理,必须保留的现金,也要核定限额,其限额包括在开户单位的库存限额之内,选项 A 不符合题意。商业和服务行业的找零备用现金也要根据营业额核定定额,但不包括在开户单位的库存现金限额之内,因此选项 B、D 符合题意。

3.【答案】 ACD

【解析】 开户单位支付现金,可以从本单位库存现金限额中支付或者从开户银行提取,不得从本单位的现金收入中直接支付。但因特殊情况需要坐支现金的单位,应当事先报经开户银行审查批准,由开户银行核定坐支范围和限额。坐支单位必须在现金账上如实反映坐支金额,并按月向开户银行报送坐支金额和使用情况。因此,选项 B 不符合现金收支规定。

4.【答案】 ABCD

【解析】 四个选项的表述都正确。

5.【答案】 ABCD

【解析】 1 000 元结算起点以上的,除了向个人收购农副产品和其他物资的价款和出差人员必须随身携带的差旅费以外,不能使用现金。

6.【答案】 AB

【解析】 对于单位向个人收购农副产品和其他物资的价款以及出差人员必须随身携带的差旅费等,现金支付不受结算起点的限制,选项 A 正确。开户单位在销售活动中,不得对现金结算给予比转账结算优惠的待遇,选项 C 不正确。开户单位不得拒收支票、银行汇票和银行本票,选项 B 正确。各单位之间的经济往来,支付结算限额以上的货币结算,不可使用现金,选项 D 不正确。

7.【答案】 ABCD

【解析】 四个选项都属于现金结算的特点。

三、判断题

1.【答案】 ×

【解析】 一个单位在几家银行开户的,只能在一家银行开设现金结算账户支取现金,并由该家开户银行负责核定开户单位的库存现金限额并进行现金管理监督。

2.【答案】 √

第二节 支付结算概述

一、单项选择题

1.【答案】 B

【解析】 中文大写金额数字到"分"为止的,在"分"之后不能写"整"字。

2.【答案】 B

【解析】 中文大写金额数字前应标明"人民币"字样,大写金额数字应紧接"人民币"字样填写,不得留有空白,因此选项 A 排除。阿拉伯数字中间连续有几个"0"时,中文大写金额中间可以只写一个"零"字;阿拉伯数字万位或元位是"0",或者数字中间连续有几个"0",万位、元位也是"0",但千位、角位不是"0"时,中文大写金额中可以只写一个"零"字,也可以不写"零"字,因此选项 D 排除。大写金额数字有"分"的,"分"后面不写"整"(或"正")字,因此选项 C 排除，选项 B 正确。

3.【答案】 B

【解析】 单位、银行在票据和结算凭证上的签章，为该单位、银行的盖章，加其法定代表人或者其授权的代理人的签名或者盖章。

4.【答案】 B

【解析】 支付结算实行"统一领导，分级管理"相结合的管理体制；统一管理——中国人民银行总行，分级管理——中国人民银行各地分支行。

5.【答案】 B

【解析】 票据的出票日期必须使用中文大写。

6.【答案】 B

【解析】 在填写月、日时，月为壹、贰和壹拾的，日为壹至玖和壹拾、贰拾和叁拾的，应在其前加"零"。出票日期 2 月 20 日，中文大写在月、日之前均要加零，因此选项 B 正确。

7.【答案】 D

【解析】 支付结算使用票据、信用卡和汇兑、托收承付、委托收款等结算方式，不包括用现金结算，因此选项 D 正确。

二、多项选择题

1.【答案】 ABD

【解析】 金额数字书写中使用繁体字，也应受理，因此选项 A 正确；选项 B、D 表述正确；票据的出票日期必须使用中文大写，因此选项 C 错误。

2.【答案】 ABCD

【解析】 支付结算方面的法律、法规和制度主要包括：《票据法》、《票据管理实施办法》、《支付结算办法》、《人民币银行结算账户管理办法》等。

3.【答案】 ABD

【解析】 单位和银行在票据上记载的名称可以是全称，也可以是规范化的简称。

4.【答案】 ABCD

【解析】 本题中的四个选项都属于办理支付结算的基本要求。

5.【答案】 AD

【解析】 我国传统的人民币非现金支付工具主要包括"三票一卡"和结算方式。"三票一卡"是指汇票、本票、支票和银行卡，结算方式包括汇兑、托收承付和委托收款等。

6.【答案】 ABC

【解析】 单位、个人和银行签发票据、填写结算凭证，应按照支付结算办法和《正确填写票据和结算凭证的基本规定》记载，单位和银行的名称应当记载全称或者规范化简称。

7.【答案】 ABCD

【解析】 本题中四个选项均可作为支付结算和资金清算的主体。

三、判断题

1.【答案】 √

2.【答案】 ×

【解析】　支付结算的基本原则之一为"银行不垫款"。

第三节　银行结算账户

一、单项选择题

1.【答案】　B

【解析】　银行违反规定为存款人多头开立银行结算账户,对银行应给予警告,并处以 5 万元以上 30 万元以下的罚款。

2.【答案】　B

【解析】　基本存款账户是存款人的主办账户,一个单位只能开立一个基本存款账户。开立基本存款账户是开立其他银行结算账户的前提。

3.【答案】　C

【解析】　临时存款账户可以按照国家现金管理的办法支取现金,因此选项 A 错误。基本存款账户和临时存款账户均不可以向银行借款,因此选项 B 错误。存款人只能在银行开设一个基本存款账户,因此选项 D 错误。

4.【答案】　B

【解析】　中国人民银行是银行结算账户的监督管理部门。

5.【答案】　D

【解析】　伪造、变造、私自印制开户许可证,对经营性存款人应给予警告并处 1 万元以上 3 万元以下的罚款,构成犯罪的,移交司法机关依法追究刑事责任。

6.【答案】　C

【解析】　因借款转存开立的一般存款账户,因此可以在开户当日将借款金额划转至基本存款账户,因此选项 D 正确;选项 C,存款人开立一般存款账户不需要核准。

7.【答案】　C

【解析】　存款人更改名称,但不改变开户银行及账号的,应于 5 个工作日内向开户银行提出银行结算账户的变更申请,并出具有关部门的证明文件。

8.【答案】　A

【解析】　个人银行结算账户是指存款人因投资、消费、结算等需要而凭个人身份证件以自然人名称开立的银行结算账户。个人银行账户分为Ⅰ类银行账户、Ⅱ类银行账户和Ⅲ类银行账户,因此选项 A 错误。个人银行结算账户用于办理个人转账收付和现金存取。根据个人银行账户实名制的要求,存款人申请开立个人银行结算账户时,应向银行出具本人有效身份证件。

9.【答案】　D

【解析】　专用存款账户是指存款人按照法律、行政法规和规章,对其特定用途资金进行专项管理和使用而开立的银行结算账户。

二、多项选择题

1.【答案】　AD

【解析】　一般存款账户用于办理存款人借款转存、借款归还和其他结算的资金收付。一般存款账户可以办理现金缴存,但不得办理现金支取。

2.【答案】 ABCD

【解析】 本题中的四个选项表述都正确。

3.【答案】 ABD

【解析】 下列款项可以转入个人银行结算账户:工资、奖金收入;稿费、演出费等劳务收入;债券、期货、信托等投资的本金和收益;个人债券和产权转让收益;个人贷款转存;证券交易结算资金和期货交易保证金;继承、赠与款项;保险理赔、保费退款等款项;纳税退还;农、副、矿产品销售收入;其他合法款项。

4.【答案】 BD

【解析】 单位的法定代表人或主要负责人、住址以及其他开户资料发生变更时,应于5个工作日内书面通知开户银行并提供有关证明。撤销银行结算账户时,应先撤销一般存款账户、专用存款账户、临时存款账户,将账户资金转入基本存款账户后,方可办理基本存款账户的撤销。

5.【答案】 ABCD

【解析】 本题中的四个选项中均属于银行结算账户的开立程序。

6.【答案】 BD

【解析】 银行结算账户按开立主体分为单位银行结算账户和个人银行结算账户。

7.【答案】 ABC

【解析】 银行应建立存款人预留签章卡片,并将签章式样和有关证明文件的原件或复印件留存归档。存款人为单位的,其预留签章为该单位的公章或财务专用章加其法定代表人(单位负责人)或其授权的代理人的签名或者盖章。存款人为个人的,其预留签章为该个人的签名或者盖章。

8.【答案】 ABCD

【解析】 选项A、B、C的说法都太绝对了,注意前提"法律、行政法规另有规定的除外";选项D应为单位存款人而非所有存款人。

9.【答案】 ABCD

【解析】 本题中的四个选项均属于银行结算账户管理的基本原则。

10.【答案】 ABCD

【解析】 基本存款账户的使用范围包括:存款人日常经营活动的资金收付以及存款人的工资、奖金和现金的支取,因此选项A错误。单位设立的非独立核算的附属机构不可以申请开立基本存款账户,因此选项B错误。基本存款账户不能办理基本建设资金,能够办理该项业务的账户应当是专用存款账户,因此选项C错误。企业法人开立基本存款账户时,应出具企业法人营业执照,因此选项D错误。

11.【答案】 ACD

【解析】 选项B,临时存款账户应根据有关开户证明文件确定的期限或存款人的需要确定其有效期限,最长不得超过2年。

三、判断题

1.【答案】 √

2.【答案】 √

3.【答案】 ×

【解析】 基本存款账户是存款人的主办账户,一个单位只能开立一个基本存款账户。

第四节 票据结算方式

一、单项选择题

1.【答案】 B

【解析】 银行汇票的有效期限为自出票日起 2 年,因此选项 B 正确。也就是说,从出票日算起,在 2 年之内,收款人或者持票人都可以持汇票向出票银行请求付款,付款人不得以超过提示付款期限为由拒绝付款。

2.【答案】 C

【解析】 背书未记载日期的,视为在票据到期日前背书,因此选项 C 是相对记载事项。选项 B 和选项 D 是必须记载事项,选项 A 是不具有法定票据效力的事项。

3.【答案】 B

【解析】 票据行为包括出票、背书、承兑和保证四种。

4.【答案】 B

【解析】 支票的持票人应当自出票日起 10 日内提示付款。

5.【答案】 B

【解析】 商业汇票的付款期限,最长不得超过 6 个月。

6.【答案】 C

【解析】 出票人签发空头支票或者签发与其预留签章不符的支票,不以骗取财物为目的的,由中国人民银行处以票面金额 5% 但不低于 1 000 元的罚款。

7.【答案】 D

【解析】 保证不得附有条件;附有条件的,不影响对汇票的保证责任。

8.【答案】 D

【解析】 签发空头支票或者签发与其预留的签章不符的支票,不以骗取财物为目的的,由中国人民银行处以票面金额 5% 但不低于 1 000 元的罚款;持票人有权要求出票人赔偿支票金额 2% 的赔偿金。乙公司支付赔偿金的数额=100 000×2%=2 000(元)。

9.【答案】 D

【解析】 银行汇票的必须记载事项有:表明"银行汇票"的字样;无条件支付的承诺;出票金额;付款人名称;收款人名称;出票日期;出票人签章。汇票上未记载上述事项之一的,汇票无效。

10.【答案】 D

【解析】 申请人缺少解讫通知要求退款的,出票银行应于银行汇票提示付款期限满 1 个月后办理。

11.【答案】 B

【解析】 付款请求权是指持票人向汇票的承兑人、本票的出票人、支票的付款人出示票据要求付款的权利。在本题中,持票人甲公司委托其开户银行向承兑人收取票款,行使的是付款请求权。

12.【答案】 C

【解析】 商业汇票的提示付款期限,自汇票到期日起10日内,选项C错误。

13.【答案】 C

【解析】 根据规定,背书人在汇票上记载"不得转让"字样,其后手再背书转让的,原背书人对后手的被背书人不承担票据责任。

14.【答案】 C

【解析】 票据金额以中文大写和阿拉伯数码同时记载,两者必须一致,两者不一致的,票据无效。因此,选项C的说法是错误的。

二、多项选择题

1.【答案】 ABD

【解析】 支票按支付票款的方式不同,分为现金支票、转账支票和普通支票三种。

2.【答案】 ACD

【解析】 出票人在票据上的签章不符合《票据法》等规定的,票据无效。

3.【答案】 ABCD

【解析】 行使追索权的当事人除票据记载的收款人和最后被背书人之外,还可能有代为清偿票据债务的保证人、背书人。

4.【答案】 ABCD

【解析】 甲是出票人,乙是背书转让背书人,丙是保证人,丁是背书人。因此甲、乙、丙、丁都需要承担票据义务。

5.【答案】 BD

【解析】 支票上的金额、收款人名称可以由出票人授权补记。

6.【答案】 ABD

【解析】 商业汇票的出票效力包括对收款人的效力、对付款人的效力、对出票人的效力。

7.【答案】 ABCD

【解析】 本题中四个选项的表述都正确。

8.【答案】 ACD

【解析】 背书附条件的,票据依然有效,背书也依然有效,只是所附条件不产生票据法上的效力。

9.【答案】 ABCD

【解析】 票据当事人包括基本当事人和非基本当事人。票据的基本当事人包括出票人、付款人和收款人;非基本当事人包括承兑人、背书人、被背书人、保证人等。

10.【答案】 AC

【解析】 将汇票金额的一部分或者将汇票金额分别转让给两人以上的背书无效,即部分背书无效。

11.【答案】 ABD

【解析】 银行本票的提示付款期限自出票日起最长不得超过2个月。

12.【答案】 AC

【解析】 银行汇票、本票和支票(包括现金支票和转账支票)均为见票即付;商业汇票(包括银行承兑汇票和商业承兑汇票)可以是见票即付票据,也可以是远期票据(附设到期日)。

13.【答案】 ABD

【解析】 票据转让时,由背书人签章。因此,选项C不符合题意。

14.【答案】 ACD

【解析】 选项A,支票的基本当事人包括付款人;选项C,支票不可以透支;选项D,划线支票只能用于转账,不能支取现金。

15.【答案】 ABCD

【解析】 承兑的效力包括:承兑人于汇票到期日必须向持票人无条件地支付汇票上的金额,否则其必须承担迟延付款责任;承兑人必须对汇票上的一切权利人承担责任,该权利人包括付款请求权人和追索权人;承兑人不得以其与出票人之间的资金关系来对抗持票人拒绝支付汇票金额;承兑人的票据责任不因持票人未在法定期限提示付款而解除。持票人未按照上述规定期限提示付款的,在作出说明后,承兑人或者付款人仍应当继续对持票人承担付款责任。

16.【答案】 AC

【解析】 持票人未按规定期限提示付款的,在作出说明后,承兑人或者付款人(出票人)仍应当继续对持票人承担付款责任。

17.【答案】 ABCD

【解析】 出票人签发空头支票、签章与预留银行签章不符的支票、支付密码错误的支票,银行应予以退票;签发支票应当使用碳素墨水或墨汁填写。

18.【答案】 ABD

【解析】 票据当事人是指票据法律关系中享有票据权利、承担票据义务的当事人,也称票据法律关系主体。票据当事人可以分为基本当事人和非基本当事人。其中,基本当事人是指在票据作成和交付就已存在的当事人,是构成票据法律关系的必要主体,包括出票人、付款人和收款人。非基本当事人是指在票据作成并交付后,通过一定的票据行为加入票据关系而享有一定权利、承担一定义务的当事人。若没有这些行为,该当事人是不存在的。因背书行为产生背书人和被背书人;因票据的承兑行为而产生承兑人;因票据的保证行为而产生保证人。

三、判断题

1.【答案】 ×

【解析】 支票上的金额、收款人名称,可由出票人授权补记,未补记前不可以背书转让。

2.【答案】 √

3.【答案】 √

4.【答案】 ×

【解析】 银行汇票可以用于转账,标明"现金"字样的银行汇票也可以提取现金。

5.【答案】 ×

【解析】 持票人未按照规定期限提示付款的,在作出说明后,承兑人或者付款人仍应当继续对持票人承担付款责任。

6.【答案】 ×

【解析】 根据规定,背书附有条件的,所附条件不具有汇票上的效力,背书仍然有效。

7.【答案】 √

8.【答案】 ×

【解析】 持票人未按照规定期限提示付款的,持票人开户银行不予受理,但在作出说明后,承兑人或者付款人仍应当继续对持票人承担付款责任。

9.【答案】 ×

【解析】 "不得转让"属于任意记载事项,未记载时不影响票据效力,记载时则产生票据效力;出票人记载"不得转让"的,票据不得背书转让。

四、案例分析题

1.【答案】 BCD

【解析】 A公司签发的支票金额超过了付款时在银行实有的存款金额,属于空头支票。

2.【答案】 BD

【解析】 供应商有权要求A公司给予赔偿票面金额2‰的赔偿金,该数额是18 000元;供应商不获付款可以找A公司追索。

3.【答案】 A

【解析】 出票人签发空头支票或者签发与其预留签章不符的支票,不以骗取财务为目的的,由中国人民银行处以票面金额5‰但不低于1 000元的罚款。因本题票面金额为90万元,显然5‰要超过1 000元,因此选项A的说法正确;对于屡次签发空头支票的,银行应停止其签发支票,本案中并未提及A公司屡次签发,因此选项D的说法错误。

4.【答案】 AC

【解析】 甲银行是汇票的承兑人,应承担付款义务,因此选项D的说法错误;付款人及代理付款人付款时,应当审查汇票背书的连续,因此选项B的说法错误。

5.【答案】 C

【解析】 A公司将汇票转让给供货方时应在背书人处签章,因此选项A的说法错误;如在背书转让时背书人未记载被背书人名称即将票据交付他人,持票人在票据被背书人栏内记载自己的名称与背书人记载具有同等法律效力,因此选项B、D的说法错误。

第五节 银 行 卡

一、单项选择题

1.【答案】 C

【解析】 单位人民币卡在使用过程中,需要向其账户续存资金的,一律从其基本账户转账存入,不得交存现金,不得将销货收入的款项存入单位卡账户。个人人民币卡账户的资金以其持有的现金存入或以其工资性款项、属于个人的合法的劳务报酬、投资回报等收入转账存入。严禁将单位的款项存入个人卡账户。因此,只有选项 C 表述错误。

2.【答案】 B

【解析】 发卡行受理注销申请之日起 45 日后,被注销信用卡账户方能清户。

二、多项选择题

1.【答案】 AC

【解析】 单位人民币卡在使用过程中,需要向其账户续存资金的,一律从其基本存款账户转账存入,因此选项 A 错误;严禁将单位的款项存入个人卡账户,因此选项 C 错误。

2.【答案】 AB

【解析】 贷记卡持卡人非现金交易享受免息还款期待遇和最低还款额待遇。免年费待遇和免收账户维护费待遇只是部分发卡银行为争夺客户采取的措施,并不是一个普遍性的制度规定。

3.【答案】 AB

【解析】 信用卡按照是否向发卡银行交存备用金分为贷记卡和准贷记卡两类。

三、判断题

1.【答案】 √

2.【答案】 ×

【解析】 发卡银行应当对借记卡持卡人在自动柜员机(ATM 机)取款设定交易上限,每卡每日累计提款不得超过 20 000 元人民币。储值卡的面值或卡内币值不得超过 1 000 元人民币。

3.【答案】 √

4.【答案】 √

第六节　其他结算方式

一、单项选择题

1.【答案】 C

【解析】 托收承付结算方式中,验货付款的承付期为 10 天,从运输部门向付款人发出提货通知的次日算起。付款人在承付期内,未向银行表示拒绝付款,银行即视作承付,并在承付期满的次日(遇法定休假日顺延)上午银行开始营业时,将款项划给收款人。本题中,3 月 4 日发出提货通知,从 3 月 5 日开始计算,10 天后是 3 月 14 日,因为 3 月 14 日和 15 日为法定休假日,所以乙公司开户银行向甲公司划拨货款的日期为 3 月 16 日。

2.【答案】 D

【解析】 付款人在承付期可以向银行提出全部拒付和部分拒付,但必须填写"拒付理由书"并签章,注明拒付理由。因此,选项 D 错误。

3.【答案】 B

【解析】 汇入银行对于向收款人发出取款通知,经过 2 个月无法交付的汇款,应主动办理退汇。

4.【答案】 C

【解析】 信用证结算适用于银行为国内企事业单位之间货物和服务贸易提供的信用证服务。信用证只限于转账结算,不得支取现金,选项 A、B 错误;信用证的付款期限最长不超过一年,因此选项 D 错误。

5.【答案】 C

【解析】 验货付款的承付期为 10 天。

二、多项选择题

1.【答案】 ACD

【解析】 签发托收凭证(委托收款凭证)必须记载下列事项:①表明"委托收款"的字样;②确定的金额;③付款人名称;④收款人名称;⑤委托收款凭据名称及附寄单证张数;⑥委托日期;⑦收款人签章。欠缺记载上列事项之一的,银行不予受理。

2.【答案】 ABCD

【解析】 本题中四个选项均表述正确。

三、判断题

1.【答案】 √

2.【答案】 ×

【解析】 根据支付结算法律制度的有关规定,汇入银行对于向收款人发出取款通知,经过 2 个月无法交付的汇款,应主动办理退汇。

3.【答案】 ×

【解析】 汇款回单只能作为汇出银行受理汇款的依据,不能作为该笔汇款已转入收款人账户的证明。

第七节 电 子 支 付

一、单项选择题

1.【答案】 B

【解析】 选项 B,电子支付服务的主要提供方有银行和支付机构。

2.【答案】 B

【解析】 分支型网上银行是当前网上银行的主要形式。

3.【答案】 D

【解析】 风险防范能力达到 A 级,即采用包括数字证书或电子签名在内的两类(含)以上有效要素对交易进行验证的,银行、支付机构可与客户通过协议自主约定单日累计限额。

4.【答案】 C

【解析】 条码支付业务包括付款扫码和收款扫码。付款扫码是指付款人通过移动终端识读收款人展示的条码完成支付的行为。收款扫码是指收款人通过识读付款人移动终端展示的条码完成支付的行为。选项 C 属于收款扫码。

二、多项选择题

1.【答案】 CD

【解析】 网上银行按主要服务对象的不同,分为企业网上银行和个人网上银行。

2.【答案】 AB

【解析】 网上银行按经营组织的不同,分为单纯网上银行和分支型网上银行。

3.【答案】 ABD

【解析】 个人网上业务子系统的具体业务功能包括:(1)账户信息查询。(2)人民币转账业务。(3)银证转账业务。(4)外汇买卖业务。(5)账户管理业务。(6)B2C(Business to Customer)网上支付。B2C("商业机构对消费者的电子商务"的简称),是指企业与消费者之间进行的在线式零售商业活动,包括网上购物和网上拍卖等。选项 C,B2B 网上支付是企业网上银行子系统的功能。

4.【答案】 AB

【解析】 银行的电子支付方式主要有网上银行、手机银行和条码支付等,支付机构的电子支付方式主要有网络支付、条码支付等。

三、判断题

1.【答案】 √

2.【答案】 ×

【解析】 在个人网上银行的账户管理业务中,系统提供客户对本人网上银行各种权限功能、客户信息的管理以及账户的挂失。

3.【答案】 √

4.【答案】 √

【本章习题必练】答案及解析

一、单项选择题

1.【答案】 B

【解析】 汇款人对汇出银行已经汇出的款项可以申请退汇。

2.【答案】 B

【解析】 个人在票据和结算凭证上的签章,应为该个人本名的签名或者盖章。

3.【答案】 B

【解析】 单位设立的独立核算的附属机构,才具备开立基本存款账户的资格。

4.【答案】 C

【解析】 支票上的金额、收款人名称可以由出票人授权补记,未补记前不得背书转让和提示付款。

5.【答案】 C

【解析】 承兑是汇票特有的制度,选项 A 错误;商业承兑汇票可以由付款人签发并承兑,也可以由收款人签发交由付款人承兑,选项 B、D 错误。

6.【答案】 B

【解析】 单位和个人在同一票据交换区域需要支付的各种款项,均可以使用银行本票。

7.【答案】 A

【解析】 一般存款账户用于办理借款转存、借款归还和其他结算的资金收付。一般存款账户可以办理现金缴存,但不得办理现金支取。

8.【答案】 B

【解析】 选项A,中文大写金额应用正楷或行书填写,不得自造简化字;选项C,中文大写金额数字到"角"为止的,在角之后可以写"整"字,也可以不写"整"字;选项D,票据的出票日期必须使用中文大写。

9.【答案】 B

【解析】 保证不得附有条件;附有条件的,所附条件不影响对汇票的保证责任,即所附条件无效,保证本身仍然具有效力。

10.【答案】 B

【解析】 对于经营性存款人,在使用银行结算账户的过程中,违反规定支取现金的,给予警告并处以 5 000 元以上 30 000 元以下罚款。

11.【答案】 D

【解析】 承兑是商业汇票特有的制度。

12.【答案】 D

【解析】 单位和银行的名称应当记载全称或者规范化简称。

13.【答案】 B

【解析】 票据的出票日期必须使用中文大写。月为壹、贰和壹拾的,日为壹至玖和壹拾、贰拾和叁拾的,应在其前加"零",日为拾壹至拾玖的,应在其前加"壹"。

14.【答案】 D

【解析】 结算起点的调整,由中国人民银行确定,报国务院备案。

15.【答案】 D

【解析】 大写金额数字有"分"的,"分"后面不写"整"或"正"字。阿拉伯小写金额数字中有"0"的,中文大写应按照汉语语言规律、金额数字构成和防止涂改的要求进行书写。正确的写法为人民币贰万肆仟陆佰零玖元零捌分。

16.【答案】 B

【解析】 银行汇票必须记载的事项有:①表明"银行汇票"的字样;②无条件支付的承诺;③出票金额;④付款人名称;⑤收款人名称;⑥出票日期;⑦出票人签章。

17.【答案】 B

【解析】 根据《现金管理暂行条例》的规定,开户单位可以在以下范围内使用现金:①职工工资、津贴;②个人劳务报酬;③根据国家规定颁发给个人的科学技术、文化艺术、体育等各种奖金;④各种劳保、福利费用以及国家规定的对个人的其他支出;⑤向个人收购农副产品和其他物资的价款;⑥出差人员必须随身携带的差旅费;⑦结算起点(1 000 元)以下的零星支出;⑧中国人民银行确定需要支付现金的其他支出。

18.【答案】 D

【解析】 存款人申请开立临时存款账户,应向银行出具的证明文件:临时机构,应出具其驻在地主管部门同意设立临时机构的批文;异地建筑施工及安装单位,应出具其营业执照正文或其隶属单位的营业执照正本、施工及安装地建设主管部门核发的许可证或建筑施工及安装合同,以及基本存款账户开户许可证;异地从事临时经营活动的单位,应出具其营业执照正本、临时经营地工商行政管理部门的批文,以及基本存款账户开户许可证;注册验资资金,应出具工商行政管理部门核发的企业名称预先核准通知书或有关部门的批文。

19.【答案】 B

【解析】 存款人在开立、撤销银行结算账户过程中,有下列行为之一的:

(1)违反规定开立银行结算账户;

(2)伪造、变造证明文件欺骗银行开立银行结算账户;

(3)违反规定不及时撤销银行结算账户。

对于非经营性的存款人,有上述所列行为之一的,给予警告并处以1 000元的罚款;对于经营性的存款人,有上述所列行为之一的,给予警告并处以10 000元以上30 000元以下的罚款;构成犯罪的,移交司法机关依法追究刑事责任。

20.【答案】 B

【解析】 委托收款以银行以外的单位或在银行开立存款账户的个人为收款人的,委托收款凭证必须记载收款人开户银行名称。

21.【答案】 A

【解析】 存款人需要在异地开立个人银行结算账户的,应出具在住所地开立账户所需的证明文件。

22.【答案】 D

【解析】 票据金额以中文大写和阿拉伯数字同时记载,两者必须一致;两者不一致的,票据无效。

23.【答案】 C

【解析】 支票是出票人签发的,委托办理支票存款业务的银行在见票时无条件支付确定的金额给收款人或者持票人的票据。

24.【答案】 C

【解析】 狭义票据仅指支票、本票和汇票。

25.【答案】 D

【解析】 汇票的债务可以由保证人承担保证责任,保证人由汇票债务人以外的他人担当。保证人在汇票或者粘贴单上未记载保证日期的,出票日期为保证日期。保证不得附有条件;附有条件的,所附条件不影响对商业承兑汇票的保证责任。保证人为两人以上的,保证人之间承担连带责任。

26.【答案】 D

【解析】 选项A,逾期提示付款的,将丧失对一般前手的追索权,但不丧失对出票人、承兑人(如果有)的追索权。选项B,汇票的出票人、背书人、承兑人和保证人对持票人承担连带责任,持票人可以不按照汇票债务人的先后顺序,对其中任何一人、数人或者全体行使追索权。选项C,持票人行使追索权或保全票据的权利后,可以向前手请求清偿法定的金额和费用。

27.【答案】 C

【解析】 商业汇票的付款人为承兑人。

28.【答案】 C

【解析】 付款人承兑商业汇票,不得附有条件;承兑附有条件的,视为拒绝承兑。

29.【答案】 B

【解析】 支票的必须记载事项有:①表明"支票"的字样;②无条件支付的委托;③确定的金额;④付款人名称;⑤出票日期;⑥出票人签章。其中支票上的金额、收款人名称可以由出票人授权补记,未补记前不得背书转让和提示付款。

30.【答案】 C

【解析】 根据《票据法》的规定,持票人对支票出票人的权利,自出票日起6个月不行使而消灭。

31.【答案】 D

【解析】 根据规定,对住房基金、社会保障基金的管理与使用,存款人可以申请开立专用存款账户。

32.【答案】 B

【解析】 单位卡在使用过程中,需要向其账户续存资金的,一律从其基本存款账户转账存入,不得交存现金,不得将销货收入的款项存入其账户。

33.【答案】 B

【解析】 纸质商业汇票必须记载事项有:①表明"商业承兑汇票"或"银行承兑汇票"的字样;②无条件支付的委托;③确定的金额;④付款人名称;⑤收款人名称;⑥出票日期;⑦出票人签章。

34.【答案】 C

【解析】 一般存款账户用于办理存款人借款转存、借款归还和其他结算的资金收付。一般存款账户可以办理现金缴存,但不得办理现金支取。

35.【答案】 D

【解析】 银行卡是指经批准由商业银行(含邮政金融机构)向社会发行的具有消费信用、转账结算、存取现金等全部或部分功能的信用支付工具。

36.【答案】 D

【解析】 存款人办理异地借款和其他结算需要开立一般存款账户的,可以在异地开立有关银行结算账户。

37.【答案】 D

【解析】 单位、个人和银行办理支付结算,必须使用按中国人民银行统一规定印制的票据和结算凭证。未使用按中国人民银行统一规定印制的票据,票据无效;未使用中国人民银行统一规定格式的结算凭证,银行不予受理。

38.【答案】 C

【解析】 根据规定,票据的出票日期必须使用中文大写。

39.【答案】 B

【解析】 票据金额、出票日期、收款人名称不得更改,更改的票据无效。

40.【答案】 A

【解析】 银行在收到存款人撤销银行结算账户的申请后,对于符合销户条件的,应在2个工作日内办理撤销手续。

41.【答案】 D

【解析】 一般存款账户用于办理存款人借款转存、借款归还和其他结算的资金收付。

42.【答案】 A

【解析】 基本存款账户、临时存款账户可以支取现金,一般存款账户不得办理现金支取。个人银行结算账户用于办理个人转账收付和现金存取。

43.【答案】 A

【解析】 存款人签发空头支票,按票面金额对其处以 5‰但不低于 1 000 元罚款。30 000×5‰＝1 500(元),超过了 1 000 元,因此按照 1 500 元来处罚。

44.【答案】 C

【解析】 保证应由汇票债务人之外的他人承担,选项 A 错误;票据保证是一种书面行为,必须记载于汇票或粘单上。如果另行签订保证合同的或者保证条款的,不属于票据保证,选项 B 错误;保证不得附有条件;附有条件的,所附条件不影响对汇票的保证责任,即所附条件无效,保证本身仍然具有效力,选项 D 错误。

45.【答案】 D

【解析】 根据规定,付款人承兑汇票,不得附有条件;承兑附有条件的,视为拒绝承兑。

46.【答案】 C

【解析】 选项 A,根据规定,企业网上银行适用于企事业单位;选项 B,B2B 指的是企业与企业之间进行的电子商务活动;选项 D,银证转账业务是个人网上子系统的业务功能。

二、多项选择题

1.【答案】 ABCD

【解析】 现金结算的特点有四个:选项 A 反映的是直接便利的特点;选项 B 反映的是费用较高的特点;选项 C 反映的是不安全性的特点;选项 D 反映的是不易宏观控制和管理的特点。

2.【答案】 ABCD

【解析】 目前,我国常见的条码支付,除银行及支付机构的条码支付外,还有由中国银联携手各商业银行、支付机构共同开发建设、共同维护运营的便民支付服务,以及融合了多个银行和支付机构的支付端口、提供聚合类型二维码的聚合支付。

3.【答案】 ACD

【解析】 支付结算的基本原则包括恪守信用,履约付款,选项 B 正确;谁的钱进谁的账,由谁支配,银行不代扣款项,选项 A 错误;银行不垫款,选项 C 错误;选项 D 不属于支付结算的基本原则。

4.【答案】 ABD

【解析】 银行汇票可以背书转让,但填明“现金”字样的银行汇票,不得背书转让。填明“现金”字样和代理付款人的银行汇票丧失,可以由失票人通知付款人或者代理付款人挂失止付。

5.【答案】 ABCD

【解析】 专用存款账户用于办理各项专用资金的收付,适用于基本建设资金,更新改造资金,粮、棉、油收购资金,证券交易结算资金,期货交易保证金,信托基金,政策性房地产开发资金,住房基金,社会保障基金,收入汇缴资金和业务支出资金,党、团、工会设在单位的组织机构经费,其他需要专项管理和使用的资金。

6.【答案】 ABCD

【解析】 四个选项的表述都正确。

7.【答案】 ABCD

【解析】 四个选项的表述都正确。

8.【答案】 ABD

【解析】 汇款人对汇出银行尚未汇出的款项可以申请撤销,因此选项 C 错误。

9.【答案】 BC

【解析】 国内信用证结算方式只能用于转账结算,不得支取现金,因此选项 B 错误;信用证应使用中文开立,因此选项 C 错误。

10.【答案】 BCD

【解析】 需要中国人民银行备案的结算账户包括:①企业开立的基本存款账户;②企业开立的临时存款账户;③一般存款账户;④非预算单位专用存款账户;⑤个人银行结算账户。选项 A,预算单位专用存款账户属于核准类账户。

11.【答案】 ACD

【解析】 选项 B,中文大写金额数字应用正楷或行书填写,不得自造简化字。如果金额数字书写中使用繁体字,也应受理。

12.【答案】 ABD

【解析】 选项 C,银行在收到存款人撤销银行结算账户的申请后,对于符合销户条件的,应在 2 个工作日内办理撤销手续。

13.【答案】 ABCD

【解析】 存款人申请开立临时存款账户,应向银行出具的证明文件:临时机构,应出具其驻在地主管部门同意设立临时机构的批文;异地建筑施工及安装单位,应出具其营业执照正文或其隶属单位的营业执照正本、施工及安装地建设主管部门核发的许可证或建筑施工及安装合同,以及基本存款账户开户许可证;异地从事临时经营活动的单位,应出具其营业执照正本、临时经营地市场监督管理部门的批文,以及基本存款账户开户许可证;注册验资资金,应出具市场监督管理部门核发的企业名称预先核准通知书或有关部门的批文。

14.【答案】 ABCD

【解析】 签发汇兑凭证必须记载下列事项:①表明"信汇"或"电汇"的字样;②无条件支付的委托;③确定的金额;④收款人名称;⑤汇款人名称;⑥汇入地点、汇入行名称;⑦汇出地点、汇出行名称;⑧委托日期;⑨汇款人签章。

15.【答案】 AC

【解析】 选项 B 适用于基本存款账户;选项 D 适用于一般存款账户。

16.【答案】 AC

【解析】 托收承付货款分为验单付款和验货付款两种,验单付款的承付期为 3 天,验货付款的承付期为 10 天。

17.【答案】 ABC

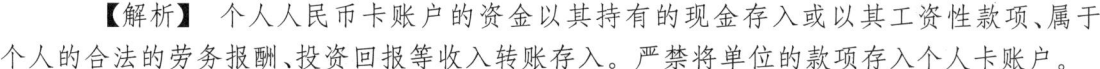

【解析】　个人人民币卡账户的资金以其持有的现金存入或以其工资性款项、属于个人的合法的劳务报酬、投资回报等收入转账存入。严禁将单位的款项存入个人卡账户。

18.【答案】　ABD

【解析】　持票人委托开户银行收款时,应做委托收款背书,在支票背面背书人签章栏签章,记载"委托收款"字样、背书日期,因此选项C错误。

19.【答案】　ABD

【解析】　票据可以背书转让,但填明"现金"字样的银行汇票、银行本票和用于支取现金的支票不得背书转让。选项C,背书不得附有条件,背书附有条件的,所附条件不具有票据上的效力。背书未记载日期的,视为票据到期日前背书。银行汇票的背书转让以不超过出票金额的实际结算金额为准。未填写实际结算金额或实际结算金额超过出票金额的银行汇票不得背书转让。

20.【答案】　ABD

【解析】　支票的相对记载事项有:①付款地。支票上未记载付款地的,付款人的营业场所为付款地。②出票地。支票上未记载出票地的,出票人的营业场所、住所或者经常居住地为出票地。

21.【答案】　ABD

【解析】　选项A,对单位、个人在银行开立存款账户的存款,除国家法律、行政法规另有规定外,银行不得为任何单位或者个人查询;选项B,除国家法律另有规定外,银行不得代任何单位或者个人冻结、扣款;选项D,除国家另有规定外,银行不得停止单位、个人结算账户的正常支付。

22.【答案】　ACD

【解析】　票据行为是指票据当事人以发生票据债务为目的的,以在票据上签名或盖章为权利与义务成立要件的法律行为,包括出票、背书、承兑和保证四种。选项B,票据丢失且不能在票据上签章,因此不属于票据行为。

23.【答案】　ACD

【解析】　委托收款的注意事项:①付款人审查有关债务证明后,对收款人委托收取的款项需要拒绝付款的,有权提出拒绝付款;②收款人收取公用事业费,必须具有收付双方事先签订的经济合同,由付款人向开户银行授权,并经开户银行同意,报经中国人民银行当地分支行批准,可以使用同城特约委托收款。

24.【答案】　ABCD

【解析】　建筑施工及安装企业在异地同时承建多个项目的,可以根据建筑施工及安装合同开立不超过项目合同个数的临时存款账户。

25.【答案】　ABC

【解析】　票据的出票日期必须使用中文大写。

26.【答案】　ABD

【解析】　一个单位只能在一家银行开立一个基本存款账户;一般存款账户可以办理现金缴存,但不能办理现金支取。

27.【答案】　ABCD

【解析】　四个选项都符合题目要求。

28. 【答案】　ABD

　　【解析】　存款人只能通过基本存款账户办理工资、奖金等现金的支取。

29. 【答案】　ABCD

　　【解析】　四个选项都符合题目要求。

30. 【答案】　ABCD

　　【解析】　根据规定,甲、乙、丙、丁都是戊的前手,都应当承担票据责任。

31. 【答案】　AB

　　【解析】　根据规定,附有条件的背书,所附条件无效,背书仍然有效。因此选项 C 错误。将汇票金额分别转让给两人以上的背书无效。因此选项 D 错误。

32. 【答案】　ABD

　　【解析】　签发汇兑凭证必须记载下列事项:表明"信汇"或"电汇"的字样;无条件支付的委托;确定的金额;收款人名称;汇款人名称;汇入地点、汇入行名称;汇出地点、汇出行名称;委托日期;汇款人签章。

33. 【答案】　ABD

　　【解析】　选项 C,信用证的申请人,指申请开立信用证的当事人,一般为货物购买方或服务接受方。

34. 【答案】　ABC

　　【解析】　根据《现金管理暂行条例》的规定,单位支付现金不能超过规定的现金限额(除向个人收购农副产品和其他物资,以及出差人员必须随身携带的差旅费外),这个限额是 1 000 元。超过部分,应当以支票或银行本票支付,确需全额支付现金的,经开户银行审核后,予以支付现金。

35. 【答案】　ABC

　　【解析】　票据的金额、出票或签发日期、收款人名称不得更改,更改的票据无效。

36. 【答案】　ABCD

　　【解析】　银行结算账户管理的基本原则包括:一个基本账户原则、自主选择原则、守法合规原则、存款信息保密原则。

37. 【答案】　ABC

　　【解析】　支票的提示付款期限为自出票日起 10 日。

三、判断题

1. 【答案】　√

　　【解析】　付款人委托银行、非银行金融机构或者非金融机构将现金支付给收款人是现金结算的渠道,邮局属于非金融机构。

2. 【答案】　×

　　【解析】　开户单位的现金收入应当于当日送存开户银行。当日送存有困难的,由开户银行确定送存时间。

3. 【答案】　√

4. 【答案】　×

【解析】 一般存款账户是存款人因借款或其他结算需要,在基本存款账户开户银行以外的银行营业机构开立的银行结算账户。

5. 【答案】 ×

【解析】 存款人需要在异地开立个人银行结算账户的,应出具在住所地开立账户所需的证明文件。

6. 【答案】 ×

【解析】 如果付款人在 3 日内不做承兑与否表示的,应视为拒绝承兑。

7. 【答案】 √

8. 【答案】 ×

【解析】 因迁址需要变更开户银行的,需要办理银行结算账户的撤销。

9. 【答案】 ×

【解析】 在我国,《票据法》中的票据是指银行汇票、商业汇票、银行本票和支票。

10. 【答案】 ×

【解析】 相对记载事项,也是《票据法》规定其他应当在票据上记载的事项,如果未记载,则由法律另作规定予以明确,并不影响票据的效力。

11. 【答案】 √

12. 【答案】 √

13. 【答案】 √

14. 【答案】 √

15. 【答案】 ×

【解析】 单位人民币卡可办理商品交易和劳务供应款项的结算,但不得透支。单位卡人民币不得支取现金。

16. 【答案】 ×

【解析】 银行结算账户是指银行为存款人开立的办理资金收付结算的活期存款账户。

17. 【答案】 ×

【解析】 对信用卡透支利率实行上限和下限管理,透支利率上限为日利率 0.5‰,透支利率下限为日利率 0.5‰ 的 0.7 倍。

18. 【答案】 √

19. 【答案】 ×

【解析】 托收承付结算每笔的金额起点为 10 000 元,新华书店系统每笔的金额起点为 1 000 元。

20. 【答案】 ×

【解析】 银行仅仅是办理支付结算和资金清算的中介机构,在办理结算过程中,银行不能为结算当事人中的任何一方垫付资金。

21. 【答案】 √

22. 【答案】 ×

【解析】 我国《票据法》规定,支票必须记载的事项包括:①表明"支票"的字样;②无条件支付的委托;③确定的金额;④付款人名称;⑤出票日期;⑥出票人签章。未记载规定事项之一的,支票无效。

23.【答案】 √

24.【答案】 ×

【解析】 见票即付的汇票,自出票日起1个月内向付款人提示付款。定日付款、出票后定期付款或者见票后定期付款的商业汇票的提示付款期限为自汇票到期日起10日。

25.【答案】 ×

【解析】 个体工商户开立基本存款账户应出具个体工商户营业执照。

26.【答案】 √

27.【答案】 √

28.【答案】 ×

【解析】 票据和结算凭证金额以中文大写和阿拉伯数字同时记载,两者必须一致,二者不一致的票据无效;二者不一致的结算凭证,银行不予受理。

29.【答案】 ×

【解析】 银行汇票的实际结算金额低于出票金额的,多余金额由出票银行退交申请人。

30.【答案】 √

31.【答案】 ×

【解析】 用于支取现金的支票仅限于收款人向付款人提示付款,不得背书转让。

32.【答案】 ×

【解析】 一般存款账户是指存款人因借款或其他结算需要,在基本存款账户开户银行以外的银行营业机构开立的银行结算账户。

33.【答案】 √

34.【答案】 ×

【解析】 个体工商户可以开立基本存款账户,自然人不能开立基本存款账户。

35.【答案】 √

36.【答案】 √

37.【答案】 ×

【解析】 对于汇票的承兑而言,承兑字样和承兑人签章是必须记载事项,而承兑日期则属于相对记载事项。

38.【答案】 √

39.【答案】 ×

【解析】 根据《票据法》的规定,付款人承兑汇票,不得附有条件,承兑附有条件的,视为拒绝承兑。

40.【答案】 ×

【解析】 背书人是指在转让票据时,在票据背面或粘单上签字或盖章,并将票据交付给受让人的票据收款人或持有人。被背书人是指被记名票据或接受票据转让的人。

41.【答案】 ×

【解析】 一般存款账户用于办理存款人借款转存、借款归还和其他结算的资金收付。一般存款账户可以办理现金缴存,但不得办理现金支取。

42. 【答案】 ✓

43. 【答案】 ✕

【解析】 在普通支票左上角划两条平行线的,为划线支票,划线支票只能用于转账,不能支取现金。

44. 【答案】 ✕

【解析】 支票是出票人签发的、委托办理支票存款业务的银行在见票时无条件支付确定的金额给收款人或者持票人的票据。

45. 【答案】 ✕

【解析】 并不是所有自然人都要纳入个人银行结算账户管理,比如,个体工商户凭身份证以经营者姓名开立的银行结算账户应纳入单位银行结算账户管理。

46. 【答案】 ✕

【解析】 银行汇票可以用于转账,标明现金字样的银行汇票也可以提取现金。

47. 【答案】 ✕

【解析】 除国家法律另有规定外,银行不得为任何单位或个人冻结、扣款,不得停止单位、个人存款的正常支付。

48. 【答案】 ✓

49. 【答案】 ✕

【解析】 根据规定,阿拉伯小写金额中间连续有几个“0”时,中文大写金额中间可以只写一个“零”字。例如,¥6 007.14,应写成人民币陆仟零柒元壹角肆分。

50. 【答案】 ✕

【解析】 支票的持票人超过提示付款期限的,付款人可以不予付款;但是付款人不予付款的,出票人仍应当对持票人承担票据责任。

51. 【答案】 ✕

【解析】 对单位、个人在银行开立的银行结算账户的存款,除国家法律、行政法规另有规定外,银行不得为任何单位或个人查询。

52. 【答案】 ✓

53. 【答案】 ✓

54. 【答案】 ✕

【解析】 开户单位支付给个人的款项,超过使用现金限额的部分,应当以支票或者银行本票支付;确需全额支付现金的,经开户银行审核后,予以支付现金。

55. 【答案】 ✓

四、案例分析题

(一)

1. 【答案】 BD

【解析】 支票上有两项事项是可以授权补记的:支票上的金额和收款人名称。

2. 【答案】 AC

【解析】 正确的填写格式应为:贰零贰贰年零壹月壹拾玖日。

3. 【答案】 ABD

【解析】 票据和结算凭证的金额、出票或签发日期、收款人名称不得更改,更改的票据无效;更改的结算凭证,银行不予受理。

4.【答案】 ABCD

【解析】 在填写月、日时,月为壹、贰和壹拾的,日为壹至玖和壹拾、贰拾和叁拾的,应在其前加"零";日为拾壹至拾玖的,应在其前面加"壹"。

5.【答案】 B

【解析】 根据票据法律制度的规定,票据和结算凭证的金额、出票或签发日期、收款人名称不得更改;更改的票据无效;更改的结算凭证,银行不予受理。对票据和结算凭证上的其他记载事项(如付款人名称),原记载人可以更改,更改时应当由原记载人在更改处签章证明。

(二)

1.【答案】 ABCD

【解析】 票据和结算凭证的金额、出票或签发日期、收款人名称不得更改;更改的票据无效;更改的结算凭证,银行不予受理。出票人在票据上的签章不符合规定的,票据无效。付款人名称属于签发商业汇票时必须记载的事项,未记载的,该汇票无效。

2.【答案】 ABD

【解析】 银行承兑汇票的出票人就是承兑申请人,因此甲公司是承兑申请人,乙公司是收款人,商业汇票的付款人是承兑人。

3.【答案】 D

【解析】 背书人在票据上记载"不得转让"字样,其后手再背书转让的,原背书人对后手的被背书人不承担票据责任。丙公司无需再对后手的被背书人承担票据责任。

4.【答案】 ACD

【解析】 背书时附有条件的,所附条件不具有票据上的效力,即不影响背书行为本身的效力,被背书人仍可依该背书取得票据权利。

5.【答案】 BD

【解析】 定日付款、出票后定期付款和见票后定期付款的汇票,自到期之日起10日内向承兑人(付款人)提示付款;持票人未按照规定期限提示付款的,在作出说明后,承兑人(付款人)仍应当继续对持票人承担付款责任。

(三)

1.【答案】 D

【解析】 支票的出票人是签发支票的单位或个人,付款人是出票人的开户银行。

2.【答案】 BC

【解析】 现金支票没有限额的规定,签发支票应使用碳素墨水或墨汁填写,支票上必须有出票人的签章。支票的出票人签发支票的金额不得超过付款时在付款人处实有的存款金额,因此开票时比支票金额小是可以的,但是付款时就不能小于票面金额了。

3.【答案】 D

【解析】 出票人签发空头支票或者签章与预留银行签章不符的支票,不以骗取财务为目的的,由中国人民银行处以票面金额5%但是不低于1 000元的罚款。32 000×5%=1 600(元)。

4.【答案】 AB

【解析】 可以支取现金的支票有现金支票、普通支票。划线支票和转账支票只能转账不能支取现金。

5.【答案】 B

【解析】 现金支票不能背书转让。

(四)

1.【答案】 ABC

【解析】 填写支票金额时,可以用繁体字书写中文大写金额数字,中文大写金额数字的"角"之后可以不写"整"(或"正")字,中文大写金额数字的"分"之后不写"整"。阿拉伯小写金额数字前面应填写人民币符号"￥"。

2.【答案】 B

【解析】 授权补记的收款人和金额属于必须记载事项。未补记前不得背书转让和提示付款。

3.【答案】 ABC

【解析】 甲公司向乙公司购买产品并签发支票,乙公司将支票背书转让给丙公司均属于有效行为。根据票据法规定,支票限于见票即付,不得另行记载付款日期。另行记载付款日期的,该记载无效。因此,乙公司另行记载支票的付款日期的行为无效。

4.【答案】 B

【解析】 根据《票据法》规定,支票持有人应当自出票日起 10 日内提示付款。因此,选项 B 的提示付款时间符合规定。

5.【答案】 BC

【解析】 支票可以划分为现金支票、转账支票、普通支票,划线支票是普通支票的一种。出票人只能在账户可用余额以内签发支票,不能透支;用于支取现金的支票不能背书转让;支票上未记载付款地的,付款人的营业场所为付款地;支票的出票人所签发的支票金额不得超过其付款时在付款人处实有的存款金额。

(五)

1.【答案】 D

【解析】 银行结算账户按用途不同,分为基本存款账户、一般存款账户、专用存款账户和临时存款账户四类。

2.【答案】 BCD

【解析】 专用存款账户是指存款人按照法律、行政法规和规章,对有特定用途的资金进行专项管理和使用而开立的银行结算账户。

3.【答案】 C

【解析】 商业汇票的付款期限,最长不得超过 6 个月。

4.【答案】 B

【解析】 背书是指持票人为将票据权利转让给他人或者将一定的票据权利授予他人行使,而在票据背面或者粘单上记载有关事项并签章的行为。B 公司将汇票转让给 C 公司的行为属于背书(票据行为)。

5.【答案】 BCD

【解析】 工资、奖金的支取,应通过基本存款账户办理。

第三章 税收法律制度

【分节习题必会】答案及解析

第一节 税 收 概 述

一、单项选择题

1.【答案】 D

【解析】 税收实体法是规定税收法律关系主体的实体权利、义务的法律规范总称。税收实体法具体规定了各种税种的征税对象、征税范围、税目、税率、纳税期限、纳税地点等。在我国,税收实体法主要包括《企业所得税法》和《个人所得税法》等。《税收征收管理法》属于税收程序法。

2.【答案】 B

【解析】 税收法律(狭义的税法),由全国人民代表大会及其常务委员会制定。

3.【答案】 D

【解析】 征税对象是区别一种税与另一种税的重要标志。

4.【答案】 D

【解析】 税基式减免是指通过直接降低计税依据的方式来实现的减税免税。

5.【答案】 B

【解析】 税率是计算纳税人应纳税额的尺度,也是衡量税负轻重与否的重要标志。

6.【答案】 B

【解析】 无偿性是税收的关键特征。

二、多项选择题

1.【答案】 ABC

【解析】 行为税,又称行为税类,是指以纳税人发生的某种行为为征税对象征收的各种税,包括印花税、契税、船舶吨税等。选项D,增值税属于流转税。

2.【答案】 ABCD

【解析】 本题中四个选项的表述都正确。

3.【答案】 ACD

【解析】 税基式减免涉及的概念包括起征点、免征额、项目扣除以及跨期结转等。选项B,零税率属于税率式减免。

4.【答案】 ABD

【解析】 按照税收管理权限和税收收入的归属分类,税收可分为中央税、地方税和中央地方共享税。

5.【答案】 AC

【解析】 税收具有强制性、无偿性和固定性三个特征,因此选项 A、C 错误。

6.【答案】 ABC

【解析】 按照税收管辖权不同,税法可以分为国内税法、国际税法、外国税法。

7.【答案】 CD

【解析】 选项 C,关税属于流转税。选项 D,耕地占用税属于特定目的税。

8.【答案】 BD

【解析】 选项 A、C 属于税收程序法。

9.【答案】 ABC

【解析】 税收具有强制性、无偿性和固定性三个特征,即所谓的税收"三性"。

三、判断题

1.【答案】 ×

【解析】 我国现行的土地增值税采用超率累进税率。

2.【答案】 ×

【解析】 税收的无偿性是税收"三性"的核心。

3.【答案】 √

4.【答案】 √

第二节　主要税种

一、单项选择题

1.【答案】 B

【解析】 选项 A、C 属于征税收入;选项 D 属于免税收入。

2.【答案】 B

【解析】 选项 A,将购进的原材料用于免征增值税项目,属于不得抵扣进项税额的行为,而不是视同应税交易行为;选项 C,将购进的商品用于个人消费,属于不得抵扣进项税额的行为,而不是视同应税交易行为;选项 D,将购进的啤酒用于集体福利,属于不得抵扣进项税额的行为,而不是视同应税交易行为。

3.【答案】 B

【解析】 小规模纳税人,是指年应征增值税销售额未超过 500 万元的纳税人。

4.【答案】 C

【解析】 适用简易计税方法计算缴纳增值税的征收率为 3%。

5.【答案】 D

【解析】 小规模纳税人不能抵扣进项税额,应纳增值税=161 600÷(1+1%)×1%=1 600(元)。

6.【答案】 B

【解析】 交通运输服务的增值税税率为 9%,有形动产租赁服务的增值税税率为 13%,金融服务的增值税税率为 6%,建筑服务的增值税税率为 9%。

7.【答案】 A

【解析】 增值税的计税期间分别为 10 日、15 日、1 个月或者 1 个季度。

8.【答案】 C

【解析】 食用盐的增值税税率为9%。

9.【答案】 D

【解析】 纳税人自产自用应税消费品用于连续生产应税消费品的,不纳税;凡用于其他方面的,一律于移送使用时,按视同销售依法缴纳消费税。

10.【答案】 D

【解析】 乙烟丝厂应代收代缴的消费税税额＝(60 000 ＋10 000)÷(1－30%)×30% ＝30 000(元)。

11.【答案】 B

【解析】 可抵扣的进项税额＝1 500÷(1＋9%)×9%＝123.85(元)。

12.【答案】 D

【解析】 应纳消费税税额＝100×2 000×0.5＋3 000 000×20%＝700 000(元)。

13.【答案】 D

【解析】 企业发生的公益性捐赠支出,在年度利润总额12%内的部分,准予在计算应纳税所得额时扣除;超过年度利润总额12%的部分,准予结转以后3年内在计算应纳税所得额时扣除。

14.【答案】 C

【解析】 自2019年1月1日起,居民个人的综合所得,以每一纳税年度的收入额减除费用60 000元以及专项扣除、专项附加扣除和依法确定的其他扣除后的余额,为个人所得税应纳税所得额。

15.【答案】 C

【解析】 纳税人发生年度亏损的,可以用下一纳税年度的所得弥补;下一纳税年度的所得不足弥补的,可以逐年延续弥补,但是延续弥补期最长不得超过5年。

16.【答案】 D

【解析】 销售有形动产租赁服务的增值税税率为13%,销售建筑服务的增值税税率为9%。纳税人发生两项以上应税交易涉及不同税率、征收率的,应当分别核算适用不同税率、征收率的销售额;未分别核算的,从高适用税率。

17.【答案】 B

【解析】 企业应当自年度终了之日起5个月内,向税务机关报送年度企业所得税纳税申报表,并汇算清缴,结清应缴应退税款。

18.【答案】 B

【解析】 消费型增值税的特点有:①购进的固定资产所含的增值税(进项税额)允许一次性从销项税额中全部扣除;②彻底消除重复征税,有利于机器设备更新和技术进步。

19.【答案】 C

【解析】 应纳增值税税额＝(9 000＋1 000)÷(1＋1%)×1% ＝99.01(元)。

20.【答案】 C

【解析】 非居民企业是指依照外国(地区)法律成立且实际管理机构不在中国境内,但在中国境内设立机构、场所的,或者在中国境内未设立机构、场所,但有来源于中国境内所得的企业。选项 A、B、D 属于居民企业。

21.【答案】 B

【解析】 非居民个人的工资、薪金所得,以每月收入额减除费用 5 000 元后的余额为个人所得税应纳税所得额。

22.【答案】 B

【解析】 企业发生业务招待费的 60％＝2 500×60％＝1 500(元),当年销售收入的 5‰＝136 000×5‰＝680(元),680 元＜1 500 元,因此当年可以在企业所得税税前扣除的业务招待费最高为 680 元。

23.【答案】 D

【解析】 企业发生的公益性捐赠支出,在年度利润总额 12％ 以内的部分,准予在计算应纳税所得额时扣除;超过年度利润总额 12％ 的部分,准予结转以后 3 年内在计算应纳税所得额时扣除。甲企业的年度利润总额的 12％＝300×12％＝36(万元),公益性捐赠支出为 60 万元,36 万元＜60 万元,因此当年可以在企业所得税税前扣除的公益性捐赠为 36 元。该企业本年应纳企业所得税＝(300＋60－36)×25％＝81(万元)。

24.【答案】 C

【解析】 我国从 2009 年 1 月 1 日起实行消费型增值税。

25.【答案】 B

【解析】 非居民企业在中国境内未设立机构、场所的,或者虽设立机构、场所但取得的所得与其所设机构、场所没有实际联系的,来源于中国境内的所得,以“扣缴义务人所在地”为纳税地点。

26.【答案】 B

【解析】 纳税人发生一项应税交易涉及两个以上税率、征收率的,按照应税交易的主要业务适用税率、征收率。

27.【答案】 A

【解析】 个人出售 5 年以上且是家庭唯一住房免征个人所得税。

28.【答案】 A

【解析】 当期进项税额大于当期销项税额的部分,纳税人可以按照国务院的规定选择结转下期继续抵扣或者申请退还。

29.【答案】 A

【解析】 实行从价定率计算纳税的应税消费品,其计税依据为含消费税但不含增值税的销售额。

30.【答案】 B

【解析】 选项 A、C、D 按比例税率计算缴纳个人所得税。

二、多项选择题

1.【答案】 BD

【解析】 选项 A、C,购进并用于集体福利或者个人消费的货物、服务、无形资产、不动产对应的进项税额,不得从其销项税额中抵扣。

2.【答案】 ABD

【解析】 选项 C,利息所得适用比例税率。

3.【答案】 AD

【解析】 选项 B,非居民企业在中国境内未设立机构、场所的,或者虽设立机构、场所但取得的所得与其所设机构、场所没有实际联系的所得,适用的企业所得税税率为 20%。选项 C,对国家需要重点扶持的高新技术企业,减按 15% 的税率征收企业所得税。

4.【答案】 AD

【解析】 选项 A,非正常损失项目对应的进项税额,不得从销项税额中抵扣;自然灾害损失项目对应的进项税额,准予从销项税额中抵扣。选项 D,进口生产用原材料取得海关进口增值税专用缴款书上注明的增值税额,准予从销项税额中抵扣。

5.【答案】 ACD

【解析】 纳税人采取预收货款结算方式的,消费税纳税义务发生时间为发出应税消费品的当天,选项 B 表述错误。

6.【答案】 BCD

【解析】 工资、薪金所得,劳务报酬所得,稿酬所得,特许权使用费所得统称为综合所得。

7.【答案】 ABCD

【解析】 专项附加扣除,包括子女教育、继续教育、大病医疗、住房贷款利息或者住房租金、赡养老人、3 岁以下婴幼儿照护等支出。

8.【答案】 ABCD

【解析】 个人独资企业的投资者和合伙企业的自然人合伙人不适用《企业所得税法》,不作为企业所得税的纳税人。对个人独资企业的投资者和合伙企业的自然人合伙人只征收个人所得税。居民企业是指依法在中国境内成立,或者依照外国(地区)法律成立但实际管理机构在中国境内的企业。非居民企业是指依照外国(地区)法律成立且实际管理机构不在中国境内,但在中国境内设立机构、场所的,或者在中国境内未设立机构、场所,但有来源于中国境内所得的企业。

9.【答案】 ABC

【解析】 专项扣除,包括居民个人按照国家规定的范围和标准缴纳的基本养老保险、基本医疗保险、失业保险等社会保险费和住房公积金等。

10.【答案】 BCD

【解析】 我国从 2009 年 1 月 1 日起全面实行消费型增值税,因此选项 C 错误;对于生产型增值税,购进的固定资产所含的增值税额(进项税额)不允许从销项税额中抵扣,因此选项 D 错误。

11.【答案】 ABCD

【解析】 四个选项的表述都正确。

12.【答案】 ABCD

【解析】 增值税的征税范围包括在中华人民共和国境内(简称境内)销售货物、服务、无形资产、不动产(简称应税交易),以及进口货物。

13.【答案】 ACD

【解析】 选项 A,实木地板不属于消费税征税范围。选项 C,木制一次性筷子不属于消费税征税范围。选项 D，音像制品不属于消费税征税范围。

14.【答案】 ABC

【解析】 个体工商户、个人独资企业的投资者、合伙企业的自然人合伙人不缴纳企业所得税。

15.【答案】 ABD

【解析】 出租固定资产收入、转让无形资产收入、转让股票的净收益均应计入应纳税所得额。国债利息收入为免税收入，不计入应纳税所得额。

16.【答案】 ABCD

【解析】 有下列情形之一的，不属于应税交易，不征收增值税：①员工为受雇单位或者雇主提供取得工资、薪金的服务；②收取行政事业性收费、政府性基金；③依照法律规定被征收、征用而取得的补偿；④存款利息收入。

17.【答案】 BCD

【解析】 选项 A，合同违约金、银行罚息、经营性罚款和诉讼费均可以在企业所得税税前扣除。行政性罚款不得在企业所得税税前扣除，如企业因污染环境而被环保部门罚款等。

18.【答案】 ABCD

【解析】 纳税人用外购和委托加工收回下列应税消费品连续生产应税消费品的，已缴纳的消费税税款准予从应纳的消费税税额中扣除。扣除范围包括：①以外购或委托加工收回的已税烟丝为原料生产的卷烟；②以外购或委托加工收回的已税高档化妆品为原料生产的高档化妆品；③以外购或委托加工收回的已税珠宝玉石为原料生产的贵重首饰及珠宝玉石；④以外购或委托加工收回的已税鞭炮、焰火为原料生产的鞭炮、焰火；⑤以外购或委托加工收回的已税杆头、杆身和握把为原料生产的高尔夫球杆；⑥以外购或委托加工收回的已税木制一次性筷子为原料生产的木制一次性筷子；⑦以外购或委托加工收回的已税实木地板为原料生产的实木地板；⑧以外购或委托加工收回的已税石脑油、润滑油、燃料油为原料生产的成品油；⑨以外购或委托加工收回的已税汽油、柴油为原料生产的汽油、柴油。

19.【答案】 ABCD

【解析】 本题中四个选项均属于不得在企业所得税税前扣除项目。

20.【答案】 ABC

【解析】 选项 D，纳税人取得应税所得，扣缴义务人未扣缴税款的，纳税人应当在取得所得的次年 6 月 30 日前，缴纳税款；税务机关通知限期缴纳的，纳税人应当按照期限缴纳税款。

21.【答案】 ABD

【解析】 合同违约金、银行罚息、经营性罚款和诉讼费均可以在企业所得税税前扣除。行政性罚款不得在企业所得税税前扣除，如企业因污染环境而被环保部门罚款等。

22.【答案】 ACD

【解析】 一般纳税人销售化肥适用 9% 的税率，因此选项 A 错误。一般纳税人进口农机适用 9% 的税率，因此选项 C 错误。一般纳税人销售图书、报纸、杂志适用 9% 的税率，因此选项 D 错误。

23.【答案】 ABCD

【解析】 在卷烟的批发环节,纳税人应缴纳增值税和消费税;小汽车的生产销售环节,纳税人应缴纳增值税和消费税;金银首饰的零售环节,纳税人应缴纳增值税和消费税;高档化妆品的进口环节,纳税人应缴纳关税、增值税和消费税。

24.【答案】 ABCD

【解析】 本题中四个选项的表述都正确。

25.【答案】 ABC

【解析】 选项D,正确的说法是:纳税人出口货物,税率为零;国务院另有规定的除外。

26.【答案】 ABCD

【解析】 根据《增值税法》的规定,在境内发生应税交易,是指下列情形:①销售货物的,货物的起运地或者所在地在境内;②销售或者租赁不动产、转让自然资源使用权的,不动产、自然资源所在地在境内;③销售金融商品的,金融商品在境内发行,或者销售方为境内单位和个人;④除上述第②、③项规定外,销售服务、无形资产的,服务、无形资产在境内消费,或者销售方为境内单位和个人。

27.【答案】 ABC

【解析】 根据《增值税法》的规定,增值税的计税期间分别为10日、15日、1个月或者1个季度。纳税人的具体计税期间,由主管税务机关根据纳税人应纳税额的大小分别核定。不经常发生应税交易的纳税人,可以按次纳税。纳税人以1个月或者1个季度为1个计税期间的,自期满之日起15日内申报纳税;以10日或者15日为1个计税期间的,自次月1日起15日内申报纳税。扣缴义务人解缴税款的计税期间和申报纳税期限,依照上述规定执行。纳税人进口货物,应当按照海关规定的期限申报并缴纳税款。纳税人以10日或者15日为1个计税期间的,应当自期满之日起5日内预缴税款。法律、行政法规对纳税人预缴税款另有规定的,从其规定。选项D,正确的说法是:纳税人以10日或者15日为1个计税期间的,应当自期满之日起5日内预缴税款。

三、判断题

1.【答案】 √

2.【答案】 √

3.【答案】 √

4.【答案】 ×

【解析】 委托个人加工的应税消费品,由委托方向其机构所在地或者居住地主管税务机关申报缴纳消费税。

5.【答案】 ×

【解析】 委托方将收回的应税消费品以不高于受托方的计税价格出售的,为直接出售,不再缴纳消费税;但委托方以高于受托方的计税价格出售的,不属于直接出售,需按照规定申报缴纳消费税,在计税时准予扣除受托方已代收代缴的消费税。

6.【答案】 ×

【解析】 在中国境内无住所又不居住,或者无住所而一个纳税年度内在中国境内居住累计不满183天的个人,为非居民个人。非居民个人从中国境内取得的所得,依照《个人所得税法》规定缴纳个人所得税。

7.【答案】 ×

【解析】 总机构和分支机构不在同一县(市)的,应当分别向各自所在地的主管税务机关申报纳税;经省级以上财政、税务主管部门批准,可以由总机构汇总向总机构所在地的主管税务机关申报纳税。

8.【答案】 √

9.【答案】 ×

【解析】 非正常损失项目对应的进项税额不得从销项税额中抵扣。

10.【答案】 ×

【解析】 A企业虽然属于非居民企业,但是有来自中国境内的所得,应在我国缴纳企业所得税。

11.【答案】 ×

【解析】 财产转让所得,以转让财产的收入额减除财产原值和合理费用后的余额,为应纳税所得额。

12.【答案】 ×

【解析】 单位和个人无偿转让无形资产、不动产或者金融商品,视同应税交易,应当依照《中华人民共和国增值税法》规定缴纳增值税。

13.【答案】 √

【解析】 不含税销售额是指不含增值税,但如果是应税消费品则含消费税。消费税是价内税,增值税是价外税。

14.【答案】 √

15.【答案】 √

16.【答案】 √

17.【答案】 ×

【解析】 纳税人发生两项以上应税交易涉及不同税率、征收率的,应当分别核算适用不同税率、征收率的销售额;未分别核算的,从高适用税率。

四、案例分析题

1.【答案】 D

【解析】 甲企业本年1月的应纳增值税=(11 300+1130)×100÷(1+13%)×13%=143000(元)。

2.【答案】 ABCD

【解析】 四个选项均正确。

3.【答案】 AD

【解析】 选项B,基础电信服务适用的增值税税率应为9%。选项C,增值电信服务适用的增值税税率应为6%。

4.【答案】 B

【解析】 乙超市本年1月的应纳增值税=[400 000+2 260 000÷(1+13%)]×13%

＝312000（元）。

    5.【答案】　A

    【解析】　丙商店本年1月的应纳增值税＝101 000÷（1＋1％）×1％＝1 000（元）。

第三节　税收征收管理

一、单项选择题

    1.【答案】　D

    【解析】　选项A，税收强制执行措施适用于从事生产、经营的纳税人，扣缴义务人，纳税担保人；选项B，机动车辆、金银饰品，古玩字画，豪华住宅或一处以上的住宅不属于个人及其所扶养家属维持生活必需的住房和用品，应在强制执行措施的范围之内；选项C，税务机关对单价5 000元以下的生活用品，不得采取强制执行措施。

    2.【答案】　A

    【解析】　查账征收方式一般针对会计核算比较健全、能够正确计算应纳税款且认真履行纳税义务的纳税人。甲公司是上市公司，上市公司必然会计核算健全，能够正确计算应纳税款且认真履行纳税义务，因此适合查账征收方式。

    3.【答案】　D

    【解析】　查定征收方式一般针对会计核算不够健全、生产经营规模较小、产品零星、税源分散，但是能够控制原材料或进销货的纳税人。

    4.【答案】　A

    【解析】　复议机关应当自受理申请之日起60日内作出行政复议决定。

    5.【答案】　C

    【解析】　邮寄申报以寄出的邮戳日期为实际申报日期。

    6.【答案】　D

    【解析】　税务机关采取税收保全措施的期限一般不得超过6个月；重大案件需要延长的，应当报国家税务总局批准。

    7.【答案】　D

    【解析】　代扣代缴是与纳税人有经营业务往来的单位和个人在向纳税人支付款项的同时扣取税款并代为缴纳的方式。

    8.【答案】　D

    【解析】　选项D，税收保全措施不属于税款征收方式。

    9.【答案】　B

    【解析】　按照规定不需要在市场监督管理机关或者其他机关办理注册登记的，应当自有关机关批准或者宣告终止之日起15日内，持有关证件向原税务登记机关申报办理注销税务登记。

二、多项选择题

    1.【答案】　ABCD

    【解析】　四个选项均正确。

    2.【答案】　ABD

【解析】 选项 C,取得发票的主体在取得发票时,不得要求开票主体变更品名和金额。不得变更金额,包括不得变更涉及金额计算的单价和数量。

3.【答案】 ABC

【解析】 涉税专业服务包括以下内容:①纳税申报代办;②一般税务咨询;③专业税务顾问;④税务合规计划;⑤涉税鉴证;⑥纳税情况审查;⑦其他税务事项代办;⑧其他税务代理。

4.【答案】 BD

【解析】 选项 A、C 属于税收强制执行措施;选项 B、D 属于税收保全措施。

5.【答案】 ACD

【解析】 选项 B,纳税人的停业期限不得超过 1 年。纳税人停业期满不能及时恢复生产经营的,应当在停业期满前到税务机关办理延长停业登记,并如实填写《停、复业报告书》。纳税人停业期满未按期复业又不申请延长停业的,税务机关应当视为已恢复营业,实施正常的税收征收管理。

6.【答案】 AD

【解析】 我国现行的税务行政处罚种类主要有四种:一是罚款;二是没收违法所得;三是停止出口退税权;四是吊销税务行政许可证件。

7.【答案】 ABCD

【解析】 纸质发票的基本联次包括存根联、发票联、记账联。存根联由收款方或开票方留存备查;发票联由付款方或受票方作为付款原始凭证;记账联由收款方或开票方作为记账原始凭证。

8.【答案】 ACD

【解析】 纳税人发生解散、破产、撤销以及其他情形,依法终止纳税义务的,应当持有关证件和资料向原税务登记机关申报办理注销税务登记;纳税人因住所、经营地点变动,涉及改变税务登记机关的,要办理注销税务登记。选项 B 需办理变更税务登记。

9.【答案】 ABCD

【解析】 纳税人办理纳税申报主要采取的方式包括直接申报、邮寄申报、数据电文申报、简易申报、简并征期以及其他方式。

10.【答案】 ABCD

【解析】 我国税款征收的方式主要包括查账征收、查定征收、查验征收、定期定额征收、扣缴税款征收、委托代征和其他征收方式。

11.【答案】 ABCD

【解析】 税收违法的刑事处罚形式主要包括拘役、判处徒刑、罚金和没收财产等。

12.【答案】 ABCD

【解析】 涉税专业服务机构是指税务师事务所和提供涉税专业服务的会计师事务所、律师事务所、代理记账机构、税务代理公司、财税类咨询公司以及其他提供涉税专业服务的机构。

13.【答案】 ABC

【解析】 任何单位和个人不得有下列虚开发票行为:①为他人、为自己开具与实际经营业务情况不符的发票;②让他人为自己开具与实际经营业务情况不符的发票;③介绍他人开具与实际经营业务情况不符的发票。选项 D,属于违反发票管理规定使用发票的行为。

14.【答案】 ABC

【解析】 选项 D,对集贸市场纳税人税款的征收、车船税的征收等,一般适用委托代征的方式。

15.【答案】 ABCD

【解析】 税务登记(广义的税务登记含税务管理)种类包括:①设立税务登记(开业税务登记);②变更税务登记;③停业、复业登记;④注销税务登记;⑤跨区域涉税事项报验管理;⑥纳税人税种登记;⑦扣缴义务人扣缴税款登记等。

三、判断题

1.【答案】 √

2.【答案】 ×

【解析】 税收强制执行措施的对象包括从事生产、经营的纳税人,扣缴义务人,纳税担保人。

3.【答案】 ×

【解析】 申请人对国家税务总局的具体行政行为不服的,向国家税务总局申请行政复议。对行政复议决定不服,申请人可以向人民法院提起行政诉讼,也可以向国务院申请裁决。国务院的裁决为最终裁决。

4.【答案】 ×

【解析】 采用数据电文申报的,收件人未指定特定系统的,该数据电文进入收件人的任何系统的首次时间,视为到达时间。

5.【答案】 √

6.【答案】 ×

【解析】 邮寄申报以寄出的邮戳日期为实际申报日期。

7.【答案】 ×

【解析】 纳税人享受减税、免税待遇的,在减税、免税期间也应当按照规定办理纳税申报。

8.【答案】 ×

【解析】 纳税人被市场监督管理机关吊销营业执照的,应当自营业执照被吊销之日起 15 日内,向原税务机关登记机关申报办理注销登记。

9.【答案】 ×

【解析】 税务行政复议决定书一经送达,即产生法律效力。

【本章习题必练】答案及解析

一、单项选择题

1.【答案】 C

【解析】 选项 A 属于流转税;选项 B 属于资源税;选项 D 属于特定目的税。

2.【答案】 D

【解析】 税法是指税收法律制度,是国家权力机关和行政机关制定的用于调整国家与纳税人之间在税收征纳方面的权利与义务关系的法律规范的总称,是国家法律的重要组成部分。

3.【答案】 C

【解析】 选项A、B、D属于企业所得税的应税收入;选项C属于企业所得税免税收入。

4.【答案】 B

【解析】 选项A、C、D适用增值税低税率9%。

5.【答案】 D

【解析】 有下列情形之一的,视同应税交易,应当依照《中华人民共和国增值税法》(以下简称《增值税法》)规定缴纳增值税:①单位和个体工商户将自产或者委托加工的货物用于集体福利或者个人消费;②单位和个体工商户无偿转让货物;③单位和个人无偿转让无形资产、不动产或者金融商品。

6.【答案】 B

【解析】 啤酒从量定额计征消费税,与价格无关,与数量有关;销售应税消费品的,消费税计税依据为应税消费品的销售数量。

7.【答案】 D

【解析】 根据消费税法律制度的规定,纳税人采取预收货款结算方式的,其消费税纳税义务的发生时间,为发出应税消费品的当天。

8.【答案】 D

【解析】 查账征收方式一般针对会计核算比较健全、能够正确计算应纳税款且认真履行纳税义务的纳税人。

9.【答案】 B

【解析】 个人独资企业的投资者和合伙企业的自然人合伙人不适用《中华人民共和国企业所得税法》,不作为企业所得税的纳税人。对个人独资企业的投资者和合伙企业的自然人合伙人只征收个人所得税。

10.【答案】 D

【解析】 选项A、B、C,对税务机关作出的"征税行为"不服的,应当先申请行政复议,对行政复议决定不服的,才能提起行政诉讼。征税行为,包括确认纳税主体、征税对象、征税范围、减税、免税、退税、抵扣税款、适用税率、计税依据、纳税环节、纳税期限、纳税地点和税款征收方式等具体行政行为,征收税款、加收滞纳金、扣缴义务人、受税务机关委托的单位和个人作出的代扣代缴、代收代缴、代征行为等。

11.【答案】 B

【解析】 我国个人所得税的征收方式有自行申报和代收代缴。

12.【答案】 D

【解析】 选项D,正确的说法是:省以上税务机关可根据纸质发票管理情况以及纳税人经营业务需要,增减除发票联以外的其他联次,并确定其用途。

13.【答案】 B

【解析】 按征收管理的分工体系分类,税收可分为工商税类、关税类。

14.【答案】 C

【解析】 我国现行的税务行政处罚种类主要有四种:一是罚款;二是没收违法所得;三是停止出口退税权;四是吊销税务行政许可证件。

15.【答案】 C

【解析】 税收具有强制性、无偿性和固定性三个特征。

16.【答案】 B

【解析】 销项税额=销售额×适用税率=40 000×13%=5 200(元)。

17.【答案】 D

【解析】 发生视同应税交易,增值税纳税义务发生时间为完成视同应税交易的当日。

18.【答案】 C

【解析】 小规模纳税人,是指年应征增值税销售额未超过500万元的纳税人。

19.【答案】 B

【解析】 在中国境内有住所,或者无住所而一个纳税年度内在中国境内居住累计满183天的个人,为居民个人。

20.【答案】 C

【解析】 税务登记是税务机关依据税法规定,对纳税人的生产、经营活动进行登记管理的一项法定制度,也是纳税人依法履行纳税义务的法定手续。税务登记是整个税收征收管理的起点。

21.【答案】 D

【解析】 涉税专业服务包括以下内容:①纳税申报代办;②一般税务咨询;③专业税务顾问;④税务合规计划;⑤涉税鉴证;⑥纳税情况审查;⑦其他税务事项代办;⑧其他税务代理。税务机关对涉税专业服务实行分类管理。涉税专业服务包括一般涉税专业服务和特定涉税专业服务。上述①②⑦⑧为一般涉税专业服务,③至⑥为特定涉税专业服务。

22.【答案】 B

【解析】 应纳关税=36 000×30%=10 800(元)

组成计税价格=(36 000+10 800)÷(1-10%)=52 000(元)

进口该批应税消费品的应纳增值税税额=52 000×13%=6 760(元)

23.【答案】 C

【解析】 查定征收方式一般针对会计核算不够健全、生产经营规模较小、产品零星、税源分散,但是能够控制原材料或进销货的纳税人。

24.【答案】 B

【解析】 有下列情形之一的,不属于应税交易,不征收增值税:

(1)员工为受雇单位或者雇主提供取得工资、薪金的服务;

(2)收取行政事业性收费、政府性基金;

(3)依照法律规定被征收、征用而取得补偿;

(4)取得存款利息收入。

25.【答案】 B

【解析】 非居民企业是指依照外国(地区)法律成立而实际管理机构不在中国境内,但在中国境内设立机构、场所的,或者在中国境内未设立机构、场所,但有来源于中国境内所得的企业。

26.【答案】 C

【解析】 根据增值税法律制度的规定,纳税人以1个月或者1个季度为1个计税期间的,自期满之日起15日内申报纳税。

27.【答案】 C

【解析】 纳税人自产自用应税消费品用于连续生产应税消费品的,不纳税;凡用于其他方面的,一律于移送使用时,按视同销售依法缴纳消费税。

28.【答案】 B

【解析】 根据增值税法律制度的规定,纳税人以10日或者15日为1个计税期间的,应当自期满之日起5日内预缴税款。

29.【答案】 B

【解析】 纳税人的下列进项税额不得从其销项税额中抵扣:

(1)适用简易计税方法计税项目对应的进项税额;

(2)免征增值税项目对应的进项税额;

(3)非正常损失项目对应的进项税额;

(4)购进并用于集体福利或者个人消费的货物、服务、无形资产、不动产对应的进项税额;

(5)购进并直接用于消费的餐饮服务、居民日常服务和娱乐服务对应的进项税额;

(6)国务院规定的其他进项税额。

30.【答案】 C

【解析】 选项A,生活服务适用的增值税税率为6%;选项B,加工修理修配服务适用的增值税税率为13%;选项D,有形动产租赁服务适用的增值税税率为13%。

31.【答案】 B

【解析】 个人及其所扶养家属维持生活必需的住房和用品,不在强制执行措施的范围之内。机动车辆、金银饰品、古玩字画、豪华住宅或一处以上的住宅不属于个人及其所扶养家属维持生活必需的住房和用品,应在强制执行措施的范围之内。

32.【答案】 B

【解析】 作为业务招待费税前扣除限额的计算基数的收入范围是当年销售(营业)收入,包括销售货物收入、让渡资产使用权(收取资产租金或使用费)收入、提供劳务收入等主营业务收入,还包括其他业务收入、视同销售收入等,但是不含营业外收入、转让固定资产或无形资产所有权收入、投资收益(从事股权投资业务的企业除外)。对从事股权投资业务的企业(包括集团公司总部、创业投资企业等),其从被投资企业所分配的股息、红利及股权转让收入,可以按规定的比例计算业务招待费扣除限额。

33.【答案】 D

【解析】 纳税人停业期满未按期复业又不申请延长停业的,税务机关应当视为已恢复营业,实施正常的税收征收管理。

34. 【答案】 B

【解析】 税务机关对税务师事务所实施行政登记管理。

35. 【答案】 A

【解析】 查验征收方式一般针对会计核算不够健全、生产经营不固定、零星分散、流动性大的纳税人。

36. 【答案】 B

【解析】 税法的构成要素一般包括征税人、纳税义务人、征税对象、税目、税率、计税依据、纳税环节、纳税期限、纳税地点、减免税和法律责任等。选项 B 不属于税法的构成要素。

37. 【答案】 C

【解析】 委托加工从价计征消费税的应税消费品,没有同类消费品销售价格的,按组成计税价格计算纳税,其组成计税价格=(材料成本+加工费)÷(1-消费税比例税率)。

38. 【答案】 D

【解析】 纳税人的下列进项税额不得从其销项税额中抵扣:

(1) 适用简易计税方法计税项目对应的进项税额;

(2) 免征增值税项目对应的进项税额;

(3) 非正常损失项目对应的进项税额;

(4) 购进并用于集体福利或者个人消费的货物、服务、无形资产、不动产对应的进项税额;

(5) 购进并直接用于消费的餐饮服务、居民日常服务和娱乐服务对应的进项税额;

(6) 国务院规定的其他进项税额。

39. 【答案】 B

【解析】 申请人对计划单列市税务局的具体行政行为不服的,向国家税务总局申请行政复议。

40. 【答案】 B

【解析】 中央税是指收入归中央政府支配使用的税种。中央税主要包括消费税(含进口环节由海关代征的部分)、关税、车辆购置税、海关代征的进口环节增值税。

二、多项选择题

1. 【答案】 CD

【解析】 选项 A,交通运输服务适用 9% 增值税税率,选项 B,有形动产租赁服务适用 13% 增值税税率。

2. 【答案】 ABD

【解析】 支付给法院的诉讼费可以作为费用税前扣除。

3. 【答案】 ABCD

【解析】 纳税人的下列进项税额不得从其销项税额中抵扣:

(1) 适用简易计税方法计税项目对应的进项税额;

(2) 免征增值税项目对应的进项税额;

（3）非正常损失项目对应的进项税额；

（4）购进并用于集体福利或者个人消费的货物、服务、无形资产、不动产对应的进项税额；

（5）购进并直接用于消费的餐饮服务、居民日常服务和娱乐服务对应的进项税额；

（6）国务院规定的其他进项税额。

4.【答案】 ABC

【解析】 选项 D，委托加工的应税消费品，受托方在交货时已代收代缴消费税，委托方收回后直接销售（以不高于受托方的计税价格出售）的，不再缴纳消费税。

5.【答案】 AD

【解析】 增值税＝（30÷20％＋30）÷（1－10％）×13％ ＝26（万元）；消费税 ＝（30÷20％＋30）÷（1－10％）×10％ ＝20（万元）。

6.【答案】 ACD

【解析】 选项 B，我国消费税共有 15 个税目。

7.【答案】 ABCD

【解析】 增值税的征税范围包括在中华人民共和国境内（简称境内）销售货物、服务、无形资产、不动产（简称应税交易），以及进口货物。

8.【答案】 AB

【解析】 偶然所得、财产转让所得适用 20％的比例税率，不采用累进税率。

9.【答案】 AC

【解析】 选项 B，纳税人只能享受一次首套住房贷款的利息扣除。选项 D，经夫妻双方约定，可以选择由其中一方扣除，具体扣除方式在一个纳税年度内不能变更。夫妻双方婚前分别购买住房发生的首套住房贷款，其贷款利息支出，婚后可以选择其中一套购买的住房，由购买方按扣除标准的 100％扣除，也可以由夫妻双方对各自购买的住房分别按扣除标准的 50％扣除，具体扣除方式在一个纳税年度内不能变更。

10.【答案】 ABCD

【解析】 本题中四个选项的表述都正确。

11.【答案】 AD

【解析】 纳税人变更法定代表人的，需要办理变更登记；纳税人暂停经营活动的，需要办理停业登记，而不是注销税务登记。

12.【答案】 BD

【解析】 选项 A，增值税属于流转税类；选项 C，房产税属于财产税类。

13.【答案】 ABD

【解析】 选项 C，车船税采用的是定额税率。

14.【答案】 AD

【解析】 现行消费税的征税范围主要包括烟，酒，鞭炮、焰火，高档化妆品，成品油，贵重首饰及珠宝玉石，高尔夫球及球具，高档手表，游艇，木制一次性筷子，实木地板，摩托车、小汽车、电池、涂料等税目，有的税目还进一步划分若干子目。

15.【答案】 ABD

【解析】 有下列情形之一的，视同应税交易，应当依照《中华人民共和国增值税法》

(以下简称《增值税法》)规定缴纳增值税:①单位和个体工商户将自产或者委托加工的货物用于集体福利或者个人消费;②单位和个体工商户无偿转让货物;③单位和个人无偿转让无形资产、不动产或者金融商品。选项C,不属于上述视同应税交易范围。

16.【答案】 BD

【解析】 提供有形资产租赁服务的增值税税率为13%;农机零部件的增值税税率为13%。因此选项A、C错误。

17.【答案】 ABCD

【解析】 选项D,加工修理修配服务适用13%增值税税率。

18.【答案】 ABCD

【解析】 根据《企业所得税法》第八条的规定,企业实际发生的与取得收入有关的、合理的支出,包括成本、费用、税金、损失和其他支出,准予在计算应纳税所得额时扣除。

19.【答案】 ABC

【解析】 增值税专用发票基本联次的第一联为记账联,作为销售方核算销售收入和增值税销项税额的记账凭证;第二联为抵扣联,作为购买方报送主管税务机关认证和留存备查的凭证;第三联为发票联,作为购买方核算采购成本和增值税进项税额的记账凭证。其他联次用途,由一般纳税人自行确定。

20.【答案】 ABD

【解析】 选项C,税务机关不再按照180天设置报验管理的固定有效期,改按跨区域经营合同执行期限作为有效期限。合同延期的,纳税人可向经营地或机构所在地的税务机关办理报验管理有效期限延期手续。

21.【答案】 ABC

【解析】 增值税的征税范围包括在中华人民共和国境内(简称境内)销售货物、服务、无形资产、不动产(简称应税交易),以及进口货物。选项D,取得存款利息收入,不属于应税交易,不征收增值税。

22.【答案】 AB

【解析】 申请人对征税行为中的具体行为不服的,应当先向行政复议机关申请行政复议;对行政复议决定不服的,可以再向人民法院提起行政诉讼。征税行为,包括确认纳税主体、征税对象、征税范围、减税、免税、退税、抵扣税款、适用税率、计税依据、纳税环节、纳税期限、纳税地点和税款征收方式等具体行政行为和征收税款、加收滞纳金,扣缴义务人、受税务机关委托的单位和个人做出的代扣代缴、代收代缴、代征行为等。

23.【答案】 AB

【解析】 选项C、D属于税收实体法。

24.【答案】 ABD

【解析】 根据购进固定资产的进项税额是否扣除及如何扣除的不同,各国增值税可以分为生产型增值税、收入型增值税和消费型增值税三种类型。

25.【答案】 ABCD

【解析】 税法的构成要素一般包括征税人、纳税义务人、征税对象、税目、税率、计税依据、纳税环节、纳税期限、纳税地点、减免税和法律责任等。

26.【答案】 AC

【解析】 选项 A,进口小汽车征收关税、增值税和消费税;选项 B,进口数码相机征收关税、增值税,不征收消费税;选项 C、D,在批发环节加征消费税的仅限于卷烟,不包括白酒。

27.【答案】 ABCD

【解析】 税务机关税款征收的方式主要包括查账征收、查定征收、查验征收、定期定额征收、扣缴税款征收、委托代征以及其他征收方式。

28.【答案】 CD

【解析】 免税收入是指属于企业的应税所得但按照税法规定免予征收企业所得税的收入。免税收入包括国债利息收入,符合条件的居民企业之间的股息、红利收入,在中国境内设立机构、场所的非居民企业从居民企业取得与该机构、场所有实际联系的股息、红利收入,符合条件的非营利组织的收入等。选项 A、B 属于企业所得税不征税收入。

29.【答案】 ABCD

【解析】 专项附加扣除,包括子女教育、继续教育、大病医疗、住房贷款利息或者住房租金、赡养老人、3 岁以下婴幼儿照护等支出。

30.【答案】 ABC

【解析】 选项 D,任何单位和个人不得拆本使用发票。

31.【答案】 CD

【解析】 选项 A,经营所得适用五级超额累进税率;选项 B,居民个人的综合所得适用七级超额累进税率。

32.【答案】 ABCD

【解析】 任何单位和个人应当按照发票管理规定使用发票,不得有下列行为:①转借、转让、介绍他人转让发票、发票监制章和发票防伪专用品;②知道或者应当知道是私自印制、伪造、变造、非法取得或者废止的发票而受让、开具、存放、携带、邮寄、运输;③拆本使用发票;④扩大发票使用范围;⑤以其他凭证代替发票使用;⑥窃取、截留、篡改、出售、泄露发票数据。

三、判断题

1.【答案】 ×

【解析】 纳税人停业期满不能及时恢复生产经营的,应当在停业期满前向税务机关提出延长停业登记申请。

2.【答案】 √

3.【答案】 ×

【解析】 我国的累进税率主要采用超额累进的方式。

4.【答案】 √

5.【答案】 ×

【解析】 允许抵扣的增值税不能在计算应纳税所得额时扣除。

6.【答案】 √

7.【答案】 ×

【解析】 有下列情形之一的,视同应税交易,应当依照《中华人民共和国增值税法》(以下简称《增值税法》)规定缴纳增值税:

(1)单位和个体工商户将自产或者委托加工的货物用于集体福利或者个人消费;

(2)单位和个体工商户无偿转让货物;

(3)单位和个人无偿转让无形资产、不动产或者金融商品。

8.【答案】 √

9.【答案】 ×

【解析】 委托加工环节已由受托方代收代缴消费税的应税消费品收回后直接销售(以不高于受托方的计税价格出售)的,不再缴纳消费税。

10.【答案】 ×

【解析】 出版、发表画作应按稿酬所得项目计缴个人所得税。

11.【答案】 ×

【解析】 税务机关是发票的主管机关,负责发票印制、领用、开具、取得、保管、缴销的管理和监督。

12.【答案】 ×

【解析】 企业所得税是对具有法人资格的企业征收的所得税,而个人独资企业不具有法人资格。对个人独资企业的投资者取得的生产经营所得应征收个人所得税,不征收企业所得税。

13.【答案】 √

14.【答案】 √

【解析】 纳税人在限期内已缴税款,税务机关未立即解除税收保全措施使纳税人合法权益受损失的,税务机关应当承担赔偿责任。纳税人在税务机关采取税收保全措施后,按照税务机关规定的期限缴纳税款的,税务机关必须立即解除税收保全,具体是指:纳税人在税务机关采取税收保全措施后,按照税务机关规定的期限缴纳税款的,税务机关应当自收到税款或者银行转回的完税凭证之日起1日内解除税收保全。

15.【答案】 ×

【解析】 采取税收强制执行措施时,对纳税人、扣缴义务人、纳税担保人未缴纳的滞纳金必须同时强制执行,但不包括罚款。

16.【答案】 √

17.【答案】 ×

【解析】 企业的不征税收入用于支出所形成的费用,不得在计算应纳税所得额时扣除。

18.【答案】 √

19.【答案】 ×

【解析】 当期进项税额大于当期销项税额的部分,纳税人可以按照国务院的规定选择结转下期继续抵扣或者申请退还。

20.【答案】 √

21.【答案】 √

22.【答案】 ×

【解析】 减免税是税法规定的对某些纳税人或者征税对象给予减轻或免除税收负担的一种税收优惠措施。

23.【答案】 √

24.【答案】 √

25.【答案】 ×

【解析】 纳税人发生一项应税交易涉及两个以上税率、征收率的,按照应税交易的主要业务适用税率、征收率。

26.【答案】 √

27.【答案】 √

28.【答案】 √

29.【答案】 ×

【解析】 税务机关采取税收保全措施的期限一般不得超过6个月,重大案件需要延长期限的,应当报国家税务总局批准。

30.【答案】 ×

【解析】 进口货物,按照本法规定的组成计税价格乘以适用税率(而非征收率)计算缴纳增值税。组成计税价格,为关税计税价格加上关税和消费税;国务院另有规定的,从其规定。

31.【答案】 ×

【解析】 根据相关规定,"外出经营活动税收管理"现在已经更名为"跨区域涉税事项报验管理"。

32.【答案】 ×

【解析】 当纳税人不能提供纳税担保,经县级以上税务局(分局)局长批准,可以冻结纳税人相当于应纳税款的存款。

33.【答案】 √

34.【答案】 ×

【解析】 免征额,是指在征税对象的全部金额中免予征税的那一部分数额,对免征额的部分不予征税,仅对超过免征额的部分计征税款。

35.【答案】 ×

【解析】 纳税人享受减税、免税待遇的,在减税、免税期间应当按照规定办理纳税申报。

36.【答案】 √

37.【答案】 √

38.【答案】 ×

【解析】 税务机关采取强制执行措施时,对上述纳税人、扣缴义务人、纳税担保人未缴纳的滞纳金同时强制执行。个人及其所扶养家属维持生活必需的住房和用品,不在强制执行措施的范围之内。

39.【答案】 √

40.【答案】 √

41.【答案】 √

42. 【答案】 √

43. 【答案】 ×

【解析】 计税依据,又称计税标准、课税依据、课税基数、征税基数或税基,是计算应纳税额的根据。征税对象是区别一种税与另一种税的重要标志。

44. 【答案】 ×

【解析】 按照征税对象的性质分类,可将全部税收划分为流转税、所得税、财产税、行为税、资源税和特定目的税六种类型。

45. 【答案】 √

46. 【答案】 ×

【解析】 增值税是价外税,消费税是价内税。

四、案例分析题

(一)

1. 【答案】 B

【解析】 税务机关责令具有税法规定情形的纳税人提供纳税担保而纳税人拒绝提供纳税担保或无力提供纳税担保的,经县以上税务局(分局)局长批准,税务机关可以采取下列税收保全措施:①书面通知纳税人开户银行或者其他金融机构冻结纳税人的金额相当于应纳税款的存款;②扣押、查封纳税人的价值相当于应纳税款的商品、货物或者其他财产。

2. 【答案】 B

【解析】 从事生产、经营的纳税人、扣缴义务人未按照规定的期限缴纳或者解缴税款,纳税担保人未按照规定的期限缴纳所担保的税款,由税务机关责令限期缴纳,逾期仍未缴纳的,经县以上税务局(分局)局长批准,税务机关可以采取强制执行措施。对已采取税收保全措施的纳税人,限期期满仍未缴纳税款的,经县以上税务局(分局)局长批准,税务机关可以采取强制执行措施。

3. 【答案】 D

【解析】 个人及其所扶养家属维持生活必需的住房和用品,不在强制执行措施的范围之内。税务机关对单价 5 000 元以下的其他生活用品,不采取强制执行措施。

4. 【答案】 A

【解析】 纳税人在税务机关采取税收保全措施后,按照税务机关规定的期限缴纳税款的,税务机关必须立即解除税收保全,具体是指:纳税人在税务机关采取税收保全措施后,按照税务机关规定的期限缴纳税款的,税务机关应当自收到税款或者银行转回的完税凭证之日起 1 日内解除税收保全。

5. 【答案】 ABD

【解析】 选项C,对于纳税主体(纳税人、扣缴义务人)而言,其行政法律责任形式主要是行政处罚。

(二)

1. 【答案】 C

【解析】 年度利润总额＝2 500＋70－1 100－670－480－60－40－50＝170(万元)。

2. 【答案】 B

【解析】 广告费和业务宣传费支出应调增应纳税所得额＝450－2 500×15％＝75（万元）。

3. 【答案】 D

【解析】 2 500×5‰＝12.5（万元）＞15×60％＝9（万元），业务招待费支出应调增应纳税所得额＝15－9＝6（万元）。

4. 【答案】 A

【解析】 工会经费支出的扣除限额＝150×2％＝3（万元），实际拨缴3万元，无需进行纳税调整；职工福利费支出扣除限额＝150×14％＝21（万元），实际发生23万元，应调增应纳税所得额＝23－21＝2（万元）；职工教育经费支出的扣除限额＝150×8％＝12（万元），实际发生13.25万元，应调增应纳税所得额＝13.25－12＝1.25（万元）；三项经费支出应调增应纳税所得额合计＝2＋1.25＝3.25（万元）。

5. 【答案】 B

【解析】 (1) 捐赠支出应调增应纳税所得额＝30－170×12％＝9.6（万元）。

(2) 税收滞纳金不得在企业所得税税前扣除，应计入应纳税所得额。

(3) 应纳税所得额＝170＋75＋6＋9.6＋3.25＋6＝269.85（万元）。

(4) 本年甲企业实际应缴纳的企业所得税税额＝269.85×25％＝67.46（万元）。

(三)

1. 【答案】 BCD

【解析】 选项A，购进材料用于装修食堂（集体福利），不得抵扣进项税额。

2. 【答案】 C

【解析】 A公司提供货物运输服务同时收取的保价费，应作为价外费用（收入）处理，则

增值税销项税额＝(1 417 000＋2 616)÷(1＋9％)×9％＝117 216(元)

3. 【答案】 D

【解析】 向客户"支付"（而非"收取"）的赔偿款，不属于A公司的收入，则

增值税销项税额＝25 440÷(1＋6％)×6％＝1 440(元)

4. 【答案】 C

【解析】 A公司收取的货物逾期保管费应并入提供货物仓储服务取得的销售额，则

增值税销项税额＝(95 400＋15 900)÷(1＋6％)×6％＝6 300(元)

5. 【答案】 C

【解析】 纳税人以1个月或者1个季度为1个计税期间的，自期满之日起15日内申报纳税；以10日或者15日为1个计税期间的，自次月1日起15日内申报纳税。

(四)

1. 【答案】 B

【解析】 销售小汽车同时收取的手续费应作为价外费用，一般情况下，价外费用本身都为含增值税的价外费用，在计算增值税销项税额时，需换算成不含增值税的价外费用。A企业销售定制小汽车应纳消费税税额＝(113 000＋33 900)÷(1＋13％)×5％＝6 500（元）。

2.【答案】 D

【解析】 纳税人用于换取生产资料和消费资料、投资入股和抵偿债务等方面的应税消费品,应当以纳税人同类应税消费品的"最高"销售价格作为计税依据计算消费税。

3.【答案】 C

【解析】 采取预收货款结算方式的,消费税纳税义务发生时间为发出应税消费品的当天。

4.【答案】 ABCD

【解析】 纳税人将自产自用的应税消费品用于生产非应税消费品、在建工程、管理部门、非生产机构、提供劳务、馈赠、赞助、集资、广告、样品、职工福利、奖励等方面,视同销售应税消费品,于移送使用时缴纳消费税。

5.【答案】 C

【解析】 纳税人以1个月或者1个季度为1个纳税期的,自期满之日起15日内申报缴纳消费税。

(五)

1.【答案】 ABCD

【解析】 工资、薪金所得是指个人因任职或者受雇而取得的工资、薪金、奖金、年终加薪、劳动分红、津贴、补贴及与任职或者受雇有关的其他所得。

2.【答案】 AC

【解析】 选项B,作者将自己的文字作品手稿原件或复印件公开拍卖(竞价)取得的所得,属于提供著作权的使用权所得,按特许权使用费所得项目征收个人所得税。选项D,个人将其拥有的他人创作的文字作品手稿原件或复印件公开拍卖(竞价)取得的所得,按财产转让所得项目征收个人所得税。

3.【答案】 B

【解析】 张某兼职取得的顾问费属于个人独立从事非雇佣劳务取得的所得,应按劳务报酬所得项目计算缴纳个人所得税。

4.【答案】 C

【解析】 稿酬所得是指个人因其作品以图书、报刊等形式出版、发表而取得的所得。

5.【答案】 A

【解析】 偶然所得是指个人得奖、中奖、中彩及其他偶然性质的所得。

第四章 财政法律制度

【分节习题必会】答案及解析

第一节 预算法律制度

一、单项选择题

1.【答案】 D

【解析】 国家预算不仅是保障国家机器正常运转的物质条件,而且是政府实施各项社会经济政策的有力保证,体现的是国家预算的财力保证作用。

2.【答案】 C

【解析】 选项A、B、D属于全国人民代表大会预算管理职权,审查和批准中央预算的调整方案属于全国人民代表大会常务委员会预算管理职权。

3.【答案】 D

【解析】 乡、民族乡、镇政府编制本级决算草案,提请本级人民代表大会审查和批准。

4.【答案】 D

【解析】 选项D,审查和批准中央预算的调整方案属于全国人民代表大会常务委员会的预算职权,不属于国务院财政部门预算职权。

5.【答案】 D

【解析】 根据2018年12月29日第十三届全国人民代表大会常务委员会第七次会议《关于修改〈中华人民共和国产品质量法〉等五部法律的决定》进行了第二次修正,自2018年12月29日起施行。

6.【答案】 B

【解析】 县级以上各级政府应当接受本级和上级人民代表大会及其常务委员会对预算执行情况和决算的监督,体现的是国家权力机关的监督。

7.【答案】 C

【解析】 我国国家预算共分为五级预算,具体包括:①中央预算;②省级(省、自治区、直辖市)预算;③地市级(设区的市、自治州)预算;④县市级(县、自治县、不设区的市、市辖区)预算;⑤乡镇级(乡、民族乡、镇)预算。

8.【答案】 C

【解析】 中央预算是指中央政府预算,由中央各部门(含直属单位)的预算组成,因此选项C错误,其他三个选项正确。

9.【答案】 B

【解析】 我国的预算组成并非没有限制,中央预算由中央各部门(含直属单位)的预算组成,地方预算由各省、自治区、直辖市总预算组成。

10.【答案】 C

【解析】 选项C,属于地方各级政府财政部门的职权。

11.【答案】 D

【解析】 地方各级预算由本级人民代表大会审查和批准。

12.【答案】 C

【解析】 县级以上地方各级人民代表大会及其常务委员会对本级和下级政府预算、决算进行监督。

13.【答案】 D

【解析】 国务院财政部门编制中央决算草案,经国务院审计部门审计后,报国务院审定,由国务院提请全国人民代表大会常务委员会审查和批准。

二、多项选择题

1.【答案】 ABC

【解析】 预算调整方案应当说明预算调整的理由、项目和数额。

2.【答案】 ABC

【解析】 各级政府不得向预算收入征收部门和单位下达收入指标。

3.【答案】 AC

【解析】 中央预算是指中央政府预算,由中央各部门(含直属单位)的预算组成,中央预算包括地方向中央上缴的收入数额和中央返还地方或者补助地方的数额。

4.【答案】 ABD

【解析】 国家预算按照收支管理范围可分为总预算和部门单位预算,因此选项 C 错误。

5.【答案】 ABC

【解析】 地方预算由各省、自治区、直辖市总预算构成。地方预算担负着地方行政管理和经济建设文化教育、卫生事业以及抚恤等支出。地方预算包括下级政府向上级政府上缴的收入数额和上级政府对下级政府返还或者给予补助的数额。因此选项 D 错误,其他三个选项正确。

6.【答案】 ABCD

【解析】 本题中四个选项内容都属于全国人民代表大会常务委员会的预算管理职权。

7.【答案】 ACD

【解析】 各级预算由本级政府组织执行,具体工作由本级政府财政部门负责。选项 B 错误,其他三个选项说法正确。

8.【答案】 ABCD

【解析】 按照监督的内容,对预算、决算的监督可以分为对预算编制的监督、对预算执行的监督、对预算调整的监督、对决算的监督等。

9.【答案】 AB

【解析】 选项 C,我国国家预算共分为五级预算;选项 D,通过国家预算的编制和执行,可以使得政府便于掌握国民经济的运行状况、发展趋势以及出现的问题,从而采取相应的对策措施,促进国民经济稳定协调发展,这体现的是反映国家预算的监督作用。

10.【答案】 ABCD

【解析】 国家预算按照预算收支的内容可分为一般公共预算、政府性基金预算、国有资本经营预算、社会保险基金预算。

11.【答案】 ABCD

【解析】 一般公共预算收入按来源可分为税收收入、行政事业性收费收入、国有资源(资产)有偿使用收入、转移性收入和其他收入。

12.【答案】 ABCD

【解析】 本题中四个选项均属于国务院预算管理的职权。

13.【答案】 BCD

【解析】 选项 A,应该是"向本级人民代表大会作关于本级预算草案的报告"。

14.【答案】 ABCD

【解析】 经全国人民代表大会批准的中央预算和经地方各级人民代表大会批准的地方各级预算,在执行中出现下列情况之一的,应当进行预算调整:①需要增加或者减少预算总支出的;②需要调入预算稳定调节基金的;③需要调减预算安排的重点支出数额的;④需要增加举债债务数额的。

15.【答案】 ABD

【解析】 一般公共预算支出按其经济性质可分为工资福利支出、商品和服务支出、资本性支出和其他支出。

16.【答案】 ABCD

【解析】 本题中四个选项的表述都正确。

17.【答案】 ABC

【解析】 选项D,各级一般公共预算应当按照本级一般公共预算支出额的1%～3%设置预备费,用于当年预算执行中的自然灾害等突发事件处理增加的支出及其他难以预见的开支。

三、判断题

1.【答案】 √

2.【答案】 ×

【解析】 国家预算按照预算收支的内容可分为一般公共预算、政府性基金预算、国有资本经营预算、社会保险基金预算。

3.【答案】 √

4.【答案】 √

5.【答案】 ×

【解析】 我国国家预算的级次划分是按照"一级政府设立一级预算"的原则划分的。

第二节　政府采购法律制度

一、单项选择题

1.【答案】 C

【解析】 《广东省实施〈政府采购法〉办法》《上海市政府采购管理办法》属于政府采购地方性法规和政府规章,因此选项A、B不选;《政府采购法》属于政府采购法律,因此选项D不选。

2.【答案】 B

【解析】 在我国,政府采购的主体是依靠国家财政资金运作的政府机关、事业单位和团体组织等,而所有个人、私营企业和公司,以及集体企业均不能成为政府采购的采购方主体。另外,《政府采购法》规定,国有企业不属于政府采购的主体范围。因此甲国有企业购建厂房、丙国有独资公司采购大型机械设备、丁合伙企业采购办公用品不适用《政府采购法》调整。

3.【答案】 B

【解析】 在我国,政府采购的主体是依靠国家财政资金运作的政府机关、事业单位和团体组织等。选项A、D,中外合资经营企业和上市公司不属于上述国家机关、事业单位和团体组织的范畴;选项C,《政府采购法》规定,国有企业不属于政府采购的主体范围。

4.【答案】 C

【解析】 选项C,平等地获得政府采购信息的权利属于政府采购当事人中供应商的权利。

5.【答案】 D

【解析】《政府采购法》规定,符合以下情形之一的货物或者服务,可以采用单一来源方式采购:①只能从唯一供应商处采购的;②发生了不可预见的紧急情况,不能从其他供应商处采购的;③必须保证原有采购项目的一致性或者服务配套的要求,需要继续从原供应商处添购,且添购资金总额不超过原合同采购金额10%的。

6.【答案】 C

【解析】 采购未纳入集中采购目录的政府采购项目,可以自行采购,也可以委托集中采购机构或者集中采购机构以外的采购代理机构在委托的范围内代理采购,选项A错误;政府采购的对象包括货物、工程和服务,选项B错误;公开招标是政府采购的主要采购方式,但不是唯一的方式,选项D错误。

7.【答案】 C

【解析】 选项A体现的是诚实信用原则;选项B体现的是公开透明原则;选项D体现的是公平竞争原则。

8.【答案】 D

【解析】《政府采购法》规定,符合以下情形之一的货物或者服务,可以采用邀请招标方式采购:①具有特殊性,只能从有限范围的供应商处采购的;②采用公开招标方式的费用占政府采购项目总价值的比例过大的。

9.【答案】 C

【解析】 政府采购可以使政府正常运转需要的货物、工程和服务,由政府自产、自建、自管转为全方位地面向市场开放,从而大大地活跃了市场经济。因此它体现了政府采购活跃市场经济的功能。

10.【答案】 D

【解析】 政府采购可以节约财政支出,提高采购资金的使用效益。

二、多项选择题

1.【答案】 ABCD

【解析】本题中四个选项都属于供应商参加政府采购活动的条件。

2.【答案】 AC

【解析】 选项B、D属于集中采购的特点。

3.【答案】 ABD

【解析】 集中采购所具有的采购成本低、操作相对规范和社会影响大的特点,可以发挥政府采购的规模优势和政策作用,体现政府采购的效益性和公共性原则,也有利于政府的集中监管和对分散采购的良好示范作用。选项C,"一般不具有通用性"是分散采购的特点。

4.【答案】 ABD

【解析】 采购人是指依法利用国家财政性资金和政府借款购买货物、工程或服务的国家机关、事业单位、团体组织。个人、私营企业、公司、集体企业、国有企业都不属于政府采购的采购人。商务部是国家机关,中国红十字会是团体组织,财政部是国家机关。

5.【答案】 ACD

【解析】 选项 B,公开招标是政府采购的主要采购方式。

6.【答案】 ABD

【解析】 我国的政府采购法律制度由《政府采购法》《政府采购法实施条例》和国务院各部门特别是财政部颁布的一系列部门规章以及地方性法规和政府规章组成。

7.【答案】 ACD

【解析】 选项 A、D,政府采购的主体范围包括国家机关、事业单位和团体组织,不包括国有企业;选项 C,财政性资金包括财政预算资金和预算外资金,但不包括自有资金的购买。

8.【答案】 AC

【解析】 选项 B,政府集中采购目录属于地方预算的政府采购项目,由省、自治区、直辖市人民政府或者其授权的机构确定并公布。选项 D,政府采购的对象包括货物、工程和服务。政府采购的供应商是指向采购人提供货物、工程或服务的法人、其他组织或自然人。

9.【答案】 AD

【解析】《政府采购法》规定,符合下列情形之一的货物或者服务,可以采用邀请招标方式采购:①具有特殊性,只能从有限范围的供应商处采购的;②采用公开招标方式的费用占政府采购项目总价值的比例过大的。选项 B,可以采用竞争性谈判方式采购。选项 C,可以采用单一来源方式采购。

10.【答案】 ABCD

【解析】《政府采购法》规定,政府采购应当遵循公开透明原则、公平竞争原则、公正原则和诚实信用原则。

三、判断题

1.【答案】 ×

【解析】《政府采购法实施条例》2014 年 12 月 31 日通过,2015 年 3 月 1 日起施行。

2.【答案】 √

【解析】 政府采购的主体不包括个人、私营企业和公司。国有企业不属于政府采购的主体范围。

3.【答案】 ×

【解析】 采购未纳入集中采购目录的政府采购项目,可以自行采购,也可以委托集中采购机构或者集中采购机构以外的采购代理机构在委托的范围内代理采购。

4.【答案】 √

5.【答案】 √

6.【答案】 √

7.【答案】 ×

【解析】 公开招标应作为政府采购的主要采购方式。

8.【答案】 ×

【解析】 政府采购监督管理部门不得设置集中采购机构,不得参与政府采购项目的采购活动。

9.【答案】 √

10.【答案】 ×

【解析】 政府采购,是指各级国家机关、事业单位和团体组织,使用财政性资金采购依法制定的集中采购目录以内的或者采购限额标准以上的货物、工程和服务的行为。

11.【答案】 √

第三节　国库集中收付制度

一、单项选择题

1.【答案】 D

【解析】 财政部门零余额账户用于财政直接支付和与国库单一账户清算。

2.【答案】 C

【解析】 预算外资金财政专户用于记录、核算和反映预算外资金的收入支出活动。特设专户用于记录、核算和反映预算单位的特殊专项支出活动。

3.【答案】 C

【解析】 选项C,属于财政授权支付。

4.【答案】 D

【解析】 国库单一账户用于记录、核算、反映财政预算资金和纳入预算管理的政府性基金的收入和支出活动,并用于与财政部门在商业银行开设的零余额账户的支付清算。

二、多项选择题

1.【答案】 ABD

【解析】 财政部门零余额账户在国库会计中使用,行政单位和事业单位中不设置该账户。

2.【答案】 ABCD

【解析】 国库单一账户体系是指以财政国库存款账户为核心的各类财政性资金账户的集合。所有财政性资金的收入、支付、存储及资金清算活动均在该账户体系内运行。

3.【答案】 AC

【解析】 财政支出支付方式分为财政直接支付和财政授权支付两种方式。

4.【答案】 AC

【解析】 财政直接支付是指财政部门向中国人民银行和代理银行签发支付指令,代理银行根据支付指令通过国库单一账户体系将资金支付到收款人(即商品或劳务的供应商等)或用款单位(即具体申请和使用财政资金的预算单位)账户,选项B、D正确。选项A、C属于财政授权支付的内容。

5.【答案】 CD

【解析】 财政收入收缴方式分为直接缴库和集中汇缴两种方式。

三、判断题

1.【答案】 √

2.【答案】 ×

【解析】 国库单一账户在财政总预算会计中使用,行政单位和事业单位中不设置该账户。

3.【答案】 √

【本章习题必练】答案及解析

一、单项选择题

1.【答案】 C

【解析】 我国国家预算共分为五级。

2.【答案】 C

【解析】 预算收入按归属可分为中央预算收入、地方预算收入以及中央和地方预算共享收入。

3.【答案】 C

【解析】《政府采购法》是我国政府采购法律制度中效力最高的法律文件,是制定其他规范性文件的依据。

4.【答案】 A

【解析】 地方各级政府应当经批准的决算及下一级政府上报备案的决算汇总,报上一级政府备案。

5.【答案】 B

【解析】 政府采购被称为"阳光下的交易",体现了政府采购的公开透明原则。

6.【答案】 C

【解析】 必须保证原有采购项目的一致性或者服务配套的要求,需要继续从原供应商处添购,且添购资金总额不超过原合同采购金额10%的,可以采用单一来源方式采购。

7.【答案】 C

【解析】 直接缴库是指由缴款单位或缴款人按有关法律、法规规定,直接将应缴收入缴入国库单一账户或预算外资金财政专户。

8.【答案】 B

【解析】 中央预算是指中央政府预算,由中央各部门(含直属单位)的预算组成。各部门,是指与本级政府财政部门直接发生预算缴拨款关系的国家机关、军队、政党组织、事业单位、社会团体和其他单位。

9.【答案】 B

【解析】《政府采购法》规定,符合下列情形之一的货物或者服务,可以采用竞争性谈判方式采购:①招标后没有供应商投标或者没有合格标的或者重新招标未能成立的;②技术复杂或者性质特殊,不能确定详细规格或者具体要求的;③采用招标所需时间不能满足用户紧急需要的;④不能事先计算出价格总额的。

10.【答案】 D

【解析】 公开招标是政府采购的主要采购方式。

11.【答案】　B

　　【解析】　选项 A 体现的是"公开透明原则";选项 C 体现的是"公平竞争原则";选项 D 体现的是"公正原则"。

12.【答案】　C

　　【解析】　财政授权支付是指预算单位按照财政部门的授权,自行向代理银行签发支付指令,代理银行根据支付指令,在财政部门批准的预算单位的额度内,通过国库单一账户将资金支付到收款人账户。

13.【答案】　B

　　【解析】　供应商应在参加政府采购活动前三年内,在经营活动中没有重大违法记录。

14.【答案】　C

　　【解析】　监督中央和地方预算的执行属于全国人民代表大会常务委员会的预算管理职权。

15.【答案】　D

　　【解析】　预算收入按归属可分为中央预算收入、地方预算收入以及中央和地方预算共享收入。

16.【答案】　A

　　【解析】　一般公共预算支出按功能可分为一般公共服务支出,外交、公共安全、国防支出,农业、环境保护支出,教育、科技、文化、卫生、体育支出,社会保障及就业支出和其他支出。一般公共预算支出按其经济性质可分为工资福利支出、商品和服务支出、资本性支出和其他支出。

17.【答案】　B

　　【解析】　一般公共预算收入按来源可分为税收收入、行政事业性收费收入、国有资源(资产)有偿使用收入、转移性收入和其他收入。其中,税收收入是国家预算收入的重点来源。

18.【答案】　A

　　【解析】　县级以上地方各级政府财政部门编制本级决算草案,经本级政府审计部门审计后,报本级政府审定,由本级政府提请本级人民代表大会常务委员会审查和批准。

19.【答案】　A

　　【解析】　各部门应当在接到本级政府财政部门批复的本部门决算后起 15 日内向所属各单位批复决算。

20.【答案】　C

　　【解析】　根据政府采购法律制度的规定,采用公开招标方式采购的,自招标文件开始发出之日起至投标人提交投标文件截止之日止,不得少于 20 日。

21.【答案】　B

　　【解析】　邀请招标也称为选择性招标或有限竞争性招标,是由采购人或其委托的采购代理机构根据供应商的资信和业绩,选择一定数目的法人或其他组织(不能少于 3 家),向其发出招标邀请书,邀请他们参加投标竞争,从中择优选定中标供应商的一种采购方式。

22.【答案】　C

【解析】 分散采购,是指采购人将采购限额标准以上的未列入集中采购目录的项目自行采购或者委托代理机构代理采购的行为。

23.【答案】 D

【解析】 集中采购机构以外的采购代理机构主要负责分散采购的代理业务。

24.【答案】 D

【解析】 乡、民族乡、镇政府编制本级决算草案,提请本级人民代表大会审查和批准。

25.【答案】 D

【解析】 询价采购是指采购人或其委托的采购代理机构向有关供应商发出询价单让其报价,在取得各个报价的基础上进行比较并确定最优供应商的一种采购方式。采购的货物规格或标准统一、现货货源充足且价格变化幅度小的政府采购项目,可以采用询价方式采购。

26.【答案】 C

【解析】 选项 A 适用于邀请招标的采购方式;选项 B 适用于竞争性谈判的采购方式;选项 D 适用于公开招标的采购方式。

27.【答案】 D

【解析】 县级以上地方各级政府将下一级政府报送备案的预算汇总后报本级人民代表大会常务委员会备案。

28.【答案】 B

【解析】 政府采购监督管理部门不得设置集中采购机构,不得参与政府采购项目的采购活动。

二、多项选择题

1.【答案】 BD

【解析】 选项 B,定期向本级政府财政部门报告预算的执行情况是部门预算管理的职权;选项 D,按照国家规定上缴预算收入,安排预算支出,并接受国家有关部门的监督是各单位的预算管理职权。

2.【答案】 ABD

【解析】 采购人必须按照《政府采购法》规定的采购方式和采购程序进行采购。政府采购项目的采购标准和采购结果应当公开。选项 C,是属于集中采购机构的内部监督的内容。

3.【答案】 ABCD

【解析】 本题中四个选项的表述都正确。

4.【答案】 ACD

【解析】 采购人是指依法利用国家财政性资金和政府借款购买货物、工程或服务的国家机关、事业单位、团体组织。个体工商户不属于以上范畴,因此选项 B 错误。

5.【答案】 AC

【解析】《政府采购法》规定,符合下列情形之一的货物或者服务,可以采用单一来源方式采购:①只能从唯一供应商处采购的,因此选项 A 正确;②发生了不可预见的紧急情况,不能从其他供应商处采购的,因此选项 C 正确;③必须保证原有采购项目的一致性或者服务配套的要求,需要继续从原供应商处添购,且添购资金总额不超过原合同采购金额 10％的。选项 B、D 均可以采用竞争性谈判方式采购。

6.【答案】 BC

【解析】 国家预算按照收支管理范围可分为总预算和部门单位预算。

7.【答案】 ABCD

【解析】 本题中四个选项的表述都正确。

8.【答案】 ABCD

【解析】 分散采购的特点有:①采购单位可以依法自行组织实施采购,也可以委托集中采购机构或从事采购代理业务的社会中介机构代理采购;②列入分散采购的项目往往是一些专业化程度较高或采购单位有特定需求的项目,一般不具有通用性的特征;③可以借助受托单位的技术优势和社会中介代理机构的专业优势,调动政府采购的积极性和主动性,提高采购效率,同时也有利于实现政府采购不断"扩面增量、稳步渐进"的工作目标。

9.【答案】 ABCD

【解析】 国务院财政部门具体编制中央决算、预算草案;具体组织中央和地方预算的执行;提出中央预算预备费动用方案;具体编制中央预算的调整方案;定期向国务院报告中央和地方预算的执行情况。

10.【答案】 ABCD

【解析】 按照监督的内容,对预算、决算的监督可以分为对预算编制的监督、对预算执行的监督、对预算调整的监督、对决算的监督等。

11.【答案】 AC

【解析】 财政收入收缴方式分为直接缴库和集中汇缴两种方式。

12.【答案】 ABD

【解析】 一般公共预算支出按其经济性质可分为工资福利支出、商品和服务支出、资本性支出和其他支出。选项 C 属于一般公共预算支出的功能划分。

13.【答案】 BD

【解析】 选项 A 体现的是诚实信用原则,选项 C 体现的是公正原则。

14.【答案】 ABCD

【解析】 预算单位实行财政直接支付的支出包括财政统一发放的工资支出、工程采购和物品服务采购等购买支出的集中采购部分和转移支出。

15.【答案】 ACD

【解析】 政府集中采购目录和采购限额标准由各省级以上人民政府确定并公布。选项 B 错误。

16.【答案】 ABD

【解析】 政府采购监督管理部门应当加强对政府采购活动及集中采购机构的监督检查。政府采购监督管理部门监督检查的主要内容有:①有关政府采购法律、行政法规和规章的执行情况;②采购范围、采购方式和采购程序的执行情况;③政府采购人员的职业素质和专业技能。选项 C 属于采购人的内部监督的主要内容。

17.【答案】 BD

【解析】 国有企业、香港特区政府、澳门特区政府都不适用于《政府采购法》,因此选项 A、C 错误。

18.【答案】 ACD

【解析】 集中采购具有采购成本低、操作相对规范和社会影响大的特点。选项 B 属于分散采购的特点。

19.【答案】 ACD

【解析】 选项 B,政府采购监督管理部门不得设置集中采购机构,不得参与政府采购项目的采购活动。

20.【答案】 ABCD

【解析】 本题中四个选项的表述都正确。

21.【答案】 ABCD

【解析】 政府采购当事人中供应商的义务主要包括:①遵守政府采购的各项法律、法规和规章制度;②按规定接受供应商资格审查,并在资格审查中客观、真实地反映自身情况;③在政府采购活动中,满足采购人或采购代理机构的正当要求;④投标中标后,按规定程序签订政府采购合同并严格履行合同义务;⑤其他法定义务。

三、判断题

1.【答案】 ×

【解析】 国家预算按照政府级次可分为中央预算和地方预算,而中央预算由中央各部门(含直属单位)的预算组成。

2.【答案】 ×

【解析】 中央预算包括地方向中央上缴的收入数额和中央返还地方或者补助地方的数额。

3.【答案】 ×

【解析】 中央预算收入是指按照分税制财政管理体制,纳入中央预算、地方不参与分享的收入,包括中央本级收入和地方按照规定向中央上缴的收入。

4.【答案】 √

5.【答案】 ×

【解析】 各级预算应当根据年度经济社会发展目标、国家宏观调控总体要求和跨年度预算平衡的需要,参考上一年预算执行情况、有关支出绩效评价结果和本年度收支预测,按照规定程序征求各方面意见后,进行编制。

6.【答案】 ×

【解析】 政府集中采购目录和采购限额标准由各省级以上人民政府确定并公布。

7.【答案】 ×

【解析】 政府采购被称为"阳光下的交易",这是公开透明原则的体现。

8.【答案】 ×

【解析】 公开招标应作为政府采购的主要采购方式。

9.【答案】 ×

【解析】 参与邀请招标采购的供应商不能少于 3 家。

10.【答案】 ×

【解析】 全国人民代表大会审查中央和地方预算草案及中央和地方预算执行情况的报告。

11.【答案】 ×

【解析】 询价小组从符合相关资格条件的供应商名单中确定不少于3家的供应商,并向其发出询价通知书让其报价。

12.【答案】 ×

【解析】 政府采购采用公开招标、竞争性谈判等方式,在竞标过程中执行严密、透明的"优胜劣汰"机制,体现了"活跃市场经济"的功能。

13.【答案】 ×

【解析】 根据国家政权结构、行政区域划分和财政管理体制的要求,按照一级政府设立一级预算的原则,我国国家预算共分为五级预算,具体包括:①中央预算;②省级(省、自治区、直辖市)预算;③地市级(设区的市、自治州)预算;④县市级(县、自治县、不设区的市、市辖区)预算;⑤乡镇级(乡、民族乡、镇)预算。

14.【答案】 ×

【解析】 政府采购实行集中采购和分散采购相结合的执行模式。

15.【答案】 √

16.【答案】 ×

【解析】 集中采购机构应当建立健全内部监督管理制度。采购活动的决策和执行程序应当明确,并相互监督、相互制约。

17.【答案】 √

18.【答案】 ×

【解析】 财政授权支付是指预算单位按照财政部门的授权,自行向代理银行签发支付指令,代理银行根据支付指令,在财政部门批准的预算单位的额度内,通过国库单一账户将资金支付到收款人账户。

19.【答案】 ×

【解析】 国务院财政部门编制中央决算草案,经国务院审计部门审计后,报国务院审定,由国务院提请全国人民代表大会常务委员会审查和批准。

20.【答案】 √

21.【答案】 √

【解析】 我国《政府采购法》规定,政府采购的主体主要指国家机关、事业单位和社会团体。国有企业不属于政府采购的主体范围。

22.【答案】 ×

【解析】 预算单位零余额账户用于财政授权支付和清算。

23.【答案】 ×

【解析】 国家预算的收支规模可以调节社会总供给和总需求的平衡,预算收支的结构可以调节国民经济结构。

24.【答案】 ×

【解析】 全国人民代表大会审查中央和地方预算草案及中央和地方预算执行情况

的报告。

  25.【答案】 ×

  【解析】 我国预算年度自公历 1 月 1 日起至 12 月 31 日止。

  26.【答案】 ×

  【解析】 纳入集中采购目录的政府采购项目,应当实行集中采购。

  27.【答案】 √

  28.【答案】 ×

  【解析】 对于纳入集中采购目录,属于本部门、本系统有特殊要求的项目,应当实行部门集中采购;属于本单位有特殊要求的项目,经省级以上人民政府批准,可以自行采购。

四、案例分析题

  (一)

  1.【答案】 ABC

  【解析】 选项 A、B,没有遵循公开透明和公平竞争的原则;选项 C,不得擅自提高采购标准,否则是要承担相应法律责任的。

  2.【答案】 BD

  【解析】 属于地方预算的政府采购项目,其集中采购目录和政府采购限额标准由省、自治区、直辖市人民政府或者其授权的机构确定并公布。

  3.【答案】 ABCD

  【解析】 政府采购的对象包括货物、工程和服务。选项 A、D 属于货物;选项 B、C 属于工程。

  4.【答案】 C

  【解析】 公开招标是指采购人或其委托的采购代理机构按照法定程序,以发布招标公告的方式,邀请所有潜在的不特定的供应商参加投标竞争,采购人或其委托的采购代理机构通过某种事先确定的标准,从所有参加投标竞争的供应商中择优评选出中标供应商,并与其签订政府采购合同的一种采购方式。公开招标应作为政府采购的主要采购方式。

  5.【答案】 AB

  【解析】 选项 C、D 属于政府采购当事人中采购人的义务。

  (二)

  1.【答案】 ACD

  【解析】 选项 B,财政直接支付是指财政部门向中国人民银行和代理银行签发支付指令,代理银行根据支付指令通过国库单一账户体系将资金支付到收款人或用款单位账户。

  2.【答案】 ABC

  【解析】 政府采购资金包括财政性资金和财政偿还的公共借款。其中,财政性资金包括财政预算资金和预算外资金。这些资金的最终来源为政府对纳税人征收的税收和对公共服务的收费。

  3.【答案】 A

  【解析】 预算单位零余额账户可以办理转账、提取现金等结算业务,可以向本单位按账户管理规定保留的相应账户划拨工会经费、住房公积金及提租补贴,以及经财政部门批准的特殊款项,不得违反规定向本单位其他账户和上级主管单位、所属下级单位账户划拨资金。故选择选项B。

4.【答案】 B

【解析】 财政直接支付,即财政部门向中国人民银行和代理银行签发支付指令,代理银行根据支付指令通过国库单一账户体系将资金支付到收款人(即商品或劳务的供应商等)或用款单位(即具体申请和使用财政资金的预算单位)账户。

5.【答案】 B

【解析】 财政部门在商业银行开设的零余额账户,简称财政部门零余额账户。此账户用于财政直接支付和与国库单一账户清算。

(三)

1.【答案】 ABCD

【解析】 预算、决算的监督主要包括国家权力机关的监督、各级政府的监督、各级政府财政部门的监督、各级政府审计部门的监督、政府各部门的监督和社会监督等。

2.【答案】 ACD

【解析】 选项B,各级政府财政部门负责监督本级各部门及其所属各单位预算管理有关工作,并向本级政府和上一级政府财政部门报告预算执行情况。

3.【答案】 BCD

【解析】 按照监督的内容,对预算、决算的监督可以分为对预算编制的监督、对预算执行的监督、对预算调整的监督、对决算的监督等。选项A属于按照时间的先后顺序进行的划分。

4.【答案】 ABD

【解析】 县级以上地方各级人民代表大会及其常务委员会对本级和下级政府预算、决算进行监督。

5.【答案】 BC

【解析】 县级以上地方各级政府财政部门编制本级决算草案,经本级政府审计部门审计后,报本级政府审定,由本级政府提请本级人民代表大会常务委员会审查和批准。县级以上地方各级人民代表大会及其常务委员会对本级和下级政府预算、决算进行监督。

(四)

1.【答案】 ABCD

【解析】 政府采购方式包括公开招标采购、邀请招标采购、竞争性谈判采购、单一来源采购、询价采购以及国务院政府采购监督管理部门认定的其他采购方式。其中,公开招标应作为政府采购的主要采购方式。

2.【答案】 BC

【解析】 政府采购代理机构是指在政府采购活动中根据采购人的委托,代理政府采购事宜的执行机构。采购代理机构可分为集中采购代理机构和集中采购机构以外的采购代理机构。

3.【答案】 A

【解析】 邀请招标是由采购人或其委托的采购代理机构根据供应商的资信和业绩,选择一定数目的法人或其他组织(不能少于3家),向其发出招标邀请书,邀请他们参加投标竞争,并从中择优选定中标供应商的一种采购方式。

4.【答案】 ABC

【解析】 政府采购当事人是指在政府采购活动中享有权利和承担义务的各类主体,包括采购人、供应商和采购代理机构等。

5.【答案】 AC

【解析】 财政直接支付的支出包括财政统一发放的工资支出、工程采购和物品服务采购等购买支出的集中采购部门和转移支出。财政授权支付的支出包括暂未实行财政直接支付的专项支出和公用支出中的零星支出及小额现金的提取。因此,该预算金额既不属于财政授权支付,也不属于财政直接支付。

第五章　会计职业道德

【分节习题必会】答案及解析

第一节　会计职业道德概述

一、单项选择题

1.【答案】 C

【解析】 狭义的职业道德,是指从业人员在一定职业活动中应遵循的、体现一定职业特征的、调整一定职业关系的职业行为准则和规范。

2.【答案】 B

【解析】 会计职业道德的功能主要包括指导功能、评价功能、教化功能。

3.【答案】 A

【解析】 选项B,会计职业道德具有一定的强制性;选项C,会计职业道德的功能包括指导功能、评价功能和教化功能;选项D,会计职业道德要求会计人员诚实守信、客观公正,当发生道德冲突时要廉洁自律、坚持准则,始终把国家利益和社会公众利益放在首位。

4.【答案】 D

【解析】 会计职业道德与会计法律制度的区别有:①会计职业道德与会计法律制度的性质不同;②会计职业道德与会计法律制度的作用范围不同;③会计职业道德与会计法律制度的表现形式不同;④会计职业道德与会计法律制度的实施保障机制不同;⑤会计职业道德与会计法律制度的评价标准不同。

5.【答案】 D

【解析】 会计职业道德是会计人员提高素质的内在要求。

6.【答案】 D

【解析】 职业道德的基本内容,即"爱岗敬业、诚实守信、办事公道、热情服务、奉献社会"。而男女平等属于家庭美德,选项D错误。

二、多项选择题

1.【答案】 ACD

【解析】 会计职业道德与会计法律制度有着共同的目标、相同的调整对象,承担着同样的职责,两者联系密切。选项 B 错误,其他三个选项正确。

2.【答案】 ABD

【解析】 会计职业道德是调整会计职业活动中各种利益关系的手段。会计工作的性质决定了会计人员在会计职业活动中需要调整的包括会计人员与服务对象之间、会计人员与会计职业之间,会计人员与单位之间、单位与单位之间、单位与投资者之间、单位与债权人之间、单位内部各部门之间、单位与社会公众之间以及单位与国家等各类经济关系,这些经济关系的实质是经济利益关系。

3.【答案】 ABD

【解析】 职业道德的特征有职业性(行业性)、实践性、继承性和多样性等。

4.【答案】 ABCD

【解析】 会计职业道德与会计法律制度有着共同的目标、相同的调整对象,承担着同样的职责,两者在作用上相互补充、相互协调,在内容上相互借鉴、相互吸收。

5.【答案】 ABC

【解析】 会计职业道德具有一定的强制性。

6.【答案】 AB

【解析】 会计职业道德是会计法律制度正常运行的社会基础和思想基础,会计法律制度是促进会计职业道德规范形成和遵守的重要保障。

7.【答案】 ABCD

【解析】 职业道德除了具有道德的一般特征之外,还具有职业性(行业性)、实践性、继承性和多样性等特征。

三、判断题

1.【答案】 ×

【解析】 会计法律制度是会计职业的最低要求。

2.【答案】 ×

【解析】 会计作为经济活动中的一种特殊职业,除具有职业道德的一般特征外,与其他职业道德相比还具有自己的特征:具有一定的强制性、较多关注公众利益等。

3.【答案】 √

4.【答案】 ×

【解析】 会计法律制度由国家强制力保障实施;会计职业道德主要凭借会计人员自觉遵守,并依靠社会舆论和良知来保障实施,具有很强的自律性和自觉性。

5.【答案】 ×

【解析】 对于这种情况,只能说会计人员没有很好地遵守会计职业道德,但不能说其违反了会计法律制度。

第二节　会计职业道德规范的主要内容

一、单项选择题

1.【答案】　B

【解析】　出纳经常出现长短款违反了"提高技能"的会计职业道德要求。

2.【答案】　D

【解析】　"严肃认真地对待,把好关,守好口"体现了"爱岗敬业"会计职业道德规范中的"严肃认真,一丝不苟"。

3.【答案】　B

【解析】　"信以立志,信以守身,信以处事,信以待人,毋忘'立信',当必有成"这句话说明"诚实守信"是会计职业道德的重要内容。

4.【答案】　C

【解析】　廉洁自律是会计职业道德的前提,它既是会计职业道德的内在要求,也是会计职业声誉的"试金石"。

5.【答案】　C

【解析】　客观是指会计人员在会计工作过程中按经济业务事项的本来面目去反映,不掺杂个人的主观意愿,也不为他人意愿所左右。公正就是会计人员在会计工作过程中应当公平、正直,没有偏失。坚持准则是指会计人员在会计工作过程中,要严格按照会计法律制度进行业务处理,不为个人主观意愿或他人意志所左右。因此,王会计的行为违反了客观公正、坚持准则的会计职业道德要求。

6.【答案】　B

【解析】　爱岗敬业是所有职业道德规范的共同要求。

7.【答案】　B

【解析】　强化服务的关键是提高服务质量。

8.【答案】　C

【解析】　"活到老学到老"体现了会计职业道德规范中提高技能的要求。

9.【答案】　C

【解析】　廉洁自律要求会计人员公私分明,不贪不占,遵纪守法,一身正气,做到"常在河边走,就是不湿鞋""理万金分文不沾"。

10.【答案】　C

【解析】　坚持准则要求会计人员熟悉与会计工作相关的法律制度;对于合法的经济业务事项,要严格按照会计法律制度的要求进行会计处理;对于不合法的经济业务事项,不予进行会计处理,而是按照相关法律制度的要求采取相应的措施。很明显,钱某的行为违背了坚持准则的会计职业道德要求。

11.【答案】　A

【解析】　客观公正要求会计人员依法办事,实事求是,如实反映。

二、多项选择题

1.【答案】　ABCD

【解析】　准则是会计人员在会计工作过程中所依据的外在标准和尺度,它不单指会计准则,还包括会计准则在内的会计法律制度。

2.【答案】　ABCD

【解析】　这里的"技能"主要包括会计理论水平、会计实务操作能力、财务分析能力、财务管理能力、职业判断能力、主动更新知识能力、会计信息提供与处理能力、沟通协作能力以及会计实践经验等。

3.【答案】　ABCD

【解析】　本题中四个选项的表述均不符合"强化服务"的会计职业道德要求。

4.【答案】　ACD

【解析】　参与管理要求会计人员主动地向单位领导层反映本单位的财务状况、经营成果、现金流量等方面具体存在的问题,并提出合理化建议,积极参与市场调研及前景预测,做好预算管理,主动参与决策的制定、执行、检查和监督,为单位领导层的经营管理和预测、决策活动当好参谋与助手。

5.【答案】　ACD

【解析】　参与管理是指间接参加管理活动,为管理者当参谋与助手,为管理活动服务。

6.【答案】　ACD

【解析】　诚实守信的基本要求有:①做老实人,说老实话,办老实事,不搞虚假;②保密守信,不为利益所诱惑;③执业谨慎,维护信誉。因此选项 A、C、D 正确。

7.【答案】　BD

【解析】　公正就是会计人员在会计工作过程中应当公平、正直,没有偏失。具体来说,一方面,会计人员在执行会计准则和制度时应当公平、没有偏失地进行账务处理;另一方面,注册会计师在进行审计鉴证时应当公平、正直地判断和评价,在进行审计工作时应当公正处事,不得由于个人偏见、利益冲突或他人的不当影响和压力而损害自己的职业判断。

三、判断题

1.【答案】　√
2.【答案】　√
3.【答案】　×

【解析】　诚实守信是做人的基本准则,也是会计职业道德的精髓;爱岗敬业是会计职业道德的基础。

第三节　会计职业道德教育

一、单项选择题

1.【答案】　C

【解析】　会计职业道德警示教育是指对会计人员和准会计人员开展关于违反会计职业道德行为和会计违法行为典型案例的宣传、讨论和学习,给会计人员和准会计人员予以启示、震慑和警诫的教育。

2.【答案】　C

【解析】 我国会计职业道德教育途径主要包括接受教育与自我修养两大途径。选项 A、B、D 属于接受教育的途径。

3.【答案】 B

【解析】 慎独是指会计人员在独自工作、无人监督时,仍然能够谨慎行事,自觉按照各种会计职业道德规范行事。

二、多项选择题

1.【答案】 ABC

【解析】 我国会计职业道德教育途径主要包括接受教育与自我修养两大途径。选项 A、B 属于接受教育的途径,选项 C 属于自我修养的途径。

2.【答案】 CD

【解析】 会计职业道德教育的接受教育途径可以分为岗前职业道德教育和岗位职业道德继续教育两部分。

3.【答案】 ABD

【解析】 会计职业道德修养的最高境界是做到"慎独"。

4.【答案】 ABCD

【解析】 会计职业道德教育的内容包括会计职业道德观念教育、会计职业道德规范教育、会计职业道德警示教育和与会计职业道德相关的其他教育。

三、判断题

1.【答案】 √

2.【答案】 ×

【解析】 会计职业道德教育的途径包括岗前会计职业道德教育和岗位会计职业道德继续教育。

第四节　会计职业道德建设组织与实施

一、单项选择题

1.【答案】 A

【解析】 我国的财政部门是会计工作的主管部门,各级财政部门应当负起组织和推动本地区会计职业道德建设的责任,把会计职业道德建设与会计法制建设紧密结合起来。

2.【答案】 C

【解析】 我国会计行业组织包括中国注册会计师协会、中国会计学会、中国总会计师协会等。

二、多项选择题

1.【答案】 ABCD

【解析】 本题中四个选项均表述正确。

2.【答案】 ABC

【解析】 各单位应当建立内部牵制制度、内部会计管理制度、稽核制度,防范会计舞弊风险,督促会计人员遵守会计职业道德和国家统一的会计制度。

三、判断题

1.【答案】 ×

【解析】 会计行业职业组织主要通过"自律"(而不是"他律")的机制,实现对其会员的管理与约束。

2.【答案】 √

第五节 会计职业道德的检查与奖惩

一、单项选择题

1.【答案】 D

【解析】 财政部门是《会计法》的执法主体。

2.【答案】 B

【解析】 会计行业组织是对会计职业道德进行自我管理与约束的自律性组织。

二、多项选择题

1.【答案】 ABC

【解析】 会计职业道德的检查与奖惩的意义主要体现在以下三个方面:①有利于促使会计人员遵守会计职业道德规范;②有利于形成抑恶扬善的社会环境;③具有裁决和教育作用。

2.【答案】 ABD

【解析】

3.【答案】 ABD

【解析】 会计职业道德检查与奖惩机制包括:①财政部门的监督检查;②会计行业组织的自律管理与约束;③激励机制的建立。

4.【答案】 ABCD

【解析】 本题中四个选项的表述都正确。

三、判断题

1.【答案】 ×

【解析】 会计人员违反会计职业道德不一定受到法律惩戒。

2.【答案】 √

3.【答案】 √

【本章习题必练】答案及解析

一、单项选择题

1.【答案】 A

【解析】 诚实守信要求会计人员在会计工作过程中,应当持守保密观念,做到保守商业秘密、持守商业信用,对商业机密资料不外传、不泄漏,做到守口如瓶。

2.【答案】 C

【解析】 会计人员在会计工作中强化服务,并不是无原则、无条件地满足服务对象的需要,而是在遵守法律、坚持准则的前提下尽量满足服务对象的需要。

3.【答案】 D

【解析】 "坚持好制度胜于做好事,制度大于天,人情薄如烟"这句话体现了会计职业道德要求中的"坚持准则"要求。

4.【答案】 D

【解析】 会计职业道德规范教育是会计职业道德教育的核心内容,应贯穿于会计职业道德教育的始终。

5.【答案】 D

【解析】 客观公正要求会计人员端正态度,依法办事,实事求是,如实反映,保持应有的独立性。该董事长要求财务经理把年度财务会计报告编得漂亮点,没有做到会计职业道德实事求是的要求。

6.【答案】 C

【解析】 财政部门主管全国会计工作,而会计职业道德建设是会计工作的重要组成部分,必须发挥财政部门的政府主导作用,加强对会计职业道德情况的监督检查。

7.【答案】 B

【解析】 会计职业道德是指在会计职业活动中应当遵循的、体现会计职业特征的、调整会计职业关系的职业行为准则和规范。

8.【答案】 C

【解析】 廉洁自律的基本要求:①树立正确的人生观和价值观;②公私分明,不贪不占;③遵纪守法、一身正气。

9.【答案】 C

【解析】 财政部门在检查中,如果发现会计人员存在违反会计法律制度的行为,根据具体的情况可以采取以下道德惩戒措施:①在会计行业某一特定范围内进行通报批评;②责令完成一定学时的继续教育课程;③暂停从事会计工作;④在会计行业内部相关报刊上予以曝光。

10.【答案】 C

【解析】 选项A,坚持准则中的"准则"不仅包括会计准则,还包括会计准则在内的会计法律制度。会计法律制度,是指国家权力机关和行政机关制定的关于会计工作的法律、法规、规章和规范性文件的总称;选项B,遵循准则即执行准则;选项D,会计人员应当严格执行国家统一的会计制度,依法履行会计监督职责,发生道德冲突时,应当始终坚持会计法律制度,对国家和社会公众负责,敢于同违反会计法律制度的行为作斗争,确保会计信息的合法、真实、准确、及时、完整。

11.【答案】 C

【解析】 会计职业活动与国家利益和社会公众利益密切相关是会计职业的一个显著特征。会计职业的特殊性对会计职业道德提出了更高的要求,要求会计人员诚实守信、客观公正,当发生道德冲突时,要廉洁自律、坚持准则,始终把国家利益和社会公众利益放在首位。

12.【答案】 C

【解析】 廉洁自律是会计职业道德的前提,也是会计职业道德的内在要求,这是由会计工作的特点所决定的。

13.【答案】 A

【解析】 会计职业道德除具有职业道德的一般特征外,还具有一定的强制性和较多关注公众利益的特征。

14.【答案】 B

【解析】 会计职业道德的功能主要有指导功能、评价功能、教化功能。

15.【答案】 A

【解析】 虽然《会计法》规定单位负责人对本单位的会计工作和会计资料的真实性、完整性负责,但并不意味着会计人员可以不客观公正,不坚持准则,领导让干什么就干什么的,因此选项B错误;会计人员应按照国家统一的会计准则制度记账、算账、报账,如实反映和披露单位经济业务事项,这是诚实守信的基本要求,因此选项A正确;《会计基础工作规范》规定,会计人员应当保守商业秘密,向本单位和客户负责。除法律规定和单位负责人同意外,会计人员不能私自向外界提供或者泄露单位的会计信息,因此选项C错误;会计工作主要是记账、算账,但是会计人员职业道德规范的内容里面还有一项"参与管理",即会计人员主动地向单位领导层反映本单位的财务状况、经营成果、现金流量等方面具体存在的问题,并提出合理化建议,积极参与市场调研及前景预测,做好预算管理,主动参与决策的制定、执行、检查和监督,为单位领导层的经营管理和预测、决策活动当好参谋与助手,因此选项D错误。

16.【答案】 A

【解析】 狭义的职业道德是指从业人员在一定职业活动中应遵循的、体现一定职业特征的、调整一定职业关系的职业行为准则和规范。

17.【答案】 C

【解析】 诚实守信是会计职业道德的精髓。

18.【答案】 C

【解析】 坚持准则就是要求会计人员熟悉国家法律、法规和国家统一的会计制度,始终按照法律、法规和国家统一的会计制度的要求实行会计核算。这里的准则不仅是指会计准则,而且还包括会计法律、会计行政法规、国家统一的会计制度以及与会计工作相关的法律制度。

19.【答案】 C

【解析】 爱岗敬业要求会计人员热爱自己的本职工作,安心于本职岗位,在进行会计工作时认真仔细、小心谨慎,具备严肃认真的工作态度,恪尽职守地做好本职工作。

20.【答案】 C

【解析】 会计职业道德修养的最高境界是做到"慎独",即在一个人单独处事、无人监督的情况下,也能自觉地按照道德准则去办事,这体现的是一种职业信念和职业品德。

21.【答案】 D

【解析】 会计职业道德不仅要求调整会计人员的外在行为,还要求调整会计人员包括内在动机在内的精神世界。

22.【答案】 A

【解析】 会计职业道德的指导功能,是指会计职业道德能够指引会计人员具体协调和化解会计职业关系中的各种差异和矛盾,调整会计职业活动内的各方面的关系,促使会计人员之间和谐一致,保证会计工作正常、平稳、合规、高效地进行。

23.【答案】 C

【解析】 忠于职守要求会计人员切实对本单位负责、对国家负责、对社会公众负责。忠于职守是爱岗敬业的基本要求。

24.【答案】 C

【解析】 选项 A、B、D 属于违反会计职业道德的行为。

25.【答案】 D

【解析】 诚实守信是做人的基本准则,是人们在古往今来的交往中产生的最根本的道德规范,也是会计职业道德的精髓。

26.【答案】 D

【解析】 依据会计法等法律、法规,建立会计职业道德激励机制。

二、多项选择题

1.【答案】 ABD

【解析】 客观公正要求会计人员依法办事,实事求是,如实反映。

2.【答案】 BCD

【解析】 诚实守信的基本要求有:①做老实人,说老实话,办老实事,不搞虚假;②保密守信,不为利益所诱惑;③执业谨慎,维护信誉。

3.【答案】 ABCD

【解析】 廉洁自律要求会计人员树立正确的人生观和价值观,自觉抵制享乐主义、个人主义、拜金主义等错误的思想;公私分明、不贪不占;遵纪守法、一身正气。

4.【答案】 ABCD

【解析】 参与管理要求会计人员在做好本职工作时努力钻研相关业务,熟悉财经法规和相关制度,提高业务技能,为参与管理打下坚实的基础;全面熟悉服务对象的经营活动和业务流程,使管理活动更具针对性和有效性,主动提出合理化建议,协助领导决策,积极参与管理。

5.【答案】 BCD

【解析】 自我教育的途径包括慎独慎欲、慎省慎微、自警自励。

6.【答案】 ABD

【解析】 秘密主要有国家秘密、商业秘密和个人隐私三类。

7.【答案】 ABCD

【解析】 会计职业道德观念教育是通过学习会计职业道德知识,树立会计职业道德观念,了解会计职业道德对社会经济秩序、会计信息质量的影响,以及违反会计职业道德将受到惩戒和处罚。

8.【答案】 ABD

　　【解析】 会计职业道德具有的功能,主要有指导功能、评价功能、教化功能。

9.【答案】 ABCD

　　【解析】 本题中四个选项均体现了"爱岗敬业"要求。

10.【答案】 ABCD

　　【解析】 会计职业道德的作用主要有:①规范会计行为的基础;②实现会计目标的重要保证;③对会计法律制度的重要补充;④会计人员提高素质的内在要求。

11.【答案】 AB

　　【解析】 廉洁自律的基本要求有:①树立正确的人生观和价值观;②公私分明,不贪不占;③遵纪守法,一身正气。

12.【答案】 ABC

　　【解析】 客观公正的基本要求有:①依法办事;②实事求是;③如实反映。

13.【答案】 ABC

　　【解析】 强化服务,就是要求会计人员在工作过程中要树立强烈的服务意识,秉持文明的服务态度,保证优良的服务质量。强化服务的基本要求是:强化服务意识、端正服务态度与提高服务质量。

14.【答案】 AC

　　【解析】 廉洁自律,要求会计人员应当自觉抵制享乐主义、个人主义、拜金主义等错误思想,应当牢固树立简朴节约、集体主义、生财有道等正确思想,树立正确人生观和价值观。

15.【答案】 BD

　　【解析】 诚实守信要求会计人员应当做老实人,说老实话,办老实事,不搞虚假;不泄露秘密;执业谨慎,维护信誉。廉洁自律要求会计人员树立正确的人生观和价值观,应当公私分明,不贪不占,遵纪守法,一身正气。

16.【答案】 ABCD

　　【解析】 单位会计人员泄露本单位的商业秘密,将会损害会计人员自身信誉,损害单位的经济利益,并可能会损害会计行业声誉;情节严重的,会计人员还将承担法律责任。

17.【答案】 ABD

　　【解析】 财政部门对会计职业道德进行监督检查的主要措施有:①将会计执法检查与会计职业道德检查相结合;②将会计人员表彰奖励制度与会计职业道德检查相结合;③将会计专业技术资格考评、聘用与会计职业道德检查相结合。

18.【答案】 ACD

　　【解析】 爱岗敬业的基本要求包括:①正确认识会计职业,树立职业荣誉感;②热爱会计工作,敬重会计职业;③安心工作,任劳任怨;④严肃认真,一丝不苟;⑤忠于职守,尽职尽责。

19.【答案】 ABCD

　　【解析】 会计人员如果泄露本单位的商业秘密,其可能导致的后果是:会计人员的信誉将会受到损害、单位的经济利益将遭受损失、会计行业声誉将受到损害,同时,会计人员还可能因泄密而承担相应的法律责任。

20.【答案】 ABD

【解析】 选项A、B、D属于参与管理的基本要求;选项C属于强化服务的基本要求。

21.【答案】 AC

【解析】 会计法律制度具有很强的他律性;而会计职业道德具有很强的自律性。

三、判断题

1.【答案】 ×

【解析】 会计人员在工作中应主动就单位经营管理中存在的问题提出合理化建议,协助领导决策,这是会计职业道德中的参与管理所要求的。

2.【答案】 √

3.【答案】 ×

【解析】 会计职业道德与会计法律制度相互借鉴、相互吸收,会计人员违反会计职业道德要求的行为不一定是违反会计法律制度的行为。

4.【答案】 √

【解析】 熟悉准则是遵守或者执行准则的前提。

5.【答案】 √

6.【答案】 ×

【解析】 就会计职业而言,职业技能主要包括会计理论水平、会计实务操作能力、财务分析能力、财务管理能力、职业判断能力、主动更新知识能力、会计信息提供与处理的能力、沟通协作能力以及会计实践经验等,不包括违反国家统一会计制度要求的技能。

7.【答案】 ×

【解析】 "参与管理"要求会计人员努力钻研业务,熟悉财经法规和相关制度,提高业务技能,为参与管理打下坚实的基础;熟悉服务对象的经营活动和业务流程,使管理活动更具针对性和有效性,主动且有针对性地提出可行性方案,"协助"领导决策,而不是由会计人员对企业经营活动作出决策。

8.【答案】 ×

【解析】 自我教育的途径为慎独慎欲、慎省慎微、自警自励。

9.【答案】 ×

【解析】 由会计行业组织建立行业自律机制和会计职业道德的惩戒制度。

10.【答案】 √

11.【答案】 √

12.【答案】 √

13.【答案】 √

14.【答案】 √

15.【答案】 ×

【解析】 会计职业道德教育途径应该包括三种:岗前会计职业道德教育、岗位会计职业道德继续教育和会计职业道德教育的自我教育。

16.【答案】 ×

【解析】 "实事求是,如实反映"是体现会计职业道德规范的"客观公正"原则的要求。

17.【答案】 ×

【解析】 爱岗敬业要求会计人员正确认识会计职业,树立职业荣誉感;热爱会计工作,敬重会计职业;安心工作,任劳任怨;严肃认真,一丝不苟;忠于职守、尽职尽责。而客观公正则要求依法办事,实事求是,如实反映。

18.【答案】 √

19.【答案】 ×

【解析】 会计职业道德与会计法律制度有着共同的目标、相同的调整对象、承担着同样的责任,两者联系密切。其主要表现在:会计职业道德与会计法律制度在作用上相互补充、相互协调;在内容上相互借鉴,相互吸收。

20.【答案】 ×

【解析】 会计职业道德中"强化服务"虽然是非强制性要求,但其直接影响专业胜任能力、会计信息质量和会计职业的声誉,因此会计人员也应遵守。

21.【答案】 √

【解析】 自我教育是相对于接受教育而言的,是一种通过自我学习,提高自身道德修养的行为活动。接受教育是教育的外在教育,自我教育是教育的内在教育。

22.【答案】 ×

【解析】 会计法律制度吸收了会计职业道德对会计职业行为的基本要求,会计法律制度是从会计职业道德中逐渐提炼形成的。

23.【答案】 √

【解析】 当人们对会计职业道德上的权利与义务发生争议时,并没有权威机构对其中的是非曲直明确作出裁定,或者即使有裁定,也是舆论性质的,缺乏权威机构对裁定执行的保障。

24.【答案】 ×

【解析】 各级财政部门应当负起组织和推动本地区会计职业道德建设的责任,把会计职业道德建设与会计法制建设紧密地结合起来。

25.【答案】 √

26.【答案】 √

【解析】 会计职业道德具有利益驱动性,会计职业道德允许个人和各经济主体获取合法的自身利益,但反对损害国家和社会公众利益而获取违法利益。

27.【答案】 ×

【解析】 提高技能是会计人员在职业活动中做到客观公正、坚持准则的基础,是参与管理的前提。

28.【答案】 ×

【解析】 我国会计职业道德规范的主要内容有:爱岗敬业、诚实守信、廉洁自律、客观公正、坚持准则、提高技能、参与管理、强化服务。

29.【答案】 ×

【解析】 客观公正的基本要求有:①依法办事;②实事求是;③如实反映。

30.【答案】 ✓

31.【答案】 ✓

32.【答案】 ✓

33.【答案】 ✓

四、案例分析题

(一)

1.【答案】 D

【解析】 根据《会计法》规定,授意、指使、强令会计机构、会计人员及其他人员伪造、变造会计凭证、会计账簿,编制虚假财务会计报告或者隐匿、故意销毁依法应当保存的会计凭证、会计账簿、财务会计报告,构成犯罪的,依法追究刑事责任;尚不构成犯罪的,可以处5 000元以上50 000元以下的罚款;属于国家工作人员的,还应当由其所在单位或者有关单位依法给予降级、撤职、开除的行政处分。

2.【答案】 ABCD

【解析】 会计职业道德规范的主要内容包括:①爱岗敬业;②诚实守信;③廉洁自律;④客观公正;⑤坚持准则;⑥提高技能;⑦参与管理;⑧强化服务。

3.【答案】 C

【解析】 客观公正的基本要求是依法办事、实事求是、如实反映。

4.【答案】 C

【解析】 对于伪造、变造会计凭证、会计账簿或者编制虚假财务报告的行为,尚不构成犯罪的,县级以上人民政府财政部门予以通报,可以对单位并处5 000元以上100 000元以下的罚款。

5.【答案】 ACD

【解析】 对伪造变造会计凭证、会计账簿或者编制虚假财务报告的行为,对其直接负责的主管人员和其他直接责任人员,可以处3 000元以上50 000元以下的罚款;属于国家工作人员的,还应当由其所在单位或者有关单位依法给予撤职直至开除的行政处分;其中的会计人员,5年内不得从事会计工作。

(二)

1.【答案】 ABC

【解析】 会计职业道德的功能包括指导功能、评价功能和教化功能。

2.【答案】 AC

【解析】 会计职业道德与会计法律制度有着共同的目标、相同的调整对象、承担着同样的职责,两者联系密切。

3.【答案】 ABCD

【解析】 本题中四个选项,表述均正确。

4.【答案】 ABCD

【解析】 本题中四个选项,表述均正确。

5.【答案】 ACD

【解析】 会计职业道德是指在会计职业活动中应遵循的、体现会计职业特征、调整会计职业关系的职业行为准则和规范。

（三）

1.【答案】 BC

【解析】 会计职业道德是指在会计职业活动中应遵循的、体现会计职业特征的、调整会计职业关系的职业行为准则和规范。其所调整的关系是经济利益关系，包括会计人员与服务对象之间、会计人员与会计职业之间，会计人员与单位之间、单位与单位之间、单位与投资者之间、单位与债权人之间、单位内部各部门之间、单位与社会公众之间以及单位与国家等各类经济关系(不包括人与自然之间的关系)，这些经济关系的实质是经济利益关系。因此，甲和丁的观点错误，乙和丙的观点正确。

2.【答案】 ACD

【解析】 会计职业道德与会计法律制度性质不同：会计法律制度通过国家机器强制执行，具有很强的他律性；会计职业道德主要凭借会计人员自觉遵守，并依靠社会舆论和良知来保障实施，具有很强的自律性和自觉性。会计职业道德与会计法律制度表现形式不同：会计法律制度是由国家权力机关和行政机关制定的，用以调整会计关系的各种法律、法规、规章和规范性文件的总称，其表现形式是明确的、具体的、正式的成文条款；会计职业道德源于会计人员的职业实践活动，是经过日积月累而约定俗成的方式形成的，其表现形式既有明确成文的规定，又有仅存在于会计人员内心的标准、思想和信念。因此，乙的观点正确，其他人的观点错误。

3.【答案】 ABC

【解析】 会计人员要树立服务意识，提高服务质量，但并不是无条件地服从领导，而是要始终坚持按法律、法规和国家统一的会计准则制度的要求进行会计核算，实施会计监督。因此，丁的观点错误，其他人的观点正确。

4.【答案】 ABC

【解析】 会计职业道德教育的形式主要包括接受教育和自我教育。接受教育属于外在教育，是指会计人员和准会计人员通过接受大中专院校以及会计培训机构等会计人才的培养单位、会计工作的管理部门、会计行业自律组织、单位负责人等对其进行以会计职业道德规范为核心内容的正面教导，强化会计职业责任和义务，规范会计职业行为，有利于维护国家和社会公众等相关利益者的利益。目前接受教育的途径主要有岗前会计职业道德教育(包括会计类专业学历教育中的会计职业道德教育及会计类专业非学历教育中的会计职业道德教育)、岗位会计职业道德继续教育。自我教育属于内在教育，是指会计人员和准会计人员在会计职业活动和会计专业学习过程中，按照会计职业道德规范的基本要求，在自身内在道德品质方面进行自我学习、自我批评、自我省察、自我改进、自我训练、自我调整、自我提升，从而达到一定的会计职业道德境界。因此，丁的观点错误，其他人的观点正确。

5.【答案】 ABCD

【解析】 会计职业道德检查可以与会计法执法检查相结合。财政部门在检查中，如果发现会计人员存在违反会计法律法规的行为，应当根据《会计法》等法律法规所规定的法律责任进行惩罚。如果发现会计人员存在违反会计职业道德的行为，根据具体的情况可以采取以下道德惩戒措施：①在会计行业某一特定范围内进行通报批评；②责令完成一定学时的继续教育课程；③暂停从事会计工作；④在会计行业内部相关报刊上予以曝光。因此，四个人的观点都正确。

参 考 文 献

［1］财政部会计资格评价中心.初级会计实务［M］.北京:经济科学出版社,2024.

［2］财政部会计资格评价中心.经济法基础［M］.北京:经济科学出版社,2024.

［3］梁文涛.会计职业道德［M］.2版.北京:中国人民大学出版社,2023.